国宏智库青年丛书

农业经营体制创新

统分关系在调整

周　振◎著

中国社会科学出版社

图书在版编目（CIP）数据

农业经营体制创新：统分关系在调整 / 周振著 . —北京：
中国社会科学出版社，2021.5
（国宏智库青年丛书）
ISBN 978 - 7 - 5203 - 7870 - 3

Ⅰ.①农… Ⅱ.①周… Ⅲ.①农业经营—体制改革—
研究—中国 Ⅳ.① F320.2

中国版本图书馆 CIP 数据核字（2021）第 022984 号

出 版 人	赵剑英	
策划编辑	喻 苗	
责任编辑	刘凯琳	
责任校对	任晓晓	
责任印制	王 超	

出 版	中国社会科学出版社	
社 址	北京鼓楼西大街甲 158 号	
邮 编	100720	
网 址	http://www.csspw.cn	
发 行 部	010 - 84083685	
门 市 部	010 - 84029450	
经 销	新华书店及其他书店	

印 刷	北京明恒达印务有限公司	
装 订	廊坊市广阳区广增装订厂	
版 次	2021 年 5 月第 1 版	
印 次	2021 年 5 月第 1 次印刷	

开 本	710×1000 1/16	
印 张	15.5	
字 数	231 千字	
定 价	86.00 元	

农业经营体制是促进农业农村发展、稳定社会发展的重要制度安排。有关农业经营体制的研究非常丰富，研究视角也较多元，本书选取的是"统"与"分"的研究视角。这种灵感来源于一次学术交流会议。2016年12月，华南农业大学经济管理学院举办了"中国农业制度案例研究论坛"首届（2016）"农业规模经营与转型发展案例研讨会"，笔者有幸随恩师孔祥智教授参会。在研讨会上，与会学者介绍了各式各样的农业规模经营的典型案例，如山东省供销合作社的农业托管与服务外包、四川崇州的农业共营制、江西绿能农业发展有限公司的规模化农场。受与会学者的启发，本人在会议现场萌发了一个想法：这些农业规模经营案例似乎都有着一个共同的特征，即从过去农村集体经济履行农业生产"统"的功能，向多样化的"统"的形式转变，同时"分"的形态也各有千秋，似乎"统"与"分"的分析框架能够把这些案例都囊括进来。由于本人长期从事农民合作社相关内容研究，迅速回顾之前写作的有关农民合作社的文章，不禁欣喜若狂，感觉如获至宝——农民合作社规模化经营也有着同样的"统"与"分"的关系内涵，即无论是从经营主体看，如新型农业经营主体与小农户生产经营，还是从规模经营形式看，如规模化经营、规模化服务甚至小农户小规模生产，都能用"统"与"分"的逻辑进行叙述。于是，本人决定一定要围绕"统"与"分"的关系，做一些有关农业经营体制的研究。

2017—2019年，运用"统"与"分"的研究框架，本人分别完成了《"统分结合"的创新与农业适度规模经营》（发表在《农业经济问题》

2019 年第 8 期）与《新中国 70 年农业经营体制的历史变迁与政策启示》
（发表在《管理世界》2019 年第 10 期）2 篇学术论文，以及完成了《统
分结合双层经营体制的探索创新与理论逻辑》1 篇研究报告。这三篇文
章完成后，激发了本人出版专著的热情，即从"统"与"分"的视角
阐释农业经营体制的创新。在这三篇文章的支撑下，特别是围绕《统
分结合双层经营体制的探索创新与理论逻辑》提出的当前农业经营体
制呈现的三种探索创新形式，即农户分散经营与农业组织规模化服务、
农户委托经营与农业组织规模化服务、农户流转土地与农业组织规模
化经营，本人将过去的相关研究进行了分类整理，遂形成了本书文稿。

　　本书书名的选取经历了一番波折。最初书名定为《农业经营体制创
新：统分关系的再调整》，然而本人一直对"再调整"不甚满意，但无
奈没有更好的办法。2020 年 6 月的一个黄昏，笔者漫步在北京元大都
遗址公园海棠花溪畔时，突然想到书名取《农业经营体制创新：统分
关系在调整》可能更佳。仔细琢磨，认为选取"在调整"比"再调整"
有如下优势："再调整"体现的仅仅是对过去的改变；然而，"在调整"
意味着正在持续调整，既不是完成时，更不是过去时，而是现在进行
时，这可能更适合当前我国农业经营体制创新的实际。近年来，我国
农业经营领域出现了许多新业态、新模式，这些创新层出不穷，未来
仍然有很大的创新空间。因此，我国农业经营"统"与"分"关系的
实际状况是持续"在调整"。此外，选取"在调整"也蕴含了本书多次
提及的研究观点，由于我国农业现代化仍在路上，农业农村发展环境
充满变数，必须充分发挥市场的活力，运用市场的力量调整"统"与
"分"的关系，不断完善我国农业经营体制，即要让农业经营体制的自
我纠偏调整功能持续发挥作用。

　　希冀通过本书的研究与讨论，能进一步丰富有关农业经营体制创
新的相关话题研究，也希望能激励本人持之以恒开展这方面的研究。

　　是为序。

2020 年 6 月于北京

目 录

Contents

第一章

绪　论

2016 年 4 月 25 日，习近平总书记在安徽省凤阳县小岗村主持召开农村改革座谈会强调，"新形势下深化农村改革，最大的政策，就是必须坚持和完善农村基本经营制度，坚持农村土地集体所有，坚持家庭经营基础性地位，坚持稳定土地承包关系。这是深化农村改革的主线"。本书将聚焦农业经营体制，对当前农业经营体制的创新形式进行研究，重点揭示其理论逻辑，探寻完善与创新农业经营体制的政策方向。

第一节　农业经营体制的重大意义

我国改革是从农村开始的，农村改革发端于农业经营体制的转变。完善农业经营体制是稳定农业农村发展、实现农业农村现代化的重要话题。

一　农业经营体制是历年"中央一号文件"关注的重点内容

无论是 20 世纪 80 年代，还是 21 世纪以来，我国历年"中央一号文件"都非常重视农业经营体制建设，建立健全农业经营体制始终是农业农村领域制度建设的重要内容。从"中央一号文件"对农业经营体制的论述，足见农业经营体制的重要地位。

（一）20 世纪 80 年代的 5 个"中央一号文件"

1982—1986 年的 5 个"中央一号文件"，以促进农村改革不断深化、促进农业生产力不断发展为指导思想，结合迅速变化的农村形势，及时总结经验，是指导我国农业经营体制改革取得成功的一系列重要历史文献。关于1982—1986年"中央一号文件"中关于农业经营体制的表述整理如表1-1所示。这个阶段的"中央一号文件"对我国统分结合、双层经营制的形成起到了重要作用。1982年"中央一号文件"《全国农村工作会议纪要》的发布，标志着"包产到户、包干到户"的"双包"责任制合法化，也明确强调了集体经济"统"的职能。1983年"中央一号文件"《当前农村经济政策的若干问题》发布，提出分户承包的家庭经营是合作经济中的一个经营层次，明确了"联产承包责任制"的发展方向，并提出通过承包处理好"统"和"分"的关系是完善该制度的关键。1984年"中央一号文件"提出，继续稳定和完善联产承包责任制，并延长土地承包期到15年以上。1986年"中央一号文件"指出，地区性合作经济组织应当进一步完善统一经营与分散经营相结合的双层经营体制，家庭承包是党的长期政策，决不可背离群众要求，随意改变。

表1-1　　　1982—1986年"中央一号文件"中关于农业经营体制的表述

年份	文件内容
1982	着重讨论了农业生产责任制问题，指出包产到户、到组，包干到户、到组，都是社会主义集体经济的生产责任制。全国已有百分之九十以上的生产队建立了不同形式的农业生产责任制，它不同于合作化以前的小私有的个体经济，而是社会主义农业经济的组成部分。此次对包产到户、包干到户的肯定，是我国农业经营体制改革的转折点。
1983	对家庭联产承包责任制做了进一步分析，认为这种分散经营和统一经营相结合的经营方式具有广泛的适应性，既可适应当前手工劳动为主的状况和农业生产的特点，又能适应农业现代化进程中生产力发展的需要。在这种经营方式下，分户承包的家庭经营只不过是合作经济中生产力发展的需要，是合作经营中一个经营层次，是一种新型的家庭经济。
1984	继续稳定和完善联产承包责任制，帮助农民在家庭经营的基础上扩大生产规模，提高经济效益。延长土地承包期到15年以上，鼓励农民增加投资，培养地力，实行集约经营。为完善统一经营和分散经营相结合的体制，一般应设置以土地公有为基础的地区性合作经济组织。

续表

年份	文件内容
1985	要按照自愿互利原则和商品经济要求,积极发展和完善农村合作制。联产承包责任制和农户家庭经营长期不变,继续完善土地承包办法和林业、牧业、水产业、乡镇企业的责任制。
1986	地区性合作经济组织应当进一步完善统一经营与分散经营相结合的双层经营体制。家庭承包是党的长期政策,决不可背离群众要求,随意改变。应当坚持统分结合,切实做好技术服务、经营服务和必要的管理工作。

(二)21 世纪以来的 17 个"中央一号文件"

21 世纪以来,中央把解决好"三农"问题作为全党工作的重中之重,截至 2020 年,我国连续发布了 17 个指导"三农"工作的"中央一号文件",对我国"三农"事业发展产生了长远而深刻的影响。其中,多个"中央一号文件"聚焦农业经营体制的政策制定与落实实效,主要围绕稳定和完善农业经营体制、培育新型农业经营主体、健全农业社会化服务体系三个方面展开。在稳定和完善农业经营体制方面,"中央一号文件"多次强调既要保持农业经营体制稳定发展,又要开展探索创新,如 2006 年"中央一号文件"指出,必须坚持农村基本经营制度,尊重农民的主体地位,不断创新农村体制机制,并且要稳定和完善以家庭承包经营为基础、统分结合的双层经营体制;2019 年"中央一号文件"提出,坚持家庭经营基础性地位,赋予双层经营体制新的内涵。在培育新型农业经营主体方面,新型农业经营主体是促进农业经营体制完善的重要力量,21 世纪"中央一号文件"始终提出要大力支持新型农业经营主体发展。在健全农业社会化服务体系方面,农业社会化服务体系是农业经营体制创新的重要形式,2013 年以来"中央一号文件"提出要鼓励与支持发展农业社会化服务,如 2013 年"中央一号文件"指出,建设中国特色现代农业,必须建立完善的农业社会化服务体系;2020 年"中央一号文件"提出,鼓励发展多种形式适度规模经营,健全面向小农户的农业社会化服务体系。

表 1-2   2004—2020 年"中央一号文件"中关于农业经营体制的表述

分类	年份	文件内容
稳定和完善农业经营体制	2006	必须坚持农村基本经营制度,尊重农民的主体地位,不断创新农村体制机制,并且要稳定和完善以家庭承包经营为基础、统分结合的双层经营体制。
	2008	把"稳定完善农村基本经营制度和深化农村改革"作为七个主题之一,强调以家庭承包经营为基础、统分结合的双层经营体制是农村改革最重要的制度性成果,是宪法规定的农村基本经营制度,必须毫不动摇地长期坚持,并在实践中加以完善。
	2009	再次把稳定完善农村基本经营制度单独作为一个重要主题,从多方面就如何稳定和完善进行了部署。
	2010	将稳定和完善农村基本经营制度作为"协调推进城乡改革,增强农业农村发展活力"的一个重要举措,进行了详细安排。
	2013	充分发挥农村基本经营制度的优越性是实现保供增收惠民生、改革创新添活力的有效途径。
	2015	坚持和完善农村基本经营制度,坚持农民家庭经营主体地位,加快构建新型农业经营体系。
	2019	坚持家庭经营基础性地位,赋予双层经营体制新的内涵。
	2020	完善农村基本经营制度,开展第二轮土地承包到期后再延长 30 年试点,在试点基础上研究制定延包的具体办法。
培育新型农业经营主体	2005	首次提出支持农民专业合作组织发展,对专业合作组织及其所办加工、流通实体适当减免税费。
	2006	要积极引导和支持农民发展各类专业合作经济组织,建立有利于农民合作经济组织发展的信贷、财税和登记等制度。
	2007	要求积极发展种养专业大户、农民专业合作组织、龙头企业和集体经济组织等各类适应现代农业要求的经营主体。
	2008	扶持发展农机大户、农机合作社和农机专业服务公司,引导新型经营主体率先实行标准化生产。
	2009	强调要扶持农民专业合作社发展,开展示范社建设行动,在金融支持和国家项目上要考虑向合作社倾斜。
	2010	提高农业生产经营组织化程度,大力发展农民专业合作社,在政府补助、贷款担保和自办农产品加工企业方面给予照顾。
	2012	强调新增农业补贴向种粮大户、农民专业合作社倾斜。
	2016	培育家庭农场、专业大户、农民合作社、农业产业化龙头企业等新型农业经营主体,支持新型农业经营主体和新型农业服务主体成为农业现代化骨干力量。
	2019	启动家庭农场培育计划,开展农民合作社规范提升行动,深入推进示范合作社建设。

续表

分类	年份	文件内容
健全农业社会化服务体系	2013	建设中国特色现代农业,必须建立完善的农业社会化服务体系。
	2015	引导农民专业合作社拓宽服务领域,促进规范发展,鼓励工商资本发展适合企业化经营的现代种养业、农产品加工流通和农业社会化服务。
	2018	培育各类专业化市场化服务组织,推进农业生产全程社会化服务,帮助小农户节本增效。
	2019	加快培育各类社会化服务组织,为一家一户提供全程社会化服务。
	2020	鼓励发展多种形式适度规模经营,健全面向小农户的农业社会化服务体系。

二 农业经营体制与现代化

农业经营体制是促进农业农村发展、稳定全社会发展的重要制度,对我国农业现代化建设、全面建设社会主义现代化国家具有重要意义。

首先,农业经营体制变革是农业农村改革的关键内容。改革开放之初,农村改革的核心就是农业经营体制的变革,并且农业经营体制的完善与创新是历年来我国农业政策的重点内容。20世纪80年代,我国农业政策主要围绕以家庭承包经营为基础、统分结合的双层经营体制展开,从最初的"不许包产到户,不许分田单干",改为"不许分田单干。除某些副业生产的特殊需要和边远山区、交通不便的单家独户外,也不要包产到户"①,再到正式承认了"双包"责任制的合法性②,形成了以家庭承包经营为基础、统分结合的双层经营体制。90年代,农业政策着重于稳定统分结合、双层经营体制,1993年中央出台的《关于当前农业和农村经济发展的若干政策措施》对承包期限做了进一步规定,即"在原定的耕地承包期到期之后,再延长三十年不变",1998年10月党的十五届三中全会强调要"长期稳定以家庭承包经营为基础、统

---

① 详见1979年9月通过的《中共中央关于加快农业发展若干问题的决定》。
② 1982年"中央一号文件"《全国农村工作会议纪要》。

分结合的双层经营体制"。21 世纪以来，我国农业政策围绕农业经营体制创新出台了系列政策措施，如 2009 年原农业部出台《关于推进农业经营体制机制创新的意见》，提出了支持土地流转、扶持集体经济与新型农业经营主体发展的支持方向，明确了农业经营体制机制创新的具体指导方针，以及推进承包地"三权分置"的政策措施等。这些足以反映出农业经营体制在我国农业农村改革中的重要地位。

其次，完善农业经营体制是当前加快推进农业现代化的重要举措。健全的农业经营体制是农业农村现代化的标志，也是推进农业农村现代化的重要因素。完善农业经营体制是解决"谁来种地"的重要路径，伴随我国农村劳动力外流与农业老龄化女性化，"谁来种地"的问题是摆在我国农业发展面前的一道绕不开的"坎"，完善与创新农业经营体制，构建新型农业经营体系，扶持新型农业经营主体与服务主体，有利于解决"谁来种地"的问题。完善农业经营体制是解决"怎么种地"的重要方式，农业农村现代化既需要有先进的生产力支撑，也需要有与生产力相匹配的生产关系，随着现代农业科技快速发展，我国农业正在进入应用信息技术和生物技术的科技农业发展阶段，现代生物技术和现代信息技术的综合使用将重塑农业产业链中各个环节，升级传统农业经营模式，这将对农业经营体制机制创新提出新要求，即推进农业经营体制创新，形成适宜生产力的经营方式，提升农业经营效率。

最后，完善农业经营体制对全面建设社会主义现代化国家具有基础作用。以家庭承包经营为基础、统分结合的双层经营体制，是党的农村政策的基石，是中国特色农业现代化的制度基础。从农业看，农业现代化是社会主义现代化的重要内容，没有农业的现代化也就没有社会主义现代化，而农业经营体制是实现农业现代化的重要因素。从工业化城镇化看，完善与创新农业经营体制，有助于提升农业生产效率，促进农村劳动力转移，为二、三产业提供发展资源，推动我国中产阶级成长，促进"橄榄形"社会形成。从社会稳定看，长期以来农业农村是维系我国经济社会稳定发展的"蓄水池"，农业经营体制的健全与否关系着"蓄水池"的功能，影响着全社会的稳定发展。

第二节 有关农业经营体制的研究综述

当前学术界围绕农业经营体制进行了广泛而深入的探讨，本节从多个方面对我国农业经营体制的相关代表性文献进行梳理，整理我国农业经营体制的历史变迁，分析其发展规律，总结已有文献对完善农业经营体制的建议。

一 农业经营体制历史变迁的相关研究

改革开放以后，我国确立了以家庭承包经营为基础、统分结合的双层经营体制。在此之前，我国的农业经营体制经历了多个阶段的演变。学者们从不同角度思考和总结了新中国成立以来我国农业经营体制的历史变迁，分析、把握变迁的规律。对有关观点进行梳理，有助于深入了解农业经营体制改革的来龙去脉，从而进一步深化对我国农村改革的认识。

（一）变迁过程

综观当前研究，学者们对我国农业经营体制改革的时间段划分有着不同的看法。

胡小平、钟秋波（2019）以 1978 年为界，把新中国成立 70 年来的变迁简单划分为两个阶段：第一个阶段是从个体分户经营向集体统一经营的演变（1949—1977 年），第二个阶段是从集体统一经营回归到家庭承包经营（1978 年至今）。而其他学者对时间段的划分则更为细致。刘笑萍（2009）认为，新中国成立后，农村基本经营制度经历了几次大的变革。一是在社会主义改造时期成立农村互助组，拉开了合作化序幕。二是 1953 年 12 月起建立合作社，掀起合作化高潮。三是 1958 年 8 月起成立人民公社，实现人民公社化。四是 1978 年党的十一届三中全会召开，实行家庭联产承包责任制，形成了目前"统分结合、双层经营"的经营制度。赵光元等（2011）认为，伴随着社会主义改造、建设和改革历程，中国农村基本经营制度经历了从家庭经营制、合作制、人民公社制到统分结合双层经营制的演变。第一个阶段（1949—1952年）是以土地农民私有为基础的家庭经营制，第二个阶段（1951—1957年）是农业合作化运动所催生的合作制，第三个阶段（1958—1982年）是以"一大二公"为特征的人民公社制，第四个阶段（1978—现在）是改革开放后以家庭承包经营为基础、统分结合的双层经营体制。

董志勇、李成明（2019）仅认同赵光元等（2011）对第一个阶段的划分，即1949—1952年是"农民所有，自主经营"的个体经营体制，但第二个阶段（1953—1978年）是"三级所有，队为基础"的集体经营体制，第三个阶段（1979—2012年）是"家庭承包，统分结合"的双层经营体制，第四个阶段（2013年至今）是完善基本经营制度、构建新型农业经营体系的阶段。郑淋议等（2019）认同董志勇、李成明（2019）对第三四阶段的划分，提出第一个阶段即家庭经营基础上的合作经营阶段应是1950—1955年；第二阶段即集体所有制下的集体经营阶段应是1956—1978年。

总的来看，当前的争议主要集中在1978年以前农业经营体制的两个阶段的划分上。1978年和2013年是公认的时间节点，这是由于：1978年，党的十一届三中全会后，我国农村实行家庭联产承包责任制，坚持统分结合的双层经营体制。2013年，习近平总书记在中央农村工作会议指出，"要加快构建以农户家庭经营为基础、合作与联合为纽带、社会化服务为支撑的立体式复合型现代农业经营体系"。

（二）变迁规律

农业经营体制变迁往往基于一定的社会背景，学者们通过对变迁的历史背景进行分析，从中梳理变迁规律。纵观相关研究，达成的一个共识是：我国农业经营体制的变迁，既有强制性变迁过程，也有诱致性变迁因素。1978年之前主要表现为强制性制度变迁和集体化特征，1978年之后则体现出了诱致性变迁和市场化特征（赵光元等，2011；罗必良、李玉勤，2014）。

　　具体来看，赵光元等（2011）认为，1978 年以前的变迁是"由分到合"的"强制合作"过程；而 1978 年以后的转换则是兼顾统分、以市场化为取向。从家庭经营制到合作制，是由于当时由传统社会向现代社会转变的中国现实要求，必须调动农民的劳动互助积极性；从合作制到人民公社制，是由于希望继续通过生产关系的变革以促进生产力的发展并进一步巩固和发展社会主义；从人民公社制到统分结合的双层经营制，是由于政社合一的农村人民公社体制弊端日益显露，农民的忍耐到了极限。强制性变迁主要体现的是国家意志，而诱致性变迁则主要体现的是人民（农民）的意愿。

　　罗必良、李玉勤（2014）也持有类似的观点，认为 1978 年是制度演变动力的分水岭。不同的是，他们从农村土地制度入手，分析农业基本经营体制的演变主线，理出三条清晰的演变路径：一是从人民公社的所有权与经营权的"两权合一"，到家庭经营制的所有权、承包经营权的分离，并进一步由以所有权为中心的赋权体系向以产权为中心的赋权体系转变；二是从改革初期承包权与经营权的"两权合一"，到要素流动及人地关系松动后承包权与经营权的分离，并进一步由以保障农户的经营权为中心的经营体系向以稳定农民的承包权为中心的制度体系转变；三是从小而全且分散的小农经济体系，到适度规模与推进农业专业化经营以改善规模经济和分工经济，并进一步在稳定家庭承包权、细分和盘活经营权的基础上，向多元化经营主体以及多样化、多形式的新型农业经营体系转变。

　　吴菊安、祁春节（2016）则把农业经营体制变迁的动因大致归为 3 种：解放和发展生产力的客观要求、国家政策的引导、农业发展环境发生变化尤其是有效耕地面积日益减少和农业科学技术的进步。在农业发展初期，政策起着先导性作用，当农业发展到一定程度后，生产技术起着先导性作用。

二　统分结合、双层经营的相关研究

　　确立以家庭承包经营为基础、统分结合的双层经营体制，是我国改革开放的重要突破和重大成果之一。总体看来，双层经营体制在实践中体现出普遍的适应性和旺盛的生命力，对促进农业生产恢复发展、农村社会繁荣稳定、农民生活条件持续改善发挥了至关重要的作用。

（一）形成背景

我国农业经营体制的根本性转变，证明了高度分散的家庭经营和高度集中的统一经营都有其局限性，难以适应我国农业生产的特点。双层经营体制的出现有其历史的必然性。

梁涛（1994）提出，党的十一届三中全会后我国广大农村建立的以家庭联产承包为主要形式的农业经营体制早在 20 世纪 50 年代农业合作化时期就开始出现了。1953 年合作化初期，一些规模较大的农业生产合作社开始出现经营管理不善、劳动组织不好、分配工作不合理等问题，为解决这些问题，部分农民和基层干部开始尝试生产责任制，建立了包工责任制和包工包产责任制，这是统分结合经营体制建立的先声。1956 年，领导农业生产和农村工作的邓子恢同志从理论上深刻论述了包工包产责任制，主张社与队之间、队与组之间、组与组员之间可以建立一种多层次的统分结合。1958 年，为解决人民公社经营管理存在的问题，邓子恢在多省开展调研后重申：产包到队、工包到组、田间管理包到户，农业生产责任制和产量结合到一起。作者认为，以家庭联产承包为主的生产责任制是在合作化时期生产承包责任制基础之上，是农业生产的经营管理体制在理论和实践方面的完善和突破。

张晓山（2018）也认为，家庭承包经营并不是改革开放后出现的新生事物。而是始于 20 世纪 50 年代的包产到户，20 多年野火烧不尽，春风吹又生。但始终名不正言不顺，成不了气候，这是长期以来的计划经济体制和意识形态所决定的。而改革开放后家庭承包经营之所以能从星星之火成为燎原之势，得益于 1978 年 5 月开始的关于真理标准问题的大讨论，这场讨论冲破了"两个凡是"的严重思想束缚，推动了全国性的马克思主义思想解放运动。正是在思想解放的大环境下，家庭承包经营这样发自于基层的制度创新才有可能在实践中不断深化、发展和壮大。

（二）发展阶段

双层经营体制在确立以后，不断调整完善，经历了不同的发展阶段。尤其是党的十八大以后，多种经营形式共同发展，进一步丰富了双层经营体制的内容，赋予了其新的内涵，使我国的农业经营体制不断焕发出新的活力（韩俊、宋洪远，2019）。

毫无疑问的是，在提出之初，可谓一波三折，经历了三年的政策争执期，1982年"中央一号文件"的出台标志着这场争执落幕。赵树凯（2018）认为，在确立农民自主选择的政策原则之前，经历了三种政策形态：1978年12月到1980年9月，实行"一刀切"政策，即对于包产到户一律否定；1980年9月到1981年3月，实行"切两刀"政策，即贫困地区可以搞，一般地区不要搞；1981年3月到1982年1月，实行"切三刀"政策，即贫困地区实行"包产到户、包干到户"，中间地区实行"统一经营、联产到劳"，发达地区实行"专业承包、联产计酬"。经历了不同意见的交锋和演变之后，双层经营体制逐渐发展完善。

从多年的实践来看，在双层经营体制的内部，"统"与"分"的发展并不平衡。有的学者根据发展重点、强调程度和结合程度，把2013年以前双层经营体制的发展过程大致分为低级（萌芽）、中级（起步）、高级（深化）三个阶段（邓大才，1998；刘笑萍，2009）。第一个阶段（1980—1994年）双层经营体制比较低级，是萌芽和摸索阶段，统与分是低层次结合，为充分发挥农户生产经营积极性、解放生产力，解决当时最棘手的粮食问题，本阶段更强调分。第二个阶段（1994年到较长阶段）为较为完善的中级阶段，在稳定家庭联产承包责任制（即稳定分）的基础上，完善和加强统的功能，在这一阶段，发展集体经济尤为重要。第三个阶段即双层经营体制的高级阶段，突出标志是统分二者共同促进，使集体经济不断壮大，农民收入不断增长，直至完成由传统农业向现代化农业的跃迁。

有的学者则基于对中央文件的梳理和解读，从政策角度梳理双层经营体制的发展历程（农业部经管司、经管总站研究组，2013；谭贵华，2014；王立胜，2019）。随着一系列政策文件的出台，双层经营体制的内涵经历了一个发展的过程。1983 年"中央一号文件"提出，通过联产承包责任制形成的"分散经营和统一经营相结合的经营方式具有广泛的适应性"，"分户的家庭承包经营只不过是合作经济中的一个经营层次，是一种新型的家庭经济"。1987 年中央对"完善双层经营，稳定家庭联产承包制"做了较为深刻和全面的阐述。对双层经营体制的内涵在稍加调整的基础上予以进一步明晰，并形成了更为规范的表达。1991 年党的十三届八中全会首次明确："把以家庭联产承包为主的责任制、统分结合的双层经营体制，作为我国乡村集体经济组织的一项基本制度长期稳定下来，并不断充实完善。"1998 年 10 月党的十五届三中全会，对双层经营体制的内涵做了重新界定，表述为"以家庭承包经营为基础、统分结合的双层经营体制"，进一步强调了在双层经营体制中，家庭承包经营是基础，不能动摇这个基础。1999 年修正的《宪法》明确："农村集体经济组织实行家庭承包经营为基础、统分结合的双层经营体制。"2002 年出台的《农村土地承包法》中指出，"国家依法保护农村土地承包关系的长期稳定"。2007 年出台的《物权法》把土地承包经营权界定为用益物权，进一步强化了土地承包经营权的法律地位。2008 年党的十七届三中全会明确提出："以家庭承包经营为基础、统分结合的双层经营体制，是适应社会主义市场经济体制、符合农业生产特点的农村基本经营制度，是党的农村政策的基石，必须毫不动摇地坚持。"2018 年 7 月新修订的《农民专业合作社法》通过法律的形式规范了农业合作社的组织构成，为进一步完善农村基本经营制度提供了更多可能。

张东生、吕一清（2019）则结合农村基本经营制度发展的阶段性特征，从农业经营体制、农户土地权能、农业经营形态三个方面进行系统梳理，以探究其发展演变的历程。一是形成阶段（20 世纪 70 年代末—80 年代中后期），农业经营体制由"生产责任制"向"双层经营体制"转变，农户获得债权性质的"生产经营自主权"，"家家包地、户户种田"的农业经营形态基本形成。二是确立阶段（20 世纪 80 年代末—90年代末），农业双层经营体制日益完善，确立为农村基本经营制度，巩固发展农户"生产经营自主权"，探索土地流转、规模化经营新路径。

三是完善阶段（21世纪初—2012年），稳定和完善农村基本经营制度，农户土地权能由债权向物权转化，农业经营形态日益多元化。四是新发展阶段（党的十八大以来），针对"三农"领域存在的"农业边缘化"倾向，中央通过创新农地产权制度，构建现代农业体系，巩固与创新农村基本经营制度，完善农户土地承包经营权权能，新型农业经营体系日益完善。

（三）发展主线

通过对双层经营体制不同发展阶段的分析，学者们从中梳理出了发展的主线。

赵树凯（2018）集中研究了政策提出之初的发展情况，认为1978—1982年政策争执的核心问题是发挥集体优越性和调动农民积极性的关系。"一刀切"的政策规定无视农民积极性；"切两刀"和"切三刀"的政策主张，设想既发挥集体经济的优越性，也调动农民的积极性，但具有浓厚的空想色彩。唐忠（2018）认为，1978年以来农村基本经营制度的变迁，是在保持集体所有制不变的前提下，寻找更好地促进生产力发展的集体所有制的具体实现形式，核心是探索组成集体的成员之间持有土地权利的方式，从而更好地促进农业与农村的发展。

一些学者则从农业经营体制的概念内涵、集体成员获得的土地权能、农业经营的具体形态三个维度，分析改革开放后农业经营体制的演变主线。一是农业经营体制从人民公社体制下"两权合一"的"生产责任制"，到家庭联产承包责任制下"两权分离"的双层经营体制，并进一步向"三权分置"下的现代农业体系发展。二是农户土地权能由债权性质的"生产经营自主权"向物权性质的"土地承包经营权"转变。三是农业经营形态由单一化、同质性的小农经营向多元化、异质性的新型农业经营体系转变（张东生、吕一清，2019；叶兴庆，2018）。与这一观点略有区别的是，彭海红（2012）认为，双层经营体制的演变主线，除了以上三个方面外，党中央还一直致力于建立健全社会化服务体系，增强集体统一经营层。

丁关良（2018）的研究则相对更加细致，他认为，双层经营体制的发展主线具体表现在以下几个方面。一是双层经营体制确立和提法的变化，从1983年"分散经营和统一经营相结合的经营方式具有广泛的适应性"到1998年提出"以家庭承包经营为基础、统分结合的双层经营体制"。二是统一经营层次方面发生的变化，从农村集体经济组织的统一经营发展为多元主体、多种形式并存的多方位统一经营。三是分散经营层次方面发生的变化，从单一的小规模农户家庭经营向家庭农场、专业大户多元经营转变。四是家庭承包农户取得权利保护的变化，2007年《物权法》明确家庭承包农户取得的土地承包经营权为用益物权。五是家庭承包期限的变化，从1984年"土地承包期一般应在十五年以上"到党的十九大报告中明确"保持土地承包关系稳定并长久不变，第二轮土地承包到期后再延长三十年"。六是承包地调整规则的变化，从1984年自由调整时期到法律规定原则上发包方不得调整承包地。七是承包农户是否交承包金的变化，农户承包耕地从要交纳农业税到得到各种农业补贴。

（四）双层经营体制长期存在的必要性

党的十七届三中全会通过的《中共中央关于推进农村改革发展若干重大问题的决定》将双层经营体制这一农村基本经营制度上升到了"党的农村政策的基石"的高度。可见，双层经营体制具有长期存在的必要性，学界对此研究较多。笔者分别从理论与实践层面、家庭经营与统一经营层面，对相关文献进行了梳理。

1. 理论与实践层面

理论层面。双层经营体制是对以往僵化观点的重要突破，它既否定了效率低下的人民公社旧体制，又不走土地私有化的道路，具有良好的制度功能（张士杰、曹艳，2013）。双层经营符合合作经济的本质与原则，体现在它以土地集体公有为基础，以社区合作经济组织的存在为前提。家庭承包经营能统一协调完成规模小的承包户无法完成的重要生产环节，适应农业再生产的特点。农业的弱质性、比较利益低的特点是双层经营体制存在的社会和经济依据（谢茹，1995）。另外，邓小平理论的重要组成部分——"两个飞跃"思想明确地提出和肯定了统分结合的双层经济体制在实现我国农业"两个飞跃"中的地位和作用（韩荣璋，1997）。

实践层面。改革开放的实践证明，农村基本经营制度符合农业生产特点和社会主义市场经济体制要求，能够容纳和支撑持续发展、不断创新的农业生产力，符合世界农业现代化提高组织化程度的发展趋势（农业部经管司、经管总站研究组，2013）。双层经营体制有力地促进了农业高速增长和农产品供给的全面好转；促使了农民收入的快速增长，绝大多数农民的温饱问题得以解决；从供给和需求两方面有力地推动了整个国民经济的增长；在城市改革全面展开之前，率先在农村发育出了农户和乡镇企业等具有良好机制的经济主体，为发展市场经济奠定了基础，为加快整个经济体制改革起到了超前突破和示范的作用（谢茹，1995）。

2. 家庭经营与统一经营层面

家庭经营层面。家庭经营与农业生产特征相适应，与当时的农业生产力水平相适应，与血缘关系、历史关系相适应。考虑农业生产的特殊性，必须让家庭经营重新成为农业生产的基本单位（孔祥智、刘同山，2013；农业部经管司、经管总站研究组，2013）。家庭经营并不是农业进入现代经济的制度性障碍，相反却表现出普遍的活力与广泛的适宜性。坚持其基础性地位符合尊重客观规律与尊重群众意愿的统一，有利于生产力发展的客观规律，也符合广大劳动群众的意愿（李尚蒲，2013；蒋永穆、赵苏丹，2018）。

统一经营层面。"统"是"分"的保障，克服家庭经营的不足，巩固家庭承包经营的基础地位必须完善和发展统一经营。集体经营妥善解决小农户分散经营导致的组织化程度低、抗御风险能力弱等问题，有利于促进农田水利基本设施的建设，有利于促进土地流转，有利于促进农业科技成果的推广和应用（张士杰、曹艳，2013；农业部经管司、经管总站研究组，2013）。加强集体经济实力是坚持社会主义方向，实现共同富裕的重要保证，是振兴贫困地区农业的必由之路，是促进农村商品经济发展的推动力，是农村精神文明建设的坚强后盾（习近平，1992）。

关于双层经营体制长期存在的必要性的主要文献整理如表1-3所示。

表1-3 　　　　　　　关于双层经营体制长期存在的必要性的研究

分类	作者	观点
理论层面	谢茹（1995）	双层经营符合合作经济的本质与原则；双层经营体制的存在具有一定的自然基础；双层经营体制存在具有社会和经济依据；双层经营是对僵化观点的突破
	韩荣璋（1997）	邓小平同志"两个飞跃"的思想，明确地提出和肯定了双层经济体制在实现我国农业"两个飞跃"中的地位和作用。
	张士杰、曹艳（2013）	双层经营体制具有良好的制度功能。既保证了以家庭承包经营的顺利进行，也能够运用集体的合力和统筹协调能力，提高农业生产的物质技术装备水平，推动农业生产向广度和深度进军，推动现代农业的发展。
实践层面	农业部经管司、经管总站研究组（2013）	改革开放的实践证明，我国现行农村基本经营制度具有旺盛的生命力，符合世界农业现代化提高组织化程度的发展趋势。
	谢茹（1995）	从实践层面看，双层经营体制在农业增长、农产品供给、农民增收、国民经济的增长、加快经济体制改革等方面意义重大。
家庭经营层面	孔祥智、刘同山（2013）	农村改革的过程就是重新发现家庭经营，让家庭成为微观农业经营主体的过程。为解决集体经营的生产队中的"搭便车"问题，必须发挥家庭经济的优势，让家庭经营重新成为农业生产的基本单位。
	农业部经管司、经管总站研究组（2013）	家庭承包经营是双层经营体制的基础，承包农户承担着主要的农产品生产任务，是我国农业生产最庞大、最普遍、最基本的经营主体。
	李尚蒲（2013）	农业产品的生命特性、农业经营的灵活性、农业劳动监督与考核的困难，决定了农业生产在一定程度上是一个适宜家庭经营的产业活动。家庭承包经营诱发了农民前所未有的生产积极性，进而将中国丰裕劳动力的比较优势发挥出来。
	蒋永穆、赵苏丹（2018）	坚持家庭经营的基础性地位有利于生产力发展的客观规律，也符合广大劳动群众的意愿。我国农业生产力水平和农民文化素质水平不高决定了我们必须坚持家庭经营的基础性地位。

续表

分类	作者	观点
统一经营层面	习近平（1992）	发展集体经济不是对家庭联产承包责任制的否定，而是对这种责任制的进一步完善和发展。加强集体经济实力是坚持社会主义方向，实现共同富裕的重要保证，是振兴贫困地区农业的必由之路，是促进农村商品经济发展的推动力，是农村精神文明建设的坚强后盾。
	张士杰、曹艳（2013）	农村双层经营体制中的集体统一经营是推进现代农业的重要保证，使农村生产力得到快速发展，农民温饱问题基本上得到解决。邓小平同志曾指出，到了一定时期应发展适度规模经营，并将其视为我国农业发展的第二个飞跃。
	农业部经管司、经管总站研究组（2013）	统一经营在双层经营体制中不可或缺。"统"是"分"的保障，如果不能在家庭承包经营的基础上完善和发展统一经营，提高组织化水平，发展社会化服务，家庭经营的不足就不能克服，最终也难以巩固家庭承包经营的基础地位。

三 创新与完善农业经营体制的相关研究

推进农业经营体制的创新尤为必要，是激发农村发展内生动力、加快发展现代农业、加强和创新乡村治理的需要。众多学者结合当前双层经营体制面临的困难问题，对推进农业经营体制创新展开了大量的研究。

（一）困难问题

双层经营体制随着时间的推移和条件的变化也出现了不协调、不适应，面临新的问题。许多学者对此进行了大量研究和探讨。笔者分别从政策本身设计和执行层面、外部形势需求变化层面对相关文献进行了梳理。

1. 政策本身设计和执行层面

由于涉及众多主体和利益关系，双层经营体制在如何清晰界定农户分散经营与集体统一经营的边界等诸多问题上仍存在不完善之处（张红宇，2008）。而且现有体制发展的不平衡性日益显现，农村集体经营的"统"在经营目标、经营体制、经营方式上都已不能适应市场经济和农户的要求，无力发挥"统"的功能（张士杰、曹艳，2013；朱启臻、杨汇泉，2008）。家庭层与集体层缺乏内在的联系机制，这使得国家对农业的发展计划、战略协调难以顺利实现（谢茹，1995）。农户生产的超小规模和无序性、社区服务的内容局限和封闭性、农业经营的产加销脱节和内外贸分离影响了我国农业市场化、国际化进程（邵峰，2003）。

2. 外部形势需求变化层面

新形势新需求对农业双层经营体制的要求越来越高。工业化、城镇化加速给"三农"带来新挑战，农业副业化、农户兼业化、农业劳动力老龄化日趋明显，农业劳动生产率提高缓慢（叶兴庆，2013；孔祥智、刘同山，2013）。农产品需求刚性增长，要求不断提高耕地资源的配置效率。城乡居民收入差距不断扩大，要求建立农民增收长效机制。市场化、国际化程度不断加深，要求提高农业组织化程度（夏玉莲，2016；王立胜，2019）。国家、集体与农民关系深刻变革，要求重构农村集体经济组织。农村劳动力大规模转移，要求提高农业社会化服务水平和层次（张红宇，2008）。关于双层经营体制面临的困难的主要文献整理如表1-4所示。

表1-4 关于双层经营体制面临的困难的研究

分类	作者	观点
政策本身设计和执行层面	朱启臻、杨汇泉（2008）	农村集体经营的"统"在经营目标、经营体制、经营方式上都已不能适应市场经济和农户的要求，无力发挥"统"的功能。家庭经营势单力薄，难以独自抵御市场竞争的风险；农户的组织化程度低，难以维护自身权益。
	谢茹（1995）	集体层的经济基础薄弱，主要表现为集体资产存量的减少。导致集体层经营功能特别是服务功能弱化，农业生产中农户无力单独解决的公共性问题积累成堆。
	张士杰、曹艳（2013）	重"分"轻"统"使得目前大多数地方集体经济组织处于一种松散或半松散的状态，组织和联合功能几乎丧失。农业机械化水平下降、农业生产后劲严重不足等都是集体经济削弱的结果。

续表

分类	作者	观点
政策本身设计和执行层面	罗必良、李玉勤（2014）	一是现行农地经营权流转集中政策，依赖于发育迟缓的农地流转市场来扩大农业的经营规模，不具有全局性和长期性作用；二是以小农为基础的农业合作社道路，只是将合作社视为一种替代农户经营的经营形式，其效果有限。
	邵峰（2003）	农户生产的超小规模和无序性、社区服务的内容局限和封闭性、农业经营的产加销脱节和内外贸分离影响了我国农业市场化、国际化进程。
	张东生、吕一清（2019）	一是农村基本经营制度与发展现代农业之间的冲突；二是农村基本经营制度与农业可持续发展之间的冲突；三是中央、地方与农户在制度运行中存在的冲突。
	李尚蒲（2013）	土地赋权的公平性与农户经营能力的差异性不匹配，农业分散经营与农业设施公共性不匹配；农地细碎化增加了土地流转的交易成本；小规模经营不利于现代装备和现代要素的使用；小农户与大市场的矛盾；小规模分散经营限制了范围经济与分工经济。
	张德元（2012）	制度实施的结果背离了制度本身"应该有"的内涵。一是农村土地公有向土地变相私有异化，二是家庭承包经营向单纯家庭经营异化，三是双层经营向单层经营异化。
外部形势需求变化层面	夏玉莲（2016）	农户承包地数量相对不均，引发新的矛盾；农业经营的低收益、高风险与兼业化；现代农业经营方式刚刚起步，农户从中受益少等。
	王立胜（2019）	一是以家庭为生产单位的普通农户无法有效满足市场需求、承担市场风险。二是依靠传统农业种植获得收入已经难以满足农民的生活需要。三是市场经济的冲击使得农村基层治理涣散，村级组织凝聚力不强，农村政治秩序受到挑战。
	叶兴庆（2013）	一是农业副业化、农户兼业化、农业劳动力老龄化日趋明显。二是农业现代化明显滞后，特别是农业劳动生产率提高缓慢。
	农业部经管司、经管总站研究组（2013）	农业劳动力持续转移，迫切需要解决农业劳动力结构性短缺、素质下降的问题。承包农户经营呈兼业化趋势，迫切需要解决集约化、规模化主体数量少等问题。克服农户分散经营局限，迫切需要解决制约合作社和龙头企业发展的突出问题。适应专业化分工发展要求，迫切需要解决农业社会化服务体系发展滞后等问题。
	孔祥智、刘同山（2013）	工业化、城镇化加速给"三农"带来新挑战。"谁来种地"问题突出，农村"空心村"现象严重，农业劳动生产率提高缓慢。农民进行土地流转的需求日益强烈，土地流转日益成为影响农业发展和农村社会稳定的重要问题。

（二）思路研究

农业经营体制机制创新必须要有新思维，系统研究创新方向与重点，明确推进思路。当前，学术界大致明确了以下思路。

一是必须要准确领会党的农村基本经营制度的政策内涵，科学界定创新目标，合理界定创新内容，积极回应农民和农业发展的诉求（谭小芍，2015；朱守银，2018）。始终坚持和维护广大农民的切身利益，是创新必须坚持的根本出发点和落脚点，要尊重农民的主体地位和首创精神，鼓励各地大胆探索。二是必须坚持稳定家庭承包经营基础地位这一前提。坚守党在农村的政策底线，农村基本经营制度不能轻易动摇，要保持长久不变（唐忠，2018；张晓山，2018）。在稳定家庭承包经营基础地位的前提下，加强统一经营，有效解决农民组织化程度低、小生产与大市场衔接不畅的问题，从而真正实现"统分结合"（谭贵华，2014）。

除以上思路外，综观相关研究，比较具有代表性的观点是张红宇（2008）提出，理想的经营制度框架应体现六个方面的基本取向：经营制度长期稳定并不断完善，双层经营有机结合并富有弹性，生产经营主体明确并充满活力，产权关系明晰并形成制度，集体经济不断壮大并健全功能，农民持续增收并缩小收入差距。叶兴庆（2013）提出，推进农业经营体制创新总的思路是："守住两条底线、把住两个着力点。""守住两条底线"，一是要守住维护农民土地承包经营权这条底线，这是坚持和完善农村基本经营制度的核心。二是要守住提高土地产出率这条底线。"把住两个着力点"，一是要把住培育新型经营主体这个着力点，必须处理好发展家庭农业与发展公司农业的关系。二是要把住发展多元服务主体这个着力点，以前主要是靠集体经济组织的"统一经营"，今后应更多地依靠公益性服务体系和多元化的经营性服务组织，来为农业生产经营提供低成本、便利化、全方位的服务。

（三）政策创设

学者们大多围绕以下三个方面提出了协调推进农业经营体制创新

的政策。通过对这三个重要领域和关键环节进行突破，建立起与现代农业相适应的农业经营体制。

1. 提高规模化经营水平，解决农地细碎化问题

适度规模经营是发展现代农业的必然选择，要鼓励多种形式、多种内容的规模经营，如联户经营、农民合作社经营、农业产业化龙头企业带动经营等（孔祥智、刘同山，2013）。土地流转是实现适度规模经营的重要路径。农地产权制度层面，要积极推进农地"三权分置"改革，从法律基础、法律保障、法律惩罚三个层面研究促进农村土地"三权分置"的农业经营体制创新的法律机制（蒋永穆、赵苏丹，2018；夏玉莲，2016）。丁关良（2018）提出，必须明确家庭承包之土地承包经营权性质为唯一性的用益物权，确权登记颁证赋予农户有法律保障的物权性质的土地承包经营权，完善土地承包经营权权能，赋予农户更完整的、用益物权性质的权利。

2. 培育新型农业经营主体，解决"谁来种地"问题

新型农业经营主体具有新理念、新方法，掌握新的农业生产技术，具备规模经营的条件，在推进农村地区经济发展中应发挥主体作用，正确引导和合理扶持各类新型主体的健康发展，可以为农业和农村改革发展注入新的活力（陈淑玲、侯代男，2019）。张广辉、方达（2018）提出，通过推进职业农民培训、完善土地经营权价值评估体系和引入PPP模式等手段解决新型农业经营主体面临的困境，有助于发展适度规模经营，提高农村土地利用效率。政府应积极培育在乡小农为新型农业职业农民，消减和调整对农民合作社的扶持，促进种养大户规模化经营和家庭农场集约化经营，以规范新型农业经营主体的建立，充分发挥其对我国农业发展的正面带动作用，促进其可持续发展（谷小勇、张巍巍，2016）。

3. 加快农业社会化服务体系建设，解决统一经营不足问题

农户分散经营的现状还会长期保持，因此健全各种类型的农业社会化服务体系是农村双层经营的创新形式，要充分发挥社会各界的力量，形成多元化的社会化服务体系（杨汇泉、朱启臻，2008）。借助于农业服务组织，小规模经营同样可以实现农业现代化，实现农地和

劳动力资源的优化配置,从而使农村社会各阶层共享农业发展成果。即农村能人为中坚农民和普通农户提供技术指导、农产品销售等服务,中坚农民和普通农户仍拥有农地等生产资料,可凭此获得农业收益。在社会化大生产的背景下,政府引导下的"社会化服务组织 + 农户"模式使农业小规模经营依然具有生命力和竞争力(赵晓峰、赵祥云,2016)。

(四)实践探索

数十年来,我国农业经营体制创新的实践探索从未停滞,各地在实践中出现了不同的实现形式,成功的案例亦类型多样,但都未改变家庭承包的基础性地位。蒋永穆(2017)提出了划分其实现形式的三个层面:农地产权制度层面、农村基本经营组织层面和农村分散经营上的统一经营层面。由此将各地不同的实现形式划分为四种基本类型,即高度集体型、合作经营型、统一服务型和承包经营型。

1. 高度集体型

具有高度集体化的特征,土地等生产资料均归村级集体经济组织成员共同所有,不实行承包经营,没有分田到户,实行"集体所有、集体经营、强统一服务"。典型案例如江苏省江阴市华西村。1979 年,全国推行家庭联产承包责任制。华西村细致体会中央文件精神,深刻思考改革方略,最后得出:中央政策讲"宜统则统,宜分则分"。只要有利于发展,分也对,统也对。华西村人多地少、工业发达、集体家底厚,分田到户不符合实际。华西人创造性地提出,全村 500 多亩良田由 30 名种田能手集体承包,绝大多数劳动力转移到工业上去。这一做法为村集体经济的发展壮大奠定了坚实的基础。华西村在集体所有的形式上又加入了现代企业的股份理念,集体经济占大股,全村劳动力全部由农民转变为企业工人,并在企业中拥有股份,每年可以根据企业收益情况按股分红。集体经济模式在管理上具有较高的效率,促进了华西村的发展(彭维锋,2011;汪丽娟、明敏,2015)。

2. 合作经营型

在土地集体所有、家庭承包的基础上,由各类基本经营组织在农业生产经营环节采取合作制、股份制、社区股份合作制和土地股份合作制等方式的合作与联合，实行"土地共有、合作经营、强统一服务"。典型案例如四川省崇州市。崇州市隶属于四川成都，随着农村劳动力转移规模持续扩大，"农业边缘化"倾向愈加严重。结合自身实际情况，崇州逐步探索出了"农业共营制"经营模式，即在坚持土地集体所有制的前提下，以家庭承包经营为基础，以农户为核心主体，土地股份合作社、农业职业经理人、社会化服务组织等多元主体共同经营的新型农业经营模式。其主要创新环节包括：创新培育机制，建立农业职业经理人队伍；尊重农民意愿，建立土地股份合作社；强化社会化服务，建立"一站式"服务超市。有效破解了家庭经营应用先进科技和生产手段的瓶颈，以及统一经营层次被弱化的问题，增强了农业可持续发展能力（罗必良，2014；王成龙，2018）。

3. 统一服务型

以家庭分散经营为主体，同时通过村集体、龙头企业和农业合作社等经营主体加强和完善社会化统一服务。实行"土地承包、分散经营、强统一服务"。典型案例如天津蓟县毛家峪村。天津蓟县毛家峪村集体经济基础差、工业基础弱、以家庭承包经营为主。2000年，村民的人均年收入仅有2000元，2008年则达到了3万多元。这得益于该村以发展家庭经济为突破口，通过为家庭经济提供社会化服务逐步增加集体积累，村民收入快速增长，村民福利不断改善。毛家峪村确定了以城市中老年人修身养性为重点的旅游发展方向，打造长寿度假村。依靠村集体，为分散的农户家庭旅店搭建起规模化、标准化的平台：由村集体统一制定标准、统一定价、对客源作统一管理和统一分配，村集体还负责组织旅游户经营者和接待服务人员进行接待礼仪、客房服务和农家菜肴制作等方面的培训，形成了村办景点和农家院旅游户为一体的旅游产业规模。这既避免了农户之间的恶性竞争，又提高了声誉，对壮大村集体经济的实力起到了关键作用（彭海红，2011）。

4. 承包经营型

以家庭承包经营为主的实行形式，主要是以分为主的统分结合或有分无统的类型，实行"土地承包、分散经营、弱统一服务"。这是改革开放以来我国农村地区最为普遍存在的一种实现形式。典型案例如上海松江粮食生产家庭农场。上海松江在发展粮食生产家庭农场方面早就名扬全国。为破解"谁来种田、怎样种田"的问题,2007年起,松江区创办粮食生产家庭农场,以农户家庭为经营主体,主要依靠本地家庭劳动力,实现生产规模化、专业化和集约化,提高农业生产水平,粮食生产经营成为农民家庭收入的主要来源。上海松江粮食生产家庭农场具有四个主要特征:一是家庭经营;二是规模适度,土地规模与经营者的劳动生产能力相适应;三是一业为主,家庭主要收入来源于农业收入;四是集约生产,有效提高了劳动生产率、土地产出率和资源利用率。上海的探索和实践,给全国创新农业经营形式、加快农业现代化建设提供了新鲜的经验和有益的启示(陈锡文,2013)。

第三节　研究空间拓展与本书研究视角

唯一不变的是变化。事物发展变化的规律,意味着农业经营体制持续有着广阔的研究空间。本书将聚焦"统"与"分"的关系,拓展当前有关农业经营体制的研究。

一　农业经营体制可拓展的研究空间

本章第二节对我国农业经营体制的相关研究做了综述,有关农业经营体制的研究很丰富,比较全面。但是,亦有可拓展的空间,主要表现在以下几个方面。

第一,农业经营体制变迁的理论逻辑还需要进一步提炼研究。叶兴庆(2018)的研究指出,我国农业经营体制经历了从"生产责任制"到"双层经营体制",再到"经营体系"的历史演变。许多文献围绕农业经营体制的历史变迁,从史实的角度分析了体制变迁的原因,这对我们了解历史与深化认识具有很好的研究价值。但是,这些研究尚未提炼出农业经营体制演变的理论主线,即为什么我国农业经营体制是围绕上述路线变化的？这种变迁路径蕴含的理论逻辑是什么？特别需要指出的是，新中国成立初期，我国农业经营体制实行了一段时期的家庭经营，当前农业经营体制再度回归到家庭经营，那么为什么我国农业经营体制会从最初的家庭经营再次走向家庭经营呢？已有文献对此的理论解释略显单薄。关于这方面的研究，本书将在第二章的理论分析部分进行探讨。

第二，统分结合、双层经营的创新形式值得深入研究。很多文献注意到了统分结合、双层经营的创新形式，如高度集体型（彭维锋，2011；汪丽娟、明敏，2015）、合作经营型（罗必良，2014；王成龙，2018）、统一服务型（国务院发展研究中心农村部，2015；孔祥智，2017）等。在这些研究基础上，仍存在三方面值得继续探讨的研究点。一是统分结合、双层经营创新形式的形成机制研究。即什么因素导致了这些创新形式的出现？有关这方面的研究还较薄弱，特别是缺乏对这些新形式的理论解释，缺乏对这些新形式与传统双层经营体制的比较分析，尚未回答这些新形式与农业经营体制从家庭到家庭的演变主线是一脉相承、还是断裂发展的问题。二是如何对这些创新形式进行分类研究。总体上看，已有研究对这些创新形式进行分析多数是碎片化的，缺失对这些创新形式的分类研究与比较研究。三是这些创新形式蕴含的"统"与"分"的理论逻辑。包括创新形式"统"与"分"的具体表现，"统"与"分"体现的逻辑，及其对农业生产经营的作用效果与作用机制。关于这方面的讨论，本书第二章的理论分析部分将对这些创新形式进行分类，并从理论上对这些新形式进行解释；同时，第三章、第四章、第五章将对创新形式（即三大类）进行分类研究，介绍各类创新形式的具体表现形式及其对农业经营的作用效果、作用机制。

第三，农业经营体制的创新形式对未来我国农业发展的政策启示。在当今生产技术更替加速、产业形态迭代多变、组织模式日新月异的历史大变局中，这些创新形式对完善我国农业经营体制，促进农业农村现代化，有何政策启示？这也将是本书后续五个篇章探讨的重点内容。

二 "统"与"分"关系的研究视角

本书将从"统"与"分"的角度对农业经营体制进行研究。具体包括两个方面：一是从"统"与"分"的角度对统分结合、双层经营的创新形式进行分类；二是从"统"与"分"的角度建立解释框架，对统分结合、双层经营的创新形式进行理论阐述。关于研究视角选择的理由，将在本书第二章第一节进行论述，此处不做展开讨论。此处有必要对"统"与"分"的概念进行辨析。

1. 什么是"统"，什么是"分"

关于"统"与"分"的内涵，第二节通过文献的方式已作过相关论述。此处简略做归纳总结。判断"统"与"分"的内涵，有如下两个研究视角。本文有关对"统"与"分"的论述也将基于这两个研究视角。

从生产要素组合看，邓乾秋（1992）对"统"与"分"的内涵论述颇具代表性，研究指出"统"与"分"的本质意义并不直接体现经营性质，它所体现的是生产力要素的组合形式或管理方式，是个互为参照、相对的概念，当土地资源、农业科技、机械服务等生产力要素从分散到集中时体现的是"统"的形式，相反体现的是"分"的形式。例如，土地要素向某个大户、合作社、企业集中流转时，体现的是"统"；相反，一家一户的自主经营体现的是"分"。

从生产组织形态看，小规模的家庭生产是"分"，农户联合、合作以及企业组织化生产是"统"。1982 年"中央一号文件"初步阐述了"统一经营"中"统"的内涵，"农户和集体保持承包关系，由集体统一管理和使用土地、大型农机具和水利设施，接受国家的计划指导，有一定的公共提留，统一安排烈军属、五保户、困难户的生活，有的还在统一规划下进行农业基本建设"，是从农村集体经济组织的角度论述"统"的内涵。1991 年党的十三届八中全会通过了《中共中央关于进一步加强农业和农村工作的决定》再次从农村集体经济组织的角度论述"统"的内涵，指出"要在稳定家庭承包经营的基础上，逐步充实集体统一经营的内容。一家一户办不了、办不好、办起来不合算的事，乡村集体经济组织要根据群众要求努力去办"。2008 年党的十七届三中全会《中共中央关于推进农村改革发展若干重大问题的决定》从家庭生产与组织生产的角度，对"统"与"分"的内涵进行了丰富，"推进农业经营体制机制创新，加快农业经营方式转变；家庭经营要向采用先进科技和生产手段的方向转变，统一经营要向发展农户联合与合作，形成多元化、多层次、多形式经营服务体系的方向转变"，即"家庭经营"代表着"分"，"农户联合与合作，形成多元化、多层次、多形式经营服务体系"代表着"统"。

2. "统"与"分"的变化趋势

伴随农业农村发展环境的变化，"统"与"分"的形式变化也较大。

"统"的方面，呈现主体扩围、功能增加的发展趋势。在主体上，多层经营制"统"的主体从双层经营制的农村集体经济组织向新型农业经营主体等市场化、多元化主体扩围（孙中华，2009）。在功能上，相比为家庭提供生产服务的双层经营制，正如 2008 年党的十七届三中全会《中共中央关于推进农村改革发展若干重大问题的决定》指出，"统"的功能"要向发展农户联合与合作，形成多元化、多层次、多形式经营服务体系的方向转变，发展集体经济、增强集体组织服务功能，培育农民新型合作组织，发展各种农业社会化服务组织，鼓励龙头企业与农民建立紧密型利益联结机制，着力提高组织化程度"，即从过去的集体区域性服务向社会化生产服务转变、从公益性向经营性拓展。

"分"的方面，呈现分化特征。比如，承包地由过去的所有权、承包经营权分化成"三权分置"，经营权与承包权分离，即地权进一步细分，这为产权的交易、重组增加了可能性，拓展了资源配置效率提升空间（罗必良，2005；龙登高等，2010）。再如，农业生产服务的外包与多元化，长期以来传统的家庭经营中，家庭独立完成农业生产的全过程；当前，农业专业化分工趋势明显，生产环节可外包给不同主体承担，农业生产正在走向分工经济。

需要强调的是，随着"分"的发展，如何发挥"统"的作用，把"统"和"分"的优势结合起来，越来越引起各方关注。长期以来，农村集体经济组织在"统"方面的作用被寄予厚望。1983 年"中央一号文件"指出，"人民公社原来的基本核算单位（即生产队或生产大队），应当按照国家的计划指导安排某些生产项目，保证完成交售任务，管理集体的土地等基本生产资料和其他公共财产，为社员提供各种服务"；1984年"中央一号文件"进一步指出，"为了完善统一经营和分散经营相结合的体制，一般应设置以土地公有为基础的地区性合作经济组织"；1986年"中央一号文件"指出，"地区性合作经济组织应当进一步完善统一经营与分散经营相结合的双层经营体制"；1991年，党的十三届八中全会《中共中央关于进一步加强农业和农村工作的决定》指出，"要在稳定家庭承包经营的基础上，逐步充实集体统一经营的内容。一家一户办不了、办不好、办起来不合算的事，乡村集体经济组织要根据群众要求努力去办"；2019年"中央一号文件"继续指出，"强化集体经济组织服务功能，发挥在管理集体资产、合理开发集体资源、服务集体成员等方面的作用"。那么，集体经济组织能否发挥好"统"的功能？促进"统"的优势发挥，集体经济组织是不是发挥"统"的功能的重要支点呢？这些问题本书将做出相应回应。

本章参考文献

陈淑玲、侯代男：《新型农业经营主体的培育与农村地区经济转型升级问题研究》，《农业经济》2019年第7期。

陈锡文：《坚持农村基本经营体制积极创新农业经营形式》，《上海农村经济》2013年第11期。

陈晓华：《现代农业发展与农业经营体制机制创新》，《理论参考》2013年第8期。

陈兆红：《乡村振兴战略视域下农村基本经营制度改革探析》，《未来与发展》2019年第5期。

邓大才：《农村双层经营体制的轨迹分析及现阶段的对策思考》，《经济问题》1998年第1期。

邓乾秋：《不应当把"统分结合"与"双层经营"等同起来》，《中国农村经济》1992 年第 5 期。

丁关良：《巩固和完善农村基本经营制度》，《中国党政干部论坛》2018 年第 9 期。

董志勇、李成明：《新中国 70 年农业经营体制改革历程、基本经验与政策走向》，《改革》2019 年第 10 期。

谷小勇、张巍巍：《新型农业经营主体培育政策反思》，《西北农林科技大学学报》（社会科学版）2016 年第 16 期。

国鲁来：《农村基本经营制度的演进轨迹与发展评价》，《改革》2013 年第 2 期。

国务院发展研究中心农村部：《服务规模化与农业现代化：山东省供销社探索的理论与实践》，中国发展出版社 2015 年版。

韩俊、宋洪远：《新中国 70 年农村发展与制度变迁》，人民出版社 2019 年版。

韩荣璋：《统分结合双层经营体制与农业的两个飞跃》，《马克思主义研究》1997 年第 1 期。

胡小平、钟秋波：《新中国农业经营制度的变迁》，《四川师范大学学报》（社会科学版）2019 年第 4 期。

蒋永穆、赵苏丹：《中国农村基本经营制度：科学内涵、质规定性及演变逻辑》，《当代经济研究》2018 年第 1 期。

蒋永穆：《积极探索农村基本经营制度的多种实现形式》，《社会科学辑刊》2017 年第 3 期。

孔祥智、刘同山：《论我国农村基本经营制度：历史、挑战与选择》，《政治经济学评论》2013 年第 4 期。

孔祥智：《健全农业社会化服务体系实现小农户和现代农业发展有机衔接》，《农业经济与管理》2017 年第 5 期。

李尚蒲：《农村基本经营制度：在稳定的前提下不断完善——"中国农村基本经营制度学术研讨会"综述》，《中国农村经济》2013 年第 4 期。

梁涛：《邓子恢对统分结合农业经营体制的历史贡献》，《渤海大学学报》（哲学社会科学版）1994 年第 3 期。

刘笑萍：《论我国农村基本经营制度的演变与创新》，《经济地理》

2009 年第 2 期。

龙登高、任志强、赵亮：《近世中国农地产权的多重权能》，《中国经济史研究》2010 年第 4 期。

罗必良、李玉勤：《农业经营制度：制度底线、性质辨识与创新空间——基于"农村家庭经营制度研讨会"的思考》，《农业经济问题》2014 年第 1 期。

罗必良：《农业经营制度的理论轨迹及其方向创新：川省个案》，《改革》2014 年第 2 期。

罗必良：《新制度经济学》，山西经济出版社 2005 年版。

米运生、罗必良、曾泽莹：《农村基本经营制度改革：中心线索、重点变迁与路径取向》，《江海学刊》2015 年第 2 期。

农业部、经管司经管总站研究组：《构建新型农业经营体系 稳步推进适度规模经营——"中国农村经营体制机制改革创新问题"之一》，《毛泽东邓小平理论研究》2013 年第 6 期。

彭海红：《我国农村基本经营制度改革与反思》，《农业经济》2012 年第 7 期。

彭海红：《中国农村集体经济实践形式探析》，《新视野》2011 年第 4 期。

彭维锋：《华西村新农村建设实践经验研究》，《农业部管理干部学院学报》2011 年第 1 期。

邵峰：《论农业经营体制创新》，《农业经济问题》2003 年第 9 期。

孙中华：《关于稳定和完善农村基本经营制度的几个问题（下）》，《农村经营管理》2009 年第 6 期。

谭贵华：《改革开放以来农村基本经营制度的内涵演变》，《农林经济管理学报》2014 年第 4 期。

谭小芳：《坚持和完善农村基本经营制度的新思考》，《农业经济》2015 年第 11 期。

唐忠：《改革开放以来我国农村基本经营制度的变迁》，《中国人民大学学报》2018 年第 3 期。

汪丽娟、明敏：《集体经济模式简析——以华西村为例》，《全国流通经济》2015 年第 18 期。

王成龙：《崇州"农业共营制"解决现代农业发展三大难题》，2018 年 2 月 25 日，中国农业新闻网。

王景新：《影响农村基本经营制度稳定的倾向性问题及建议》，《西北农林科技大学学报》（社会科学版）2013 年第 5 期。

王立胜：《改革开放 40 年的农村基本经营制度》，《当代经济研究》2019 年第 1 期。

吴菊安、祁春节：《农业经营方式的理论与方法：一个文献综述》，《世界农业》2016 年第 10 期。

习近平：《摆脱贫困》，福建人民出版社 1992 年版。

夏玉莲：《农村土地"三权分离"背景下的农业经营体制研究》，《理论与改革》2016 年第 1 期。

谢茹：《试论农村双层经营体制的必要性及制度创新》，《南昌大学学报》（社会科学版）1995 年第 1 期。

叶兴庆：《从三个维度看我国农业经营体制的 40 年演变》，《农村工作通讯》2018 年第 14 期。

叶兴庆：《农业经营体制创新的前世今生》，《中国发展观察》2013 年第 2 期。

于金富：《构建新型合作经营方式 实现农业经营体制新的飞跃》，《辽宁大学学报》（哲学社会科学版）2016 年第 2 期。

张德元：《农村基本经营制度的异化及其根源》，《华南农业大学学报》（社会科学版）2012 年第 1 期。

张东生、吕一清：《农村基本经营制度变革及策略选择——改革开放 40 年的经验总结》，《现代经济探讨》2019 年第 6 期。

张广辉、方达：《农村土地"三权分置"与新型农业经营主体培育》，《经济学家》2018 年第 2 期。

张红宇：《农村经营体制的探索与创新》，《农村经济》2008 年第 8 期。

张士杰、曹艳：《中国特色现代农业发展中的农村双层经营体制创新》，《马克思主义研究》2013 年第 3 期。

张晓山：《在稳定的基础上创新农村基本经营制度》，《农村经济》

2018 年第 12 期。

赵光元、张文兵、张德元:《中国农村基本经营制度的历史与逻辑——从家庭经营制、合作制、人民公社制到统分结合双层经营制的变迁轨迹与转换关联》,《学术界》2011 年第 4 期。

赵树凯:《"大包干"政策过程:从"一刀切"到"切三刀"》,《华中师范大学学报》(人文社会科学版) 2018 年第 2 期。

赵晓峰、赵祥云:《农地规模经营与农村社会阶层结构重塑——兼论新型农业经营主体培育的社会学命题》,《中国农村观察》2016 年第 6 期。

郑淋议、罗箭飞、洪甘霖:《新中国成立 70 年农村基本经营制度的历史演进与发展取向——基于农村土地制度和农业经营制度的改革联动视角》,《中国土地科学》2019 年第 12 期。

朱启臻、杨汇泉:《农地承包关系长久不变与农村双层经营体制创新》,《探索》2008 年第 6 期。

朱守银:《创新农业经营体制机制的几点思考》,《农村工作通讯》2018 年第 6 期。

第二章

理论分析：
农业经营体制的"统"与"分"

农业经营体制是实现农业现代化、推进乡村振兴的重要制度安排。本章旨在从理论上论述统分结合在农业经营体制中的重要性。从理论看，统分结合有其合理性与必要性。从当前看，统分结合呈现出许多新形式，这并不代表统分结合已过时，而是更加说明即使在生产力快速发展、生产关系持续完善的今天，处理好统分关系仍然是完善农业经营体制的重要内容。从历史看，统分关系贯穿我国农业经营体制的历史变迁，是不容忽视的辩证关系。

第一节 农业经营体制统分结合的理论逻辑

"统"与"分"相结合是一对辩证统一的关系，这取决于农业经营特性，与农业生产力的发达水平、生产关系的复杂程度均无关。

一 农业经营既需要"统"也需要"分"

"统"与"分"的本质意义并不直接体现经营性质，它所体现的是生产力要素的组合形式或管理方式（邓乾秋，1992），是个互为参照、相对的概念，当土地资源、农业科技、机械服务等生产力要素从分散到集中时体现的是"统"的形式，相反表现的是"分"的形式，小规模的家庭生产向联合、合作以及企业组织化生产也是"统"，相反表现的亦是"分"的形式。理论上，农业经营既不是"统"的越多越好，也不是"分"的越多越好。

一般而言，大量研究强调"统"在农业生产中的作用与必要性，总体看"统"具有如下三个方面的作用。首先,通过"统"能扩大经营规模,获得规模效益。根据边际收益递减理论与边际成本递增理论,生产一般都存在最优规模问题。以图 2-1 土地要素投入为例,从利润角度看,当土地要素投入量小于 X_1 时,因收益较小、初始投资较大,不仅不能获得规模效益,反而经营亏损;当土地要素投入量增加到 $X_1—X_3$ 区间时,要素投入跨越盈亏平衡点,边际收益大于边际成本,生产处于规模报酬递增状态。这表明为获得规模收益或利润,生产规模需达到一定程度,即覆盖初始投资。另外,由于我国农民户均耕地面积较小,为获得规模效益,通过土地流转强化"统一经营"成为题中之义,这也是当前大量新型农业经营主体重视生产统一的重要原因。其次,大额投资以及解决基础设施投资外部性问题的需要。农业生产有时需要较大资金投资,而农户之间的合作、联合形成统一的投资主体往往是解决这类问题的有效办法。另外,农田水利、交通道路等农业基础设施投资具有很强的外部性,是典型的公共产品,在投资时亦需要统一生产提供,将公共产品转化为区域内俱乐部产品。最后,增强市场谈判权。单个农民因经营规模不足,很难与外部市场主体获得同等谈判权。不过,通过合作的方式统一销售产品能有效地增强农民市场谈判力,这也是中国大量农民合作社成立的一个重要原因(唐宗焜,2012)。

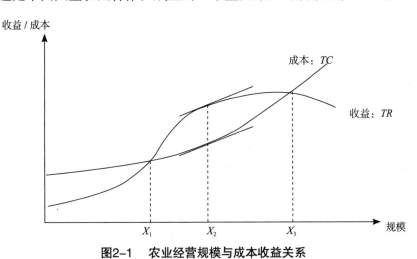

图2-1 农业经营规模与成本收益关系

正是因为统一生产具有上述诸多优势,大量农业生产者都热衷于扩大经营规模，沿着"统"的方向越走越远。虽然"统"有着诸多益处，但是这并不意味着"统"的越多越好；相反，"统"的过多反而不利，在"统"的基础上建立"分"的机制亦有其合理性，并且"分"的机制的建立还能反过来促进"统"。首先，农业生产存在服务半径问题。在现有技术条件下，农业生产还无法实现全智能化，必须配备相应的劳动力。根据劳动力与土地要素投入组合关系看，在一定技术条件下，受劳动时间和强度约束，劳动服务或经营面积存在边界（如图 2-1 中的 X_3），即一个劳动力经营的面积始终有限。在许多统一规模化经营实例中，我们时常能看到在统一经营（即农业生产性服务统一）框架下，规模经营被划分为数个单元承包给多个劳动力的经营方式，即构建了"统中有分"的经营模式。从经济学原理看，这符合两个"边际理论"。在劳动力投入以及其他条件不变的情况下，土地要素投入存在边际收益递减与边际成本递增的规律，因而单个劳动力不仅存在生产边界问题，也还存在最优生产规模（如图 2-1 中的 X_2），从利润最大化目标看，统一经营框架下的分散经营有着合理性。其次，农业生产精细化、多样性照料特征需要在"统"的基础上建立"分"的机制。农业生产是自然再生产过程和经济再生产过程的统一，具有时间上的季节性和空间上的分散性以及生产条件的复杂性，既需要生产经营者的精细照料，又要求生产经营者随季节而作和分散作业、随机应变，规模经营主体不可能独立从事所有生产环节。如，美国一个规模化农场一般都要加入四到五个合作社，其目的就是获得多样化的生产服务。"统"更多考虑的是共性因素，"统"得越多，个性因素兼顾得越少，因此有必要在"统"的基础上建立"分"的机制，即建立对个性化因素的应对机制。最后，"分"亦是风险分散、成本分担。从风险角度看，"统"的越多，生产经营风险越高度集中；同理，生产成本也高度向同一主体集中。这表明并不是"统"的越多越好；相反，分散经营也是风险与成本的分摊。

通过"统"与"分"的理论比较分析，不难发现"统"与"分"并不是完全对立的；相反，"统"与"分"各具优势，是对立统一的。因此，"统"与"分"的有效契合，才是中国农业经营体制尤其是农业适度规模化经营可持续发展的关键点。

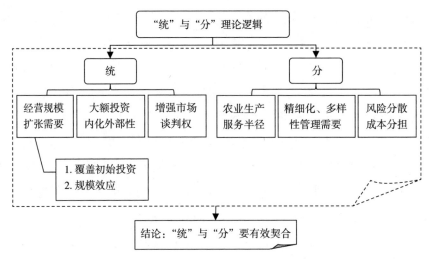

图2-2 农业经营"统"与"分"的理论逻辑

二 有关统分结合重大意义与可行性的理论研究

有关"统"与"分"的理论研究很丰富，主要探讨"统"与"分"在农业经营中的重大意义与可行性。这些研究为我们理解农业经营为什么既需要"统"又需要"分"，提供了很好的文献参考。

从其意义看，石正高（1993）指出，统分结合、双层经营是生产力规律作用的必然结果，双层经营能够融合先进生产力和落后生产力于一体，适应不同层次的生产力水平，因此，无论在农业发达地区还是贫困地区，都需要双层经营，他们也都自觉搞起了双层经营。王贵宸、秦其明（1985）论述了统分结合、双层经营的重大意义，认为这种经营体制较好地实现了"两个突破"（见表2-1）。夏英（1988）指出，统分结合、双层经营是消除不适当行政干预、革除平均分配主义制度、打破地区封闭性的强大手段，为农村从自给半自给经济过渡到商品经济提供了制度性基础，为公有制下所有权和经营权分离和重新组合提供了广泛启示，有助于推动亿万农民以至社会各有关阶层的观念更新。王成吉（1984）从实现我国的两个转化分析了统分结合的重大意义，从第一个转化来看，商品生产的存在必须具备社会分工和生产资料、劳动产品属于不同所有者的两个前提条件，发展社会主义商品生产，就必须发展社会分工，又必须加强统一计划管理，就是说，既要分，又要统，二者不可偏颇；从第二个转化来看，所谓农业现代化就是在农业中全面运用现代科学技术，实行高度集约化经营和高度社会化生产，在社会化的条件下，由于分工发达，可以充分依靠专业技术服务，家庭分散经营也完全可以实现农业现代化，世界各国的经验表明，实行农业现代化，并不排斥家庭分散经营的存在。

从可行性看，吕日周（1984）指出，统分结合的经营方式，是符合当前我国农业实际的。它既照应了农业生产力比较落后的一面，又没有限制已形成的社会化生产力发挥作用；既满足了农业作为自然再生产过程需要随机应对，独立决策的要求，又不违背社会主义农业应该有计划发展的特点；既可以使多年发展起来的集体经济发挥作用，又调动了千家万户农民发展生产的积极性。楼建中（1992）旗帜鲜明地指出，统分结合、双层经营是历史经验的总结，生产关系的变革，不仅仅是所有制的问题，与所有制相联系的还有一个经营体制的问题，统分结合、双层经营既适合我国现阶段农业生产特点，又适合我国现阶段农业生产力发展状况。谢茹（1995）从理论和实践两方面阐明了"家庭承包""双层经营"在我国农村长期存在的必然性，即统分结合、双层经营符合合作经济的本质与原则，适应农业再生产的特点是双层经营体制存在的自然基础，农业的弱质性、比较利益低的特点及宏观短缺的农业供给形式是双层经营体制存在的社会和经济依据，双层经营是农业合作经济体制的进一步完善。王成吉（1984）从农业的特点充分说明了统分结合的可行性。从"分"的角度看，农业劳动分布在广阔的空间，受自然条件的影响较大，需要劳动者根据具体情况及时作出判断和采取相应的灵活措施；农业的劳动对象是有生命的动植物的生产和再生产，农业生产周期长，需要劳动者在整个生产过程中，不论是劳动期间还是非劳动期间，都要给以精心照料；农业劳动的成果表现与最终产品在整个生产过程中，一般没有独立的中间产品，这就使得在整个生产周期中，各个环节上的劳动数量和质量难以准确计算，必须到最后产品生产出来才能显示出来。农业的这些特点决定了必须以家庭为单位实行分散劳动、分散经营。从"统"的角度看，如在农业中，培育良种、防虫治病、抗旱排涝、进行农田水利基本建设，推广先进的生产技术等，不可能单家独户分散去搞，必须在相当大的范围内统一安排，统一施行。

表 2-1　　　农业经营体制统分结合必要性与重大意义相关观点

文献	内容
吕日周（1984）	既照应了农业生产力比较落后的一面，又没有限制已形成的社会化生产力发挥作用；既满足了农业作为自然再生产过程需要随机应对，独立决策的要求，又不违背社会主义农业应该有计划发展的特点；既可以使多年发展起来的集体经济发挥作用，又调动了千家万户农民发展生产的积极性。
楼建中（1992）	"统分结合、双层经营"适合我国现阶段农业生产的特点。一是农业生产是自然再生产过程和经济再生产过程的统一，既需要生产经营者的精细照料，又必须有统一进行的农田水利建设，防治病虫害等抗灾措施的保障。二是农业生产具有时间上的季节性和空间上的分散性以及生产条件的复杂性，要求生产经营者必须随季而作和分散作业，随机应变，作出决策，又有对统一提供产前、产中、产后服务的迫切需要。三是我国现阶段生产力发展总体上还比较落后，在短期内还不可能提供大量的现代化农业所需要的各种资料，农业生产的集约经营发展比较缓慢。 "统分结合、双层经营"体制适合我国现阶段农业生产力发展状况。首先我国现阶段大部分地区的农业只有通过家庭经营方式，才能充分发挥分散在各个家庭的大批生产资料和积累在民间的传统技术的效用，才能充分利用分散在农民手中的资金来发展生产，但是还要发挥集体统一经营的优越性。诸如零散地块的调整，农业发展基金的建立，加强劳动积累，组织农田水利等基本建设，组织开发性生产，组织农业社会化服务体系等。其次，统分结合的体制还具有解放生产力的作用，促进商品经济的发展。最后，通过统分结合，协调产、供、加、销各环节的利益关系，盈亏互补，增强承担市场风险的能力，从而还能起到保护生产力的作用。
石正高（1993）	农民喜欢家庭经营，因为它可以把物质利益和生产经营自主权有机地结合在一起，适应农业生产的特点。但家庭经营的局限性也非常明显，它缺乏协作机制，不适应农业基本建设、抗灾救灾以及其他协同动作的需要，难以形成协作生产力；它缺乏规模机制，不适应当代农业大生产、大投入的需要，难以形成规模效益，它缺乏分工机制，不适应农业生产专业化的需要，在"小而全"的局限下，难以从根本上提高农业劳动生产率，它缺乏商品经济的竞争能力，不适应变幻莫测的市场需求，难以集中力量搞好生产经营。没有统一经营结合的家庭经营，实质上仍是一种小生产方式。正如马克思所指出的一样："这种生产方式是以土地及其他生产资料的分散为前提的。它既排斥生产资料的积聚，也排斥协作，排斥同一生产过程内部的分工，排斥社会对自然的统治和支配，排斥社会生产力的自由发展。"统一经营可以有效地弥补家庭经营的不足，从本质上改造传统的家庭经营。
王贵宸、秦其明（1985）	第一，统分结合、双层经营突破了我国农业合作经济长期以来实行的高度集中统一经营的模式，抛弃了"生产规模越大越好，公有化程度越高越好"的公式，使农业的经营方式更加适合农业生产的特点和农业生产力的发展复杂状况。第二，统分结合、双层经营突破了社会主义公有制经济经营权、使用权与所有权不可分离的理论，使广大农民有了从事农业生产的经营权和对于集体所有的土地等农业基本生产资料的使用权，既坚持了农业的社会主义方向，又极大地调动了农民发展商品生产的积极性。

文献	内容
谢茹 （1995）	第一，符合合作经济的本质与原则。由于双层经营的存在是以土地集体公有为基础，以社区合作经济组织的存在为前提，并按照共营、互利、自愿、民主的原则办事，因此符合合作经济的原则。 第二，适应农业再生产的特点。农业生产对象是具有生命的动植物体，具有地域分散性、生产条件的复杂多变性和不稳定性，需要生产经营者精细照料；农业经济再生产的特点决定了生产中一系列带共性的重要生产环节，承包户因其自身规模的狭小性，不完全性和局限性，无法单独完成基础设施建设、农田灌溉等，这些需要集体经营来解决。 第三，农业的弱质性、比较利益低的特点及宏观短缺的农业供给形式。在相当长的时期内，我国主要农产品供给紧张的状况难以根本改变，协调宏观农业发展与微观经营动力的矛盾，是我们面临的一项重大选择，双层经营是解决上述矛盾的重要方法。 第四，双层经营是农业合作经济体制的进一步完善。克服了旧的单一体制生产经营过分集中、劳动管理高度集中和收入分配平均三大弊端，激发了农民的积极性、主动性和创造性。
王成吉 （1984）	从"分"的角度看，农业劳动分布在广阔的空间，受自然条件的影响较大，需要劳动者根据具体情况及时作出判断和采取相应的灵活措施；农业的劳动对象是有生命的动植物的生产和再生产，农业生产周期长，需要劳动者在整个生产过程中，不论是劳动期间还是非劳动期间，都要给以精心照料；农业劳动的成果表现与最终产品在整个生产过程中，一般没有独立的中间产品，这就使得在整个生产周期中，各个环节上的劳动数量和质量难以准确计算，必须到最后产品生产出来才能显示出来。 从"统"的角度看，如在农业中，培育良种、防虫治病、抗旱排涝、进行农田水利基本建设，推广先进的生产技术等，不可能单家独户分散去搞，必须在相当大的范围内统一安排，统一施行。
张云千 （1984）	第一，既保持了集体统一经营，又发挥了家庭式小规模分散经营的长处；既继承了合作化的积极成果，又克服了经营管理过分集中和平均主义的弊病，使集体经济增添了内在的发展动力，推动了农业生产的发展。 第二，在结合的程度和方法上有很大的灵活性，因而具有广泛的适应性，既可以适应手工劳动为主的状况和农业生产的特点，又能适应农业现代化过程中生产力发展的需要。 第三，农户成为一个相对独立的经营实体，在集体统一组织分工分业的同时，出现了具有更大灵活性的、以户为单位的分工，将更有利于加快农村分工分业的进程，并且会出现一批专业性的联合，进而形成不同类型的新的合作经济，为新的合作经济的发展开辟了道路。 第四，统分结合的实行和进一步完善，使社会主义集体经济的具体形式更加符合我国的实际，取得很好的效果，从而也就更加坚定了广大农村干部和群众沿着农业合作化的道路继续前进的信心和决心。

文献	内容
韩荣璋 （1997）	分户经营是双层经营的基础层次。由于经营是以土地公有制为前提，服从于国家和集体管理，农户与集体之间存在着责、权、利关系，所以它不同于"分田到户"或"单干"，是合作经济内部的一种经营形式。在这种体制下，农户成为相互独立的商品生产者，生产要素可以自由组合，既可调动农民的积极性，又能增强集体经济发展的内在活力。 集体统一经营是双层经营的高级层次。它的职能作用主要是统一管理，开展协调服务，通过合作经济组织，把分户经营解决不了的难题，把一家一户办不了或办不好的事情，有计划有组织地办起来，兴办关系到农业生产整体效益的生产活动，在推进发展生产力的过程中，发展适度规模经营，壮大集体经济，引导家庭经济向纵深发展。

第二节　农业经营体制的三类创新与理论阐释

农业经营体制是关系到农业现代化的重要制度安排。改革开放以来，我国逐步形成了统分结合的双层经营体制，近年来在此基础上派生出了许多探索创新形式。从理论上看，新形式在家庭经营基础上，契合农业生产"统分结合"的需要，既解决了人民公社体制下的集体经营模式"统"得过"死"的弊端，又解决了传统家庭承包经营为基础的双层经营模式"分"得过"细"的弊端。从实际上看，新形式缓解了当前我国农业生产服务供给不足、适度规模经营不够、规模经济效果不佳等痛点问题。从意义上看，新探索依托不同类型农业组织，以不同"统"的形式，有效地促进了小农户和现代农业发展的有机衔接。

一　引言

促进小农户和现代农业发展有机衔接是夯实实施乡村振兴战略的基础。由于我国人多地少，关于在小规模农户基础上能否实现现代化以及怎样实现现代化的问题，是新中国成立以来多次农业经营体制改革关注的重点话题。20 世纪 90 年代，随着人民公社体制的逐步退出，集体统一经营与农户分散经营的农业经营体制逐渐形成。1991年，党的十三届八中全会通过了《中共中央关于进一步加强农业和农村工作的决定》，把这一体制正式表达为"统分结合的双层经营体制"，指出"要在稳定家庭承包经营的基础上，逐步充实集体统一经营的内容。一家一户办不了、办不好、办起来不合算的事，乡村集体经济组织要根据群众要求努力去办"，即在小农户分散基础上，依托农村集体经济组织实现与现代农业的衔接。1993年的《宪法》修正案与《农业法》先后正式将这一体制纳入法律。许多学者认为，统分结合经营体制适应了中国农业经济再生产和自然再生产的统一（姜长云，1992；谢茹，1995），强调了集体在农业基础设施与农业社会化服务体系建设中的重要作用，在一定时期内确实较好地发挥了集体与农户两方面的积极性（楼建中，1992）。

从当前实践看，这种制度优势逐渐弱化，主要表现为"统"的作用发挥不足，社会化服务体系供给严重滞后，小农户与现代农业发展存在某种程度的脱节（孔祥智，2017；叶敬忠等，2018；崔红志、刘亚辉，2018）。由于在改革初期更多地强调"分"，很多生产队甚至连每一头牛、每一个农具都分给农户，致使绝大部分农村集体经济组织没有为农服务、行驶"统一经营"职能的资源（孔祥智，2009），农村集体经济组织"统"的功能逐渐弱化衰退。不过，与此同时我国农业经济却迎来了快速发展。粮食产量从1978年的30477万吨增加到2018年的65789万吨，增长了一倍有余，主要农产品已从过去全面短缺走向结构性相对过剩。"统"的功能弱化与农业经济壮大的反差，是否意味着统分结合的经营体制已穷途末路了呢？是否意味着中国农业已不再需要"统"的作用了呢？

然而，事实却与这种判断完全相反。虽然农村集体经济组织"统"的功能弱化，但是农业经营却内生出了许多新形式的"统"。按照农户参与生产程度深浅划分，出现了以广东省温氏集团为代表的农户分散经营与农业组织规模化服务形式（米运生、罗必良，2009），以山东省供销社为代表的农户委托经营与农业组织规模化服务形式（国务院发展研究中心农村部，2015），以土地合作社为驱动载体的农户流转土地与农业组织规模化经营形式（罗必良，2014；程国强，2015；周振、孔祥智，2015），等等。这些经营方式都自发地探索出了新的统分结合模式，较好地发挥了农户分散经营与农业组织统一经营的两个优势，并且依托具有"统"的功能的农业组织搭载着成千上万的小农户驶向了现代农业的汪洋大海。那么，中国农业经营体制为什么会内生出这些统分结合新探索呢？这些探索的形成遵循着什么样的理论逻辑呢？与传统的统分结合相比又有着怎样的区别与联系，抑或传统形式的统分结合为何走向了没落，而这些探索创新却逐渐兴起呢？

从已有研究来看，现有的文献并没有回答出这些问题。虽然围绕统分结合的文献很多，但是大多是研究传统统分结合经营体制的形成路径（梁涛，1994；邓大才，1998），论述其必要性（谢茹，1995；韩荣璋，1997），阐述传统统分结合双层经营体制在当下遭遇的困境（蓝万炼、朱有志，2000；罗必良、李玉勤，2014）以及完善的政策建议（张红宇，2008；杨汇泉、朱启臻，2008）。当然，也有文献注意到了统分结合经营体制的完善创新形式。然而，这些文献缺乏对这些新探索生成机制的探讨，也忽视了传统统分结合与新探索的本质区别。这些无疑是已有研究的一个缺憾。本节将围绕这些问题，从剖析当前统分结合经营体制新探索入手，重点构建新探索的解释框架，研究这些探索创新与传统统分结合形式的区别与联系，以及讨论这些探索创新对促进小农户和现代农业发展有机衔接的现实意义。

二　统分结合视角下农业经营体制的三类探索创新

若将小农户生产视为"分"，规模化农业组织生产视为"统"，按照小农户参与生产程度及其与规模化农业组织的关系，当前出现的统分结合农业经营体制的探索创新形式可初步划分为农户分散经营与农业组织规模化服务、农户委托经营与农业组织规模化服务、农户流转土地与农业组织规模化经营三种类型。这三类形式的逻辑关系详见图2-3，农户参与生产的程度依次递减，规模化农业组织"统"的程度逐渐加深。

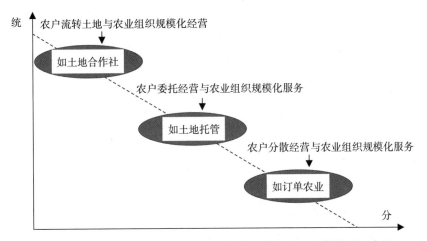

图2-3　农户参与生产深度视角下三类统分结合农业经营体制示意图

（一）农户分散经营与农业组织规模化服务：以公司＋农户订单农业为例

此类形态中，农户参与生产全过程，农业组织为农户提供生产服务。公司＋农户式的订单农业是此类形态的典型代表。"分"表现为农户按照公司要求分散经营，"统"表现为公司制定统一的生产标准以及向众多农户提供生产性服务，尤其是产品销售服务。广东省温氏集团是其中的典型代表，这里将以温氏集团养鸡产业为例具体介绍此类统分结合生产方式。

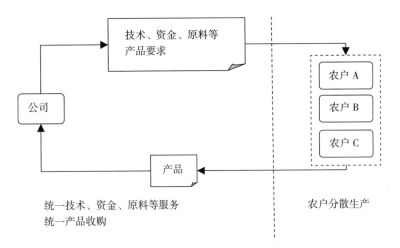

图2-4　公司+农户生产关系示意图

在温氏集团的契约关系中，公司是契约形态的缔造者。这种生产形态主要涵盖以下几个特征。（1）缔约。农户接受契约，按照温氏集团的要求自行建立养殖设施；同时，公司提供部分资金支持设施建设。（2）生产。农户分散养殖，从公司购入种苗、饲料、疫苗和药品等投入品。（3）技术指导。生产过程中，公司依托资金、技术优势，为农户提供技术指导，如养殖中的防疫、检验。（4）产品收购。公司统一收购产品，按照流程价格与农户结算，结算价格高于市场价格。结算价格扣除投入品成本，农户获得相应报酬。（5）产品加工与销售。公司加工收购产品，并组织统一销售。

概括而言，温氏集团的生产形态表现为"五统一分"，即生产关系的统一缔约、投入品的统一供给、技术的统一指导、产品的统一收购、产品的统一加工销售，生产环节农户分散经营。在这种"五统一分"的运行机制下，实现众多小农生产与市场的有效对接，缓解了小农生产面临的价格波动、产品卖难、服务短缺等难题（米运生、罗必良，2009）。

（二）农户委托经营与农业组织规模化服务：以土地托管服务为例

此类形态中，农户较少参与生产过程甚至不参与生产，仅提出生产要求，生产全程委托给农业组织代理。土地托管服务是此类形态的代表，根据笔者调研情况看，山东省供销合作社与河南省荥阳市新田地农民合作社的土地托管形式较为典型。

1. 山东省供销合作社的土地托管服务

供销社土地托管运作方式大致分为两个内容。首先，动员农户参与土地托管[①]。一方面，供销社依靠村两委力量，引导大量外出务工、农

[①] 在连接农户方面，因供销社代表着"公家"，在农民群体中口碑较好，农户比较愿意将土地托管给供销社，这种优势来自厚重的历史渊源，也是其他市场主体所不具备的。在联系农村行政组织方面，供销社因其天然的行政色彩，相比其他组织更容易介入。在对接政府部门方面，国有属性的供销社比私人部门更具优势。如山东供销社与省财政厅联手，扶持共建为农服务中心；与国土部门沟通，解决网点建设用地指标问题；与科技部门合作，解决农业技术问题。在整合市场服务资源方面，因供销社可成立下属企业的体制便利，成立了各种各样与土地托管有关的农业服务公司，发挥了市场配置资源的主渠道作用（穆娜娜等，2019）。

业劳动力较少家庭将土地托管给供销社，采取土地置换的方式实现连片经营。在这个环节内，作物种植品种由农户决定，农户支付供销社托管费。另一方面，为激励村两委，供销社分一部分托管费给村两委。其次，供销社外包农业生产各环节，即供销社把土地托管的活儿揽过来，再把活儿分包出去。比如化肥农药等农资供应交由供销社下属公司，耕种收各环节依托农机公司，病虫害防治委托飞行公司，等等。通俗地讲，供销社土地托管可概括为"农民外出打工，供销社为农民打工，其他单位为供销社打工"。

从统分结合视角看，"统"在土地集中连片托管、经营，"分"在种植决策与服务分工外包。供销社一头连着分散的一家一户，一头牵着分散的服务主体，"统"与"分"实现了精准对接。通过这种连接方式，小农生产享受到了现代农业生产性服务。

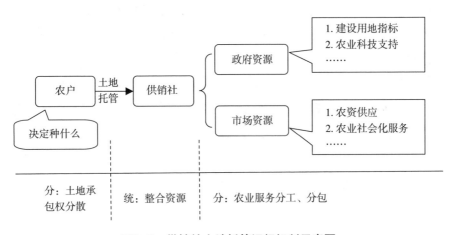

图2-5　供销社土地托管运行机制示意图

2. 河南省荥阳市新田地农民合作社的土地托管服务

这种形式可简单概括为依托合作社组织为农户统一提供生产性服务。在粮食生产服务上，合作社提供涵盖农资供应、耕、种、植保、收全程农业社会化服务。具体流程与环节如下：（1）签订服务合同。合作社与农户签订服务合同，确定服务种植面积、种植品种以及服务价格。（2）农资供应。服务合同规定，合作社服务对象必须使用合作社统一提供的种子（强筋小麦和胶质玉米）、化肥和农药等农资产品。为保证产品品质，合作社向众多小麦科研专家、教授请教如何选取优质麦品种，合作社与河南省农业科学院、新乡市农业科学院形成了稳定的合作关系，稳定了优质种源。（3）耕、种、植保、收全程农业机械服务。合作社为农户组织全程农业机械服务，如联系农机服务组织或个人为农户开展生产服务，同时居中协调服务价格，但不参与农业机械服务的分红与提成。需要说明的是，随着合作社社员数量与服务土地面积的快速增加，为保证合作社服务质量与效率，合作社采取"化整为零"的思路，于2014年创立了以村社为单位的农业生产要素车间，执行具体的农业生产服务。生产要素车间由一名主任和几名成员组成，车间主任一般是本村农民。生产要素车间负责统一调配辖区内的农药、肥料、种子等农资供应，监督管理农药、化肥的使用，并开展产品质量追溯、产品标识等农产品质量监管服务。（4）粮食销售服务。合作社统一为农户提供粮食烘干与收购销售服务，在次序上，粮食收购业务列于烘干之后，烘干、销售业务的纵向一体化，既为农户提供了售粮的便利，又延伸了合作社产业链。

从统分结合看，这种方式的"统"表现为三个方面：合作社统一育种与选种，统一开展生产组织与调度，统一开展粮食烘干与销售；"分"也体现为三个方面：土地经营权仍然由分散农户所有，农户享有生产决策权；生产要素车间以村社为单位分片服务；耕、种、植保、收等环节的机械服务分散外包。

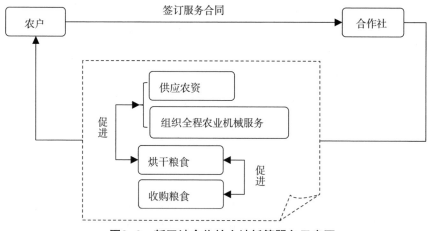

图2-6 新田地合作社土地托管服务示意图

（三）农户流转土地与农业组织规模化经营：以土地合作社为例

此类形态中，农户完全不参与农业生产，并将土地流转给农业组织，由农业组织承担农业生产。通过我们调研发现，这种类型还可以划分为农户流转土地与农业组织规模化集中经营、农户流转土地与农业组织规模化分工经营两种。其中，第一类生产高度集中，农业生产全程高度由农业组织独立承担；第二类农业生产并不都是由农业组织固定人群、全程承担完成的，大量的是存在进一步的分工，即不是单纯地推进土地流转集中来改善农业规模经营。不过，受农业生产复杂性决定，较少会出现生产全程高度集中于某些个体，第二类形态占绝大多数，其"统"与"分"的内容形式更为多样。本节将以第二类形态为讨论重点，在比较分析中兼顾第一类形态。黑龙江省克山县仁发农机合作社与四川省崇州市农业共营制较为典型，本节将分别以此为例介绍这类经营体制的"统"与"分"[①]。

1. 黑龙江省克山县仁发农机合作社

仁发农机合作社成立于2009年，2011年合作社吸收社员314人，流转社员土地1.5万亩，开展土地股份合作，利用购置的大型农业机械，合作社集中统一经营，当年土地经营收入达到2045.2万元，农户亩均纯收益710元。2012—2015年，合作社规模持续扩张，土地经营面积增加到5万亩（周振、孔祥智，2015）。不过，伴随合作社经营规模的扩张，为解决合作社成员经营激励问题[②]，合作社将土地划分给了22户家庭承包经营，即在"统"的机制下进行了"分"的设计。

[①] 需要说明的是，单纯地推进土地流转集中来改善农业规模经营，并高度统一经营、生产全程高度由农业组织独立承担的类型，不是本节讨论的重点。虽然这种类型也存在"统"与"分"，但是存在明显的缺陷，本节虽不独立讨论此类形态，但会采取比较分析的方式进行简明介绍。确切地说，本节讨论的此种类型可表达为农户流转土地与农业组织规模化分工经营。

[②] 合作社组织农机手生产时，面临着调动农机手积极性的问题。调研了解到，农机手往往是被动接受合作社任务安排，尤其是在田间管理上，合作社面临着较大的协调成本。为此，合作社将土地分片承包给70户农机手，合作社与承包户建立了分成收益分配的利益连接机制。

表2-2 三类农业经营体制的"统"与"分"

类别	案例	"统"的内容	"分"的内容
农户分散经营与农业组织规模化服务	温氏集团	公司是"统"的主体：生产关系的统一缔约、生产投入品由公司统一供给、技术由公司统一指导、产品由公司统一收购销售。	农户是"分"的主体：生产环节农户分散经营。
农户委托经营与农业组织规模化服务	山东省供销合作社	供销社合作社是"统"的主体：土地由供销合作社集中连片托管、经营。	1. 土地并没有流转，经营权仍属于农户，由农户制定种植决策；2. 农业生产环节由供销社组织分散外包，如农资配送、耕种收、田间防治、产品烘干等环节由不同服务主体分别承担。
	河南省荥阳市新田地农民合作社	合作社是"统"的主体：合作社统一育种与选种，统一开展生产组织与调度，统一开展粮食烘干与销售。	1. 土地并没有流转，经营权仍属于农户，由农户制定种植决策；2. 生产要素车间以村社为单位分片服务；3. 耕、种、植保、收等环节的机械服务分散外包。
农户流转土地与农业组织规模化经营	黑龙江省克山县仁发农机合作社	合作社是"统"的主体：土地经营权、生产决策权、农业全程生产向合作社"三个集中"。	生产过程由22户家庭分散实施，相对于上百户合作社成员，22户经营者是"统"的表现，但是相对于完全由合作社管理者经营则是"分"的体现。
	四川省崇州市农业共营制	合作社是"统"的主体：依托合作社制度设计形成了四对"统"与"分"的关系。1. 合作社与农户：土地经营权向合作社集中；2. 合作社与职业经理人：合作社确定职业经理人，确定种植品种；3. 职业经理人与农户：职业经理人是规模经营的组织者；4. 职业经理人与农业社会化服务主体：职业经理人参与生产环节各项服务的购买。	1. 合作社与农户：土地承包权农户分散所有；2. 合作社与职业经理人：合作社将经营权赋予数个职业经理人，职业经理人成为"分"的实现载体；3. 职业经理人与农户：土地承包权农户分散所有；4. 职业经理人与农业社会化服务主体：具体生产环节分散外包给农业社会化服务主体承担。

从统分结合看，仁发农机合作社的"统"与"分"表现在如下几个方面。第一，"统"体现在土地经营权、生产决策权、农业全程生产

向合作社的"三个集中"。第二，"分"体现为具体生产过程由22户家庭分散实施，相对于上百户合作社成员，22户经营者是"统"的表现，但是相对于最初完全由合作社管理者经营的形式则是"分"的体现，形成了合作社与土地入股社员、合作社与22户家庭双重"统"与"分"的关系。因这种经营体制的变化，2016年合作社经营成本相比2015年减少了近600万元。事实上，如同仁发农机合作社这种双重统分结合经营关系的实践还有很多。比如许多农业组织首先流转大量农户的土地，聚集了集中连片经营的优势；其次采取分片区的方式细分给数个或少量家庭经营管理，农业组织实施生产并提供生产性服务。

2. 四川省崇州市农业共营制

这种生产形态构建了合作社、职业经理人、服务体系"三位一体"的生产模式。起初，崇州市农业共营制源于"被迫"的探索。2009年某公司租赁当地某镇3000亩农地出现毁约退租后，农户不愿收回被退土地，要求政府承担责任，政府从三个方面破解难题。首先，组建土地股份合作社。按照入社自愿、退社自由、利益共享、风险共担的原则，引导农户以土地承包经营权折价入股建立了跨社区的开放式合作社。其次，培育建立农业职业经理人队伍。崇州市建立了依托培训中心与"面对面"指导、"手把手"示范相结合的农业职业经理人培训机制，并对符合条件的培训人员颁发《农业职业经理人证书》，建立了农业职业经理人才库，解决了"谁来种地"与"科学种田"的问题。最后，构建专业化的农业社会化服务体系。通过引导社会资金组建了综合性农业社会化服务公司，服务公司提供农业技术咨询、全程农业机械化、农资配送、专业育种育苗、田间防治、粮食烘干等全程农业生产性服务。农户、合作社、职业经理人按1∶2∶7的比例分配盈余，通过这种方式建立了三者之间"风险共担、利益共享"的紧密型利益连接机制。实践显示，这种制度创新有效破解了统一经营层次被弱化的问题，实现了现代物质技术装备、企业家能力等先进生产要素与农业经营的有效对接，提高了土地产出率、资源利用率、劳动生产率（罗必良，2014）。

从统分结合看，农业共营制具有两个鲜明特征。首先，四对统分关系贯穿于农户、合作社、职业经理人、服务主体互动形成的共营体制内：农户与合作社之间，"分"体现在土地承包权农户分散所有，"统"表现为土地经营权向合作社集中；合作社与职业经理人之间，合作社是"统"的主体，由于合作社将经营管理职能赋予数个职业经理人，职业经理人成为了"分"的实现载体；职业经理人与农户之间，"分"仍然体现在农户对土地承包权的分散所有上，相比一家一户分散经营，职业经理人成为规模经营、集中经营的重要主体，扮演着"统"的角色；职业经理人与农业社会化服务主体之间，从服务覆盖面来看，职业经理人参与生产环节各项服务的统一购买，具体环节分散外包给农业社会化服务主体承担。其次，职业经理人的人力资本发挥着重要纽带作用。在四重统分结合关系中，职业经理人一头连着合作社，一头关联着农业社会化服务主体，同时也间接联系着农户，是多重关系的重要纽带。

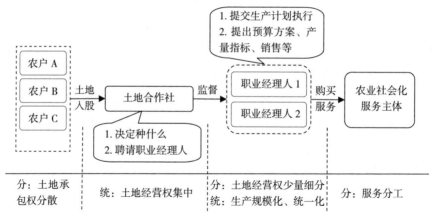

图2-7　农业共营制运行机制示意图

三　新探索的理论逻辑及其比较分析

本节提及的三类统分结合农业经营体制的新探索，既有"统"的内容，又有"分"的内容。那么，为什么当前农业生产仍会内生出这种经营形式呢？尤其是，本节提及的黑龙江省克山县仁发农机合作社与四川省崇州市农业共营制两个案例中，在高度规模化经营的基础上，为什么农业经营主体还要主动设计"分"的内容呢？根据 North（1990）的分析框架，制度安排决定经济绩效。为此，本节将以新制度经济学分析框架为基础，解析新探索形成的制度原因及其"统"与"分"设计逻辑。

（一）新探索促进小农户和现代农业发展有机衔接的优势

结合三类新探索的主营业务以及关键制度设计特征，本节认为新探索的共通之处是处理好了农业规模化经营中"统"与"分"的关系，即本章第一节提出的农业生产既需要"统"、又需要"分"的理论分析，此处不再赘述。

不过，上述理论分析仅仅解释了农业经营为什么需要"统分结合"，但是没有解释为什么会存在如此多样的"统"与"分"结合的形式，尤其是本节列举的三类形式为什么会出现？本节认为，这三类新探索不仅契合了农业经营中"统"与"分"的关系，关键是依托"统"与"分"的机制设计，解决了当前我国农业经营中存在的不同痛点问题，有效地促进了小农户与现代农业发展的有机衔接，具体表现在如下几个方面。

首先，第一种类型解决了农户分散经营下农业生产性服务供给不足的问题。从生产性服务类别看，公司＋农户首先解决的是产品销售难题。长期以来，受道路交通基础设施、市场信息等限制，以及伴随农村集体经济组织功能弱化，扶持小农户产品销售的"统"的主体长期缺位，农产品卖难是萦绕在农民心头上的"老大难"，小农户既与市场脱轨，又难与现代农业衔接。公司＋农户的形式，不仅解决了农民产品销售问题，而且还能依托公司载体，扮演"统"的主体的角色向农户提供其他农业生产性服务，解决了长期以来小农户生产服务缺失的问题。

其次，第二种类型既解决了农户分散经营农业生产性服务供给不足的问题，又规避了服务主体流转土地带来的成本压力。伴随劳动力工资上涨、农村劳动力大量转移，农户对农业生产服务的需求逐渐增加。随着农民合作社、供销合作社等组织的介入，弥补了农业生产性服务长期缺位的缺憾。值得一提的是，这种运行方式依托农户与经营主体的服务契约，无须流转农户土地，规模经营主体不用向农户支付土地租金成本（见图2-8）。相比许多土地合作社，这种运营方式既实现了规模经营，又降低了经营成本。

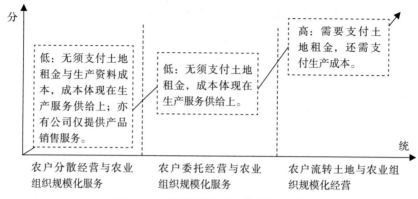

图2-8 "统"的主体实施成本比较

最后，第三种类型解决了土地承包权分散下农业生产规模不足与规模经营效率低下的问题。农业规模经济一直以来都是中国农业政策高度关注的目标。受我国人多地少国情农情以及农村基本经营制度等多种因素的影响，很长一段时期内我国农业适度规模经营发展缓慢。随着农村土地"三权分置"改革深化，农村土地流转加快，大量的土地合作社涌现，逐步改善了我国农业生产适度规模经营不足的局面。不过，从理论看，规模经济的本质在于分工与专业化（Yang and Ng, 1995），单纯地推进土地流转集中来改善农业规模经营并不一定能取得规模经济，第三种类型通过农业生产性服务（如代耕、代种、代收，甚至是职业经理人的"代营"等中间性服务产品）的纵向分工与外包实现了"服务规模经济性"，克服了单纯扩大规模取得规模经营的缺陷。这也是为什么在实践中，我们观察到的更多是农户流转土地到农业企业等规模化组织后，农业组织再度划片经营、外包服务等不同形式分工经营的原因。

表2-3　　　　　　三类统分结合农业经营体制新探索的制度优势

类型	制度优势	概念化表达
农户分散经营与农业组织规模化服务	1. 对农户而言，通过公司载体的介入，解决了农户生产因资本不足陷入的生产技术瓶颈，如解决了优质种苗与先进技术采纳问题，还能享有农资统一购买与产品统一销售形成的低成本与高收益实惠； 2. 对公司而言，选择农户分散生产，而不是公司集中生产，能降低公司集中生产的风险。	满足了农户分散经营生产性服务供给需要。

续表

类型	制度优势	概念化表达
农户委托经营与农业组织规模化服务	1. 对农户而言：通过服务规模化实现了经营规模化，取得了两个规模经济：一是集中购买农资与社会化服务等，降低了生产成本；二是统一销售，提高了产品价格。 2. 对托管服务主体而言：不用流转农户土地，服务主体不需支付土地地租，规避了规模经营支付地租成本；通过集中提供社会化服务，建立起了稳定的商业模式。	通过服务规模化取得了规模经营的收益，同时规避服务主体流转土地带来的成本压力。
农户流转土地与农业组织规模化经营	1. 对农户而言：通过土地流转，获得稳定的地租收益或红利。 2. 对合作社而言：一方面，农户将土地流转到合作社一经营，解决了土地经营规模不足的问题，实现了规模经济效应。另一方面，有的合作社在统一经营制度框架下，采取的"分包"制，降低了"统"得过多、"分"得太少带来的经营风险，符合农业经营精细化照料与生产半径限制规律；还能发挥生产能手人力资本优势，解决了如何科学种地的问题。	通过土地流转形成了生产的规模经济；再设计分工活动，农业的规模经营将从土地规模经济转向服务规模经济。

（二）新探索与传统农业经营体制的比较

从我国农业发展历程看，我们经历过了以"统"为主的人民公社体制下的集体经营模式、以"分"为主的家庭承包经营为基础的双层经营模式。相比较而言，上述两种模式既有"统"得过多的失败教训，也有"分"得过细的不利之处，而本节提及的三类新探索在平衡"统"与"分"的关系中，展现出了独特的优势（见图2-9、表2-3）。

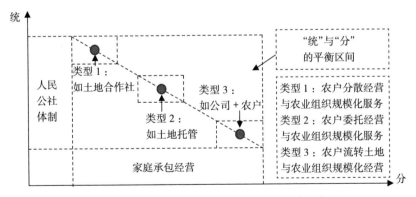

图2-9　新探索平衡"统"与"分"关系的示意图

首先，与人民公社体制下的集体经营模式相比，这三种新探索均设计了"分"的机制,解决了"统"得过"死"的弊端。公司＋农户的运行方式,在不流转农户生产资料的前提下,公司充当的是生产的组织者,具体的生产过程由农户自主承担,充分发挥了农户分散经营的自主性与积极性。土地托管服务的运行方式,土地承包经营权与种植决策权仍归属农户,降低了规模经营流转土地的租金成本;同时,在服务机制设计上,如新田地合作社建立生产要素车间,山东省供销社合作社外包生产服务,在"统"的机制下设计"分"的内容,不仅能发挥具体服务者的积极性,而且也能降低服务组织在农业机械购置、专业服务队伍建设等方面的运营成本。相比其他两种形式,土地合作社"统"的相对较多,但亦有"分"的内容,最直接的"分"体现在土地承包权分散;此外,在具体生产中设计分工经济形式,如仁发农机合作社将生产分包给22人经营,四川崇州农业共营制采取聘用职业经理人等,即通过"分"的机制降低了规模化经营成本。

其次,与家庭承包经营为基础的双层经营模式相比,这三种新探索均建立了"统"的机制,解决了"分"得过"细"的弊端。总体上,这三类探索都解决了双层经营模式下,农村集体经济组织"统"的功能弱化的问题,满足了农民对农业科技、农业机械、产品销售等农业生产性服务的需要,构筑了规模化经营基础。如,公司＋农户以提供产品销售为主、辅助提供农资、技术、资金等方面服务,土地托管服务为农户提供了农业生产全程服务;土地合作社依托生产规模自建生产服务以及外包生产服务。

再次,与人民公社体制下的集体经营模式与家庭承包经营为基础的双层经营模式最大的不同是,这些新探索在"统"的主体上发生了重大变化,即从带有行政色彩的农村集体经济组织向市场化的新型农业经营主体转变。本节认为这是"统分结合"模式在新时代的重大创新。

表2-4　　　　　　　　　多种"统分结合"类型及其比较

类型	评论
人民公社体制下的集体经营模式	"统"得过多,"分"得不足;"统"与"分"严重脱离,农民生产积极性被压抑。

类型		评论
家庭承包经营为基础的双层经营模式		"统"不足，"分"有余；"统"与"分"基本处于断裂状况，虽然农民积极性被调动起来，但农业生产服务供给不足、农民市场谈判权弱。
"统分结合"新探索	农户分散经营与农业组织规模化服务	"分"的相对较多，但亦有"统"的服务，尤其是产品销售以及伴随的其他生产性服务。
	农户委托经营与农业组织规模化服务	"统"与"分"有机契合；"统"既获得了规模化经营收益，"分"又降低了规模化经营成本。
	农户流转土地与农业组织规模化经营	"统"的相对较多，但亦有设计"分"的内容降低规模化经营成本。

最后，家庭经营是新探索与双层经营的基础与共通点，体现了以家庭经营为基础的天然合理性。由于规模经济的本质在于分工与专业化（Yang and Ng，1995），家庭经营与规模经济、现代生产组织方式能够并行不悖，家庭经营既可以通过扩大土地规模来改善农场组织的"土地规模经济性"，也可以通过农业生产性服务的纵向分工与外包来实现"服务规模经济性"（罗必良，2014），这也是为什么农业经营体制探索创新会以家庭经营为基础，这进一步彰显了稳定农业基本经营体制的重大意义。

不过，对于三种探索哪种形式最优，笔者认为这取决于多种因素。但是，在当前全球粮价低迷、土地地租成本上升以及规模经营开倒车情境下，从笔者调研情况看，成本节约型即农户委托经营与农业组织规模化服务形式更具有可持续性（见图2-8）。具体而言，对于此三类探索创新的选择以及选择的前置条件将会在后续章节继续讨论。

四 结论与启示

本节通过对当前出现的统分结合农业经营体制的新形式的描述分析，以及与人民公社体制下的集体经营模式、家庭承包经营为基础的双层经营模式的比较分析，回答了这些新探索为什么会出现以及形成遵循的理论逻辑等问题。具体而言，有如下研究结论：第一，受农业生产的自然属性决定，农业经营既需要"统"也需要"分"，这些新探索的形成符合农业生产"统分结合"的需要，是顺应发展需要的产物，既解决了人民公社体制下的集体经营模式"统"得过"死"的弊端，又解决了家庭承包经营为基础的双层经营模式"分"得过"细"的弊端。第二，更为重要的是，新探索解决了当前我国农业经营中存在的不同痛点问题，如以"公司＋农户"为代表的农户分散经营与农业组织规模化服务形式，解决了农户分散经营下产品销售服务供给不足的问题；以土地托管为代表的农户委托经营与农业组织规模化服务形式，既满足了农户分散经营农业生产性服务需要，又规避服务主体流转土地带来的成本压力；以土地合作社为代表的农户流转土地与农业组织规模化经营形式，尤其是农业组织规模化分工经营形式，解决了土地承包权分散下农业生产规模不足与规模效率低下的问题。第三，这三类新探索依托不同类型农业组织，以不同"统"的形式，有效地促进了小农户和现代农业发展的有机衔接，如农户分散经营与农业组织规模化服务解决了小农户与市场对接问题以及生产服务需求，其他两种类型解决了小农户生产下农业经营规模不足的问题。如果说前两类探索创新通过统一的生产服务实现了小农户产品供给与现代农业的有机衔接，那么后一类探索创新则是通过统一的组织形态实现了小农户要素供给与现代农业的有机衔接。

本节研究结论有如下几点政策启示。第一，农业经营必须要注重统分结合。长期以来，农业生产经营围绕"统"与"分"持续做钟摆式运动，不是"统"得过多，就是"分"得太细，事实上，既要发挥"统"的作用，发挥生产的规模效应，又要通过"分"的机制降低成本。第二，统分结合中"统"的主体不一定非农村集体经济组织不可。较长时期内，在"统"的职能上，农村集体经济组织被寄予厚望。然而，在这些新探索中新型农业经营主体等市场化主体正在逐渐承担农业生产中"统"的职责。这表明破解当下农业经营"分有余、统不足"的困境，可以将培育新型农业经营主体等市场化主体为政策抓手。第三，由于我国小农生产还将长期存在，家庭经营具有天然优势，巩固家庭经营的基性地位，在家庭经营基础上鼓励形成多类型的"统分结合"经营形式，也应是我国农业政策坚守的方向。第四，促进了小农户与现代农业的有机衔接，要强化对上述统分结合新探索的培育与扶持。其中，以土地托管为代表的农户委托经营与农业组织规模化服务形式，在当前全球粮价低迷、土地地租成本上升以及规模经营开倒车情境下，既能获得规模化经营收益，又通过"分"降低了规模化经营成本，可能是实现农业适度规模化经营与小农户和现代农业有机衔接的较好方式，应成为农业政策关注与支持的重点。

第三节　农业经营体制的历史变迁与理论阐释

农业经营体制是农村政策的基石，是历来农业农村改革的重要内容。本节梳理了新中国成立 70 年我国农业经营体制的五个发展阶段，运用农业生产"统分结合"与制度变迁理论的分析框架，从理论上阐释了我国农业经营体制的变化规律。本节的研究结论对完善我国农业经营体制具有一定启示作用。

一　引言

农业经营体制是关系到农业现代化、推进乡村振兴的重要制度安排。党的十八届三中全会提出，"坚持家庭经营在农业中的基础性地位，推进家庭经营、集体经营、合作经营、企业经营等共同发展的农业经营方式创新"；党的十九大报告再次强调，"巩固和完善农村基本经营制度，……培育新型农业经营主体，健全农业社会化服务体系，实现小农户和现代农业发展有机衔接"。稳定和完善农业经营体制，创新农业经营制度及其经营体系，加快农业经营方式转型，具有重要的战略意义与历史意义。

"以史为鉴，可以知兴替。"新中国成立 70 年以来，无论是 20 世纪 50 年代以及 70 年代末至 80 年代疾风暴雨式的变革时期，还是后来静水流深式的改革时期，我国农业经营体制经历了不断演变的过程。那么，总体上我国农业经营体制变革经历了哪些发展阶段？为什么我国农业经营体制会从新中国成立初期的家庭经营经历多次波折再次回归到以家庭经营为基础呢？农业经营体制演变的历史逻辑与理论基础是什么？深入梳理农业经营体制演变的历史脉络，深刻把握演变的发展规律，既有利于深化对新中国成立 70 年农业农村发展历程的认识，也有利于明确未来农业经营体制演进的方向。

从已有研究看，围绕农业经营体制的文献较多，这些文献主要聚焦统分结合的双层经营体制，研究统分结合经营体制的形成路径（梁涛，1994；邓大才，1998；叶兴庆，2013；赵树凯，2018），论述其必要性（谢茹，1995；韩荣璋，1997；张士杰、曹艳，2013），分析双层经营制面临的困难（蓝万炼、朱有志，2000；罗必良、李玉勤，2014），介绍其探索创新形式（陈锡文，2013；张云华、郭铖，2013；罗必良，2014）以及完善发展的政策建议（张红宇，2008；杨汇泉、朱启臻，2008；农业部经管司、经管总站研究组，2013）。当然，也有部分文献从历史发展角度梳理我国农业经营体制的变迁，如赵光元等（2011）分析了农业经营体制从家庭经营制、合作制、人民公社制到统分结合双层经营制的变迁轨迹，详细介绍了每次体制变迁的历史背景与政策环境；孔祥智、刘同山（2013）分析了农村基本经营制度形成和演变的历史脉络和内在原因，提出了稳定和完善农村基本经营制度的对策建议；叶兴庆（2018）从农业经营体制的概念内涵、集体成员获得的土地权能、农业经营的具体形态三个维度，分析了改革开放 40 年农业经营体制的演变。

以上文献为本节的研究奠定了很好的基础，但亦有可拓展的空间，主要表现在以下几个方面：第一，农业经营体制变迁的理论逻辑还需要进一步提炼研究，现有的文献更多的是从史实的角度分析体制变迁的原因，尚未提炼出农业经营体制演变的理论主线，对我国农业经营体制从最初的家庭经营再次走向家庭经营的理论解释略显单薄。第二，许多文献注意到了统分结合双层经营体制的创新形式，但缺乏对这些新形式的理论解释，缺乏对这些新形式与传统双层经营体制的比较分析，尚未回答这些新形式与农业经营体制从家庭到家庭的演变主线是一脉相承还是断裂发展的问题？第三，农业经营体制的历史变迁对未来我国农业发展有何政策启示，尤其是在当今生产技术更替加速、产业形态迭代多变、组织模式日新月异的历史大变局中，如何指引农业经营体制的改革完善？为此，本节将围绕农业经营体制，分析新中国成立 70 年来的历史演变过程，构建农业经营体制变迁的理论主线与分析框架，总结完善农业经营体制、促进乡村振兴发展的相关政策启示。

二　农业经营体制的历史变迁与演变主线

（一）历史变迁：从家庭经营走向以家庭经营为基础

我国农业经营体制经历了新中国成立初期短暂的以土地农民私有为基础的家庭经营制、农业合作化运动催生的合作制、以人民公社为载体的集体经营制、改革开放后的双层经营体制以及 21 世纪以来双层经营体制的创新拓展，共计五个发展阶段。

1. 家庭经营制：农民私有、家庭经营

此阶段持续时间较短，大致时间是 1949—1952 年。新中国成立初期，依托农村土地改革，我国建立了家庭经营的农业经营体制。

第一，农业生产资料尤其是土地实行农民私有。1949 年中国人民政治协商会议第一届全体会议通过的《中国人民政治协商会议共同纲领》第二十七条明确规定，"凡已实行土地改革的地区，必须保护农民已得土地的所有权。凡尚未实行土地改革的地区，必须发动农民群众，建立农民团体，经过清除土匪恶霸、减租减息和分配土地等项步骤，实现耕者有其田"。1950 年颁布的《中华人民共和国土地改革法》第一条再次强调，"废除地主阶级封建剥削的土地所有制，实行农民的土地所有制"。至此，奠定了新中国成立初期我国农民土地私有的土地产权制度。

第二，农业生产以分散家庭为基本单位。在土地农民私有的基础上，种植业、畜牧业、手工业和其他副业均建立了以家庭经营为特点的家庭经营制。家庭经营制较好地释放了农民生产积极性，1949—1952 年我国农业生产以农业总产值每年递增 15.4% 的速度，三年共增

长 53.4%，1952 年主要农产品产量已恢复到或超过了抗日战争前的最高生产水平（陈廷煊，1992）。

2. 合作经营制：农民私有、合作经营

合作经营制起源于 1951 年互助组的互助合作经营，结束于高级社[①]以及 1958 年人民公社体制成立时期，运行时间不长。在农民与国家"两个需要"的驱动下，合作经营由家庭经营逐渐演化而成。第一，农民有劳动互助的需求。土地改革发挥了农民"个体经济积极性"，但是农民还有"劳动互助积极性"（杜润生，2002），出于有利于生产和经营的需要，也为了提高抵御各种自然风险的能力，部分农民自发地组建了互助组，奠定了合作经营雏形。第二，国家有合作经营的需要。由于土地改革形成的家庭经营制与历史上的自耕农经营方式并无二致，均存在着分散性、狭隘性、自给性、脆弱性等先天不足，难以扩大再生产、不能为国家的现代化建设提供更多的剩余积累，为此国家在互助组的基础上，顺势以强有力的政策措施推动新中国成立初期的家庭经营逐步从互助组走向了初级社等合作经营体制。

首先是以家庭分散经营为主、互助合作经营为辅的互助组形态的合作经营制。互助组的互助合作经营，仍实行土地和生产资料农民所有，劳动所得仍是归各农户所有，产权关系及其剩余所得与家庭经营一致。不同的是，在具体生产环节，在农民自愿互利的基础上，部分地实现了互助经营。常见的互助经营形态，既有简单的临时性、季节性的劳动互助，又有公有农具、公有牲畜、固定合作组织的常年性互助，还有以土地入股为特点的农业生产合作社（杜润生，2002）。到 1954 年，互助组发展规模达到历史巅峰，数量达到 993 万个，吸纳农户 6848 万人，占全国农户总数的 58.4%（杜润生，2002）。

其次是以家庭占有生产资料、合作统一经营为主的初级社形态的合作经营制。为配合国家工业化的建设和实现经济建设的总任务，互助组的"自发性"不得不被提升与扭曲（赵光元等，2011），加之因

[①] 有的文献研究将高级社作为合作经营的一种形式（赵光元等，2011），事实上高级社是一种集体经营形态，其产权关系为集体所有，与合作经营时产权关系农民所有具有本质区别。为此，本节将高级社归类为集体经营的组织形态。

1953年秋全国粮食供应局势紧张，中央做出了实行粮食统购统销的决定，进一步加速了初级社的建设进程。初级社土地和生产资料虽然仍归农民私人所有，但由初级社集体共同使用，农民已逐步丧失了对土地的直接支配，农业生产由初级社统一经营，既按劳分配，又按股分红。

表2-5　　　　　　　我国互助组、初级社与高级社发展情况　　　　单位：万、%

年份	互助组			初级社			高级社		
	个数	农户数	比重	个数	农户数	比重	个数	农户数	比重
1950	272	1131	10.7						
1951	486	2100	19.2						
1952	803	4536	39.9	0.4	6	0.1			
1953	745	4564	39.3	2	27	0.2			
1954	993	6848	58.4	11	229	1.9	0.02	1	0.0
1955	715	6039	50.7	63	1688	14.2	0.05	4	0.0
1956	8.5	104	0.9	69	1041	8.6	31	10742	89.2
1957				3	160	1.3	75	11945	96.2

注：农户数为加入互助组、初级社、高级社农户的数量，比重为占全国农户总数的比重；数据资料来自杜润生《当代中国的农业合作制》，当代中国出版社2002年版，第238、416、420页。

3. 集体经营制：集体所有、统一经营

集体经营起源于农业合作化运动，成型于高级社、成熟于人民公社。受第一个五年计划农业发展成就的鼓励，以及统购统销与"大跃进"的制度设计需要（程漱兰，1999），互助合作转向集体经营，催生了高级社以及人民公社组织形态。

首先是集体经营的高级社组织形态。伴随初级社的发展，"既取得粮食，又巩固工农联盟，既照顾国家需要，又照顾农民的可能"的矛盾日益突出，1955年7月，毛泽东做了《关于农业合作化问题》的报告，催生了"理论上已被确认的为工业化服务的合作化—集体化路线"在实践上的突破，促成了互助合作转向了农业集体化（国家农业委员会办公厅，1981），加速推进了初级社向高级社转型发展，全国高级社数量从1955年500多个快增至1956年、1957年的31万个与75万个，

覆盖到全国 90% 以上的农户。高级社成为农村最基本的生产经营单位，所有制关系开始发生了重大转变，生产资料从农民私有转为合作社集体所有，实行统一生产经营、共同劳动、统一分配。

其次是高级社联合重组的人民公社化及其体制的确立。1958 年 8 月中央发布《关于在农村建立人民公社问题的决议》，在全国范围掀起了声势浩大的高级社联合重组的人民公社化运动，重构了农业农村经营方式。人民公社制具有三项鲜明特征。一是集体所有和统一经营。1959 年 8 月，《关于人民公社的十八个问题》明确了人民公社的三级所有制，即人民公社所有制、生产大队（原高级社）所有制和生产队所有制，其中以生产大队所有制为主导。从所有制看，人民公社是集体所有制经济，是全民所有制经济的另一种形式。不过，为抑制人民公社中平均主义的供给制（公共食堂）、生产队劳力无偿调拨、生产队财物无偿调拨的"一平二调"共产风，调动农民生产积极性，1960 年 11 月《关于农村人民公社当前政策问题的紧急指示信》，强调"以生产队为基础的三级所有制，是现阶段人民公社的根本制度"，逐步调整为"三级所有、队为基础"，即强调生产队是人民公社的基本核算单位，生产队有权决定生产计划、实行独立核算与自负盈亏、独立组织生产与分配，这种集体所有制经济的制度安排持续到 1978 年农村改革前。二是政社合一。1962 年 9 月公布的《农村人民公社工作条例（修正草案）》第一条明确指出，"农村人民公社是政社合一的组织，是我国社会主义社会在农村中的基层单位，又是我国社会主义政权在农村中的基层单位"。这表明人民公社既是生产组织单位，又是农村基层政权组织，与互助组、初级社、高级社单一的生产功能具有本质的区别。三是一大二公。即"一曰大、二曰公"的特点，"大"指人民公社入社人员规模大，每个公社农户规模达到 5000 户左右，经营规模比高级社平均扩大了近 30 倍（赵光元等，2011）。"公"指相比高级社，人民公社生产资料的高度公有化，如在人民公社化运动高峰时期，高级社经营形态下农民还能保留的自留地、自养牲畜、自营林木等自留经济也被废除了。

4. 双层经营制：家庭承包、统分结合

1978 年，起始于安徽省凤阳县小岗村的"大包干"，带来了农业经营体制的变革。1982 年、1983 年、1984 年的"中央一号文件"连续对家庭承包责任制进行肯定，"大包干"由此开启了农业经营体制改革的先河。概览其历程，双层经营制度在改革人民公社生产队的统一经营、统一核算、统一分配的基础上，经"包产到户"的农民分户经营、集体统一核算和分配，到"包干到户"的农民分户经营、自负盈亏，直至正式确立（赵光元等，2011），从建立到完善，大致可划分为两个阶段。

首先是 1978 年至 1993 年统分结合双层经营制的形成时期。1979年 9 月通过的《中共中央关于加快农业发展若干问题的决定》中，把"不许包产到户，不许分田单干"改为"不许分田单干。除某些副业生产的特殊需要和边远山区、交通不便的单家独户外，也不要包产到户"。正是这一改动，使广大农民和基层干部看到了制度创新的希望。到 1979 年底，全国包产到户的比重已经达到 9%。1982 年"中央一号文件"下发，正式承认了"双包"责任制的合法性，这个文件还初步阐述了"统一经营"中"统"的内涵（详见表 2-6）。1983—1986 年的"中央一号文件"对"统"和"分"的内涵做了越来越明确的界定。1991 年，党的十三届八中全会通过了《中共中央关于进一步加强农业和农村工作的决定》，把这一体制正式表述为"统分结合的双层经营体制"，指出"要在稳定家庭承包经营的基础上，逐步充实集体统一经营的内容。一家一户办不了、办不好、办起来不合算的事，乡村集体经济组织要根据群众要求努力去办"。1993 年 3 月《宪法》修正案正式把这一体制纳入宪法。同年 7 月 2 日第八届全国人民代表大会常务委员会第二次会议通过《农业法》，第五条指出："国家长期稳定农村以家庭承包经营为基础、统分结合的双层经营体制。"至此，农村基本经营制度正式确立。

其次是 1993 年以来统分结合双层经营制的稳定时期。稳定双层经营制主要体现在土地承包经营关系。从承包期限看，为了稳定土地承包关系、巩固农业经营制度，1993 年中央出台的《关于当前农业和农村经济发展的若干政策措施》对承包期限做了进一步规定，即"在原定的耕地承包期到期之后，再延长三十年不变"；1998 年 10 月召开的党的十五届三中全会总结了农村改革 20 年的经验，强调要"长期稳定以家庭承包经营为基础、统分结合的双层经营体制";2008年党的十七届三中全会指出,"现有土地承包关系要保持稳定并长久不变";2017年党的十九大报告再次指出,"第二轮土地承包到期后再延长三十年"。从财产权看,2007年出台的《物权法》把土地承包经营权界定为用益物权,进一步强化了土地承包经营权的法律地位,从财产权角度保障了双层经营农业基本经营制度的稳定。

表2-6 双层经营制确立、稳定与完善的政策法律演进

时间	文件名称	主要内容
1982年 1月1日	全国农村工作会议纪要	目前实行的各种责任制,……都是社会主义集体经济的生产责任制……是社会主义农业经济的组成部分。 包干到户这种形式,在一些生产队实行以后,经营方式起了变化,基本上变为分户经营、自负盈亏;但是,它是建立在土地公有基础上的,农户和集体保持承包关系,由集体统一管理和使用土地、大型农机具和水利设施,接受国家的计划指导,有一定的公共提留,统一安排烈军属、五保户、困难户的生活,有的还在统一规划下进行农业基本建设。
1983年 1月2日	当前农村经济政策的若干问题	这种分散经营和统一经营相结合的经营方式具有广泛的适应性,既可适应当前手工劳动为主的状况和农业生产的特点,又能适应农业现代化进程中生产力发展的需要。完善联产承包责任制的关键是,通过承包处理好统与分的关系。以统一经营为主的社队,要注意吸收分户承包的优点。以分户经营为主的社队,要随着生产发展的需要,按照互利的原则,办好社员要求统一办的事情。
1984年 1月1日	关于一九八四年农村工作的通知	继续稳定和完善联产承包责任制。为了完善统一经营和分散经营相结合的体制,一般应设置以土地公有为基础的地区性合作经济组织。
1985年 1月1日	关于进一步活跃农村经济的十项政策	联产承包责任制和农户家庭经营长期不变。 地区性合作经济组织,要积极办好机械、水利、植保、经营管理等服务项目,并注意采取措施保护生态环境。
1986年 1月1日	关于1986年农村工作的部署	地区性合作经济组织,应当进一步完善统一经营与分散经营相结合的双层经营体制。家庭承包是党的长期政策,决不可背离群众要求,随意改变。可是,有些地方没有把一家一户办不好或不好办的事认真抓起来,群众是不满意的。应当坚持统分结合,切实做好技术服务、经营服务和必要的管理工作。
1987年 1月22日	把农村改革引向深入	完善双层经营,稳定家庭联产承包制。 土地承包期一般应在十五年以上。
1991年 11月29日	关于进一步加强农业和农村工作的决定	农村普遍实行了以家庭联产承包为主的责任制,逐步建立起统分结合的双层经营体制,有利于集体统一经营的优越性和农户承包经营的积极性都得到发挥。

时间	文件名称	主要内容
1993 年 3 月 29 日	中华人民共和国宪法修正案	农村中的家庭联产承包为主的责任制和生产、供销、信用、消费等各种形式的合作经济，是社会主义劳动群众集体所有制经济。
1993 年 7 月 2 日	中华人民共和国农业法	第六条　国家稳定农村以家庭联产承包为主的责任制，完善统分结合的双层经营体制，……
1993 年 11 月 5 日	关于当前农业和农村经济发展的若干政策措施	在原定的耕地承包期到期之后，再延长三十年不变。
1998 年 10 月 14 日	关于农业和农村工作若干重大问题的决定	长期稳定以家庭承包经营为基础、统分结合的双层经营体制。
2002 年 8 月 29 日	中华人民共和国农村土地承包法	第三条　国家实行农村土地承包经营制度。农村土地承包采取农村集体经济组织内部的家庭承包方式，……
2007 年 10 月 1 日	中华人民共和国物权法	第一百二十四条　农村集体经济组织实行家庭承包经营为基础、统分结合的双层经营体制。 农民集体所有和国家所有由农民集体使用的耕地、林地、草地以及其他用于农业的土地，依法实行土地承包经营制度。
2008 年 10 月 12 日	关于推进农村改革发展若干重大问题的决定	稳定和完善农村基本经营制度。 家庭经营要向采用先进科技和生产手段的方向转变，增加技术、资本等生产要素投入，着力提高集约化水平；统一经营要向发展农户联合与合作，形成多元化、多层次、多形式经营服务体系的方向转变，发展集体经济、增强集体组织服务功能，培育农民新型合作组织，发展各种农业社会化服务组织，鼓励龙头企业与农民建立紧密型利益联结机制，着力提高组织化程度。
2013 年 11 月 12 日	关于全面深化改革若干重大问题的决定	稳定农村土地承包关系并保持长久不变，在坚持和完善最严格的耕地保护制度前提下，赋予农民对承包地占有、使用、收益、流转及承包经营权抵押、担保权能，允许农民以承包经营权入股发展农业产业化经营。
2015 年 2 月 1 日	关于加大改革创新力度加快农业现代化建设的若干意见	坚持和完善农村基本经营制度，坚持农民家庭经营主体地位，引导土地经营权规范有序流转，创新土地流转和规模经营方式，积极发展多种形式适度规模经营，提高农民组织化程度。
2015 年 12 月 31 日	关于落实发展新理念加快农业现代化实现全面小康目标的若干意见	研究制定稳定和完善农村基本经营制度的指导意见。

时间	文件名称	主要内容
2017 年 10 月 18 日	党的十九大报告	巩固和完善农村基本经营制度，深化农村土地制度改革，完善承包地"三权分置"制度。保持土地承包关系稳定并长久不变，第二轮土地承包到期后再延长三十年。

注：多层经营制是双层经营制的创新与完善，是在双层经营基础上，适应我国农业农村发展新形势的产物。以上内容来自笔者根据中央公开文件整理。

5. 多层经营制：家庭承包、多层经营

伴随我国市场化改革加快推进以及 21 世纪以来农村税费改革的全面实施，部分农村地方出现了"组织空白"和"制度空白"等（温铁军，2006），此外，由于在改革初期更多地强调"分"，很多生产队甚至连每一头牛、每一个农具都分给农户，致使绝大部分农村集体经济组织没有为农服务、行使"统一经营"职能的资源（孔祥智，2009），农村集体经济组织"统"的功能呈现出逐渐弱化衰退态势，农业社会化服务供给严重不足，小农户与现代农业发展存在某种程度的脱节（孔祥智，2017；叶敬忠等，2018；崔红志、刘亚辉，2018）。受农村劳动力转移加快、农业劳动工资变化、农户对农业社会化服务需求增加以及农村土地制度改革完善等多方面因素影响，21 世纪以来我国农业经营在家庭承包经营为基础、统分结合的双层经营体制基础上内生演化出了许多新变化，在完善和发展统一经营方面，从集体经济组织单一体向集体经济组织和其他社会多元主体并存发展、相互联合与合作转变，出现了家庭经营、集体经营、合作经营、企业经营等共同发展的经营方式，但并没有完全否定传统双层经营体制，而是对双层经营制的完善与创新，当然也有文献将其视为双层经营制的一种完善形态（赵光元等，2011）。不过，为突出其以下两个鲜明特征，本节称之为"多层经营制"。

从内涵看，"统"的主体扩围、功能增加。在主体上，多层经营制"统"的主体从双层经营制的农村集体经济组织向新型农业经营主体等市场化、多元化主体扩围（孙中华，2009）。在功能上，相比为家庭提供生产服务的双层经营制，正如 2008 年党的十七届三中全会指出"统"

的功能"要向发展农户联合与合作，形成多元化、多层次、多形式经营服务体系的方向转变，发展集体经济、增强集体组织服务功能，培育农民新型合作组织，发展各种农业社会化服务组织，鼓励龙头企业与农民建立紧密型利益联结机制，着力提高组织化程度"[①]，即从过去的社会化服务向生产性服务转变、从公益性向经营性拓展。

表 2-7　　　　　　　　　　多层经营制三类形式的典型案例

类别	案例	农业组织从事生产的内容	农户或其他主体从事生产的内容
农户分散经营与农业组织规模化服务	温氏集团	生产关系的统一缔约、生产投入品由公司统一供给、技术由公司统一指导、产品由公司统一收购销售。	生产环节农户分散经营。
农户委托经营与农业组织规模化服务	山东省供销合作社	土地由供销合作社集中连片托管、经营。	1. 土地并没有流转，经营权仍属于农户，由农户制定种植决策； 2. 农业生产环节由供销社组织分散外包，如农资配送、耕种收、田间防治、产品烘干等环节由不同服务主体分别承担。
农户流转土地与农业组织规模化经营	黑龙江省克山县仁发农机合作社	土地经营权、生产决策权、农业全程生产向合作社"三个集中"。	生产过程由 22 户家庭分散实施，相对于上百户合作社成员，22 户经营者是"统"的表现，但是相对于完全由合作社管理者经营则是"分"的体现。
	四川省崇州市农业共营制	1. 合作社与农户：土地经营权向合作社集中； 2. 合作社与职业经理人：合作社确定职业经理人，确定种植品种； 3. 职业经理人与农户：职业经理人是规模经营的组织者； 4. 职业经理人与农业社会化服务主体：职业经理人参与生产环节各项服务的购买。	1. 合作社与农户：土地承包权农户分散所有； 2. 合作社与职业经理人：合作社将经营权赋予数个职业经理人，职业经理人成为了"分"的实现载体； 3. 职业经理人与农户：土地承包权农户分散所有； 4. 职业经理人与农业社会化服务主体：具体生产环节分散外包给农业社会化服务主体承担。

注：以上内容来自笔者实地调研。

从类型上看，初步可划分为三种类别。若按照小农户参与生产程度

[①] 转引自党的十七届三中全会《中共中央关于推进农村改革发展若干重大问题的决定》。

及其与规模化农业组织的关系划分,有以下类别(详见表2-7):一是农户分散经营与农业组织规模化服务,农户参与生产全过程,农业组织为农户提供生产服务,公司+农户式的订单农业、合作社+农户的生产合作等是此类形态的典型代表,如广东温氏集团的实践(米运生、罗必良,2009);二是农户委托经营与农业组织规模化服务,农户较少参与生产过程甚至不参与生产,仅提出生产要求,生产全程委托给农业组织代理,以山东省供销合作社联合社为代表的土地托管服务是此类形态的典型代表(国务院发展研究中心农村部,2015);三是农户流转土地与农业组织规模化经营,农户完全不参与农业生产,并将土地流转给农业组织承担农业生产,四川省崇州市农业共营制与黑龙江省克山县仁发农机现代合作社的规模经营是典型案例(罗必良,2014;程国强,2015;周振、孔祥智,2015)。

(二)演变主线:统分关系的调整贯穿始终

纵观历史规律,虽然农业经营体制每个阶段的历史背景、生产条件、生产关系差异较大,但是统分关系的调整贯穿始终,是每一次农业经营体制演变的共同内容、是不变的历史主线。"统"与"分"体现的是生产力要素的组合形式或管理方式(邓乾秋,1992),是个互为参照、相对的概念,当生产力要素从分散到集中时体现的是"统"的形式,相反表现的是"分"的形式。具体表现在如下几个方面。

首先,家庭经营制的典型特征是"分"有余、而"统"不足。经过新中国成立初期的土地改革后,实现了生产资料与生产过程的高度平均细分:一是农业生产资料尤其是土地实行农民私有,二是农业生产以分散家庭为基本单位。在制度设计上,"统"的内容则很少。

其次,合作经营制从"统少分多"走向"统多分少"。合作经营初级阶段,"统"表现为生产资料共享、劳动帮工等互助形式,"分"体现为生产资料由家庭占有、农业生产以家庭为单位;合作经营高级阶段,"统"表现为初级社逐渐强化对生产资料的直接支配,尤其是在生产上实行统一经营。

再次,集体经营制再次强化"统"的内容。高级社、人民公社为

"统"的实施主体，这个阶段"统"过于极端化，尤其是人民公社"一大二公"政社合一的行政体制、绝对平均化的分配制度以及集中化生产生活的管理体制等。而"分"的严重不足，与家庭经营制时期形成鲜明反差。

复次，双层经营制"去统增分"实现既有"统"、又有"分"。一是生产资料的"统"与"分"。生产关系是农村改革的重要内容，其中土地产权关系属改革的核心板块。从土地生产资料归属看，"统"表现为农村土地所有权仍归农村集体经济组织所有，"分"表现为农村土地采取承包的方式发包给农村集体经济组织成员（农户）分户经营，即农户享有土地承包经营权。二是生产活动的"统"与"分"。即双层经营的内涵，第一层经营指家庭独立、分散承担生产决策与经营活动，家庭经营是双层经营的基础；第二层经营指农村集体经济组织统一经营，农村集体经济组织为农户统一提供生产服务。正如1982年1月中共中央关于农业农村政策的第一个"中央一号文件"所述，"联产承包制的运用，可以恰当地协调集体利益与个人利益，并使集体统一经营和劳动者自主经营两个积极性同时得到发展"。

表 2-8　　　　　　　不同农业经营体制"统"与"分"的比较

类型	"统"的主要表现	"分"的主要表现	评论
家庭经营	"统"的严重不足。	1. 农业生产资料尤其是土地实行农民私有； 2. 农业生产以分散家庭为基本单位。	"统"得很少，"分"得较多。
合作经营	1. 合作经营初级阶段，开展生产资料共享、劳动帮工等互助的形式。 2. 合作经营高级阶段，集体占有生产资料以及实行合作统一经营。	1. 合作经营初级阶段家庭占有生产资料； 2. 合作经营初级阶段以家庭为单位从事生产。	从统少分多到统多分少演变。
集体经营	1. 人民公社为"统"的主体； 2. "统"过于极端化："一大二公"基础上的政社合一集中管理体制，绝对平均化分配制度，统购统销，集中化的生产、生活管理体制。	"分"的严重不足。	"统"得过多，"分"得不足。"统"与"分"严重脱离，农民生产积极性被压抑。

续表

类型	"统"的主要表现	"分"的主要表现	评论
双层经营	1. 农村集体经济组织是"统"的主体； 2. 集体经济层次"统"的功能十分薄弱，无法满足农民全程农业生产中多样化的服务需求。	土地承包经营权、生产决策权均由农户支配，但"分"的过于彻底。	"统"不足，"分"有余；"统"与"分"基本处于断裂状况，虽然农民积极性被调动起来，但农业生产服务供给不足、农民市场谈判权弱。
多层经营	1. "统"的主体从农村集体经济组织向新型农业经营主体等市场化主体拓展； 2. 农业生产服务的统一供给，详见表2-7农业组织从事生产的内容。	家庭经营为基础以及在规模化经营下设计分项机制，详见表2-7农户或其他主体参与生产的内容。	"统"与"分"有机契合。

注：以上内容来自笔者总结。

最后，多层经营制"统"与"分"趋于多元。一是"分"的形式多样。在双层经营制中，"分"主要体现为农户的分散经营，多层经营制的"分"不仅仅体现在农户的分户经营，即使规模化生产中亦有分的内容。在农户委托经营与农业组织规模化服务中，如山东省供销合作社联合社外包生产服务，在"统"的机制下设计"分"的内容，不仅能发挥具体服务者的积极性，而且也能降低服务组织在农业机械购置、专业服务队伍建设等方面的运营成本；在农户流转土地与农业组织规模化经营中，许多农业组织首先流转大量农户的土地，聚集了集中连片经营的优势，其次采取分片区的方式细分给数个或少量家庭经营管理，如仁发农机现代合作社将生产分包给22人经营，四川崇州农业共营制聘用职业经理人分户经营（详见表2-7）。二是"统"的经营主体与功能呈现多元化趋势。与集体经营以及双层经营最大的不同是，多层经营"统"的主体从带有行政色彩的农村集体经济组织向市场化的、多元化的新型农业经营主体转变。这些多元化"统"的主体，或为农户提供生产性服务，或与农民组建生产合作组织，既解决了农户生产服务需要，又形成了新的产业形态，丰富了"统"的功能，搭载着成千上万的小农户驶向了现代农业的汪洋大海。

三 理论基础与分析框架

纵观新中国成立 70 年来农业经营体制的历史变迁，波澜壮阔、形态多样。那么，为什么我国农业经营体制会沿袭上述五个阶段的发展变化，尤其是近年来为什么会在双层经营体制基础上内生出多层经营呢？为什么统分关系调整是农业经营体制变迁的共同内容？制度变迁理论是解释制度安排变化的较好工具（North，1990），为此本节将以新制度经济学分析框架为基础，构建我国农业经营体制变迁的理论解释框架。

（一）理论基础：农业经营既需要"统"也需要"分"

从农业经营体制的历史演变看，"统"与"分"的调整贯穿始终。那么，为什么农业经营体制的变化会始终沿袭着"统"与"分"的关系而变化呢？这是由农业生产的特性决定的，既需要"统"也需要"分"，既不是"统"的越多越好，也不是"分"的越细越好。

1. "统"的作用

大量研究强调"统"在农业生产中的作用与必要性，总体看"统"具有如下三个优势。首先，通过"统"能扩大经营规模，获得规模效益。由于中国农民户均耕地面积较小，为收获规模效益，通过土地流转强化"统一经营"成为题中之义，这也是当前许多新型农业经营主体重视统一生产的重要原因之一。其次，大额投资以及解决基础设施投资外部性问题的需要。农业生产有时需要投入较大资金，而农户之间的合作、联合形成统一的投资主体往往是解决这类问题的有效办法，这也凸显出了"统"的必要性（王贵宸、秦其明，1985；楼建中，1992）。另外，农田水利、交通道路等农业基础设施投资具有很强的外部性，是典型的公共产品，在投资时亦需要统一提供，将公共产品转化为俱乐部产品。最后，增强市场谈判权。单个农民因经营规模不足，很难与外部市场主体获得同等谈判权。通过合作的方式统一销售产品能有效地增强农民市场谈判力，此即农民合作社成立的一项重要原因（唐宗焜，2012）。

2. "分"的必要性

正是因为统一生产具有上述诸多优势，大量农业生产者都热衷于扩大经营规模，沿着"统"的方向越走越远。虽然"统"有着诸多益处，但是这并不意味着"统"的越多越好；相反，"统"的过多反而不利，在"统"的基础上建立"分"的机制亦有其合理性，并且"分"的机制的建立还能反过来促进"统"。

首先，农业生产存在服务半径问题。在现有技术条件下，农业生产还无法实现全程智能化，必须配备相应的劳动力。根据劳动力与土地要素投入组合关系看，在一定技术条件下，受劳动时间和强度约束，劳动服务或经营面积存在边界，即一个劳动力经营的面积始终有限（王成吉，1984；倪国华、蔡昉，2015）。在许多统一规模化经营实例中，我们时常能看到在统一经营（即农业生产性服务统一）框架下，规模经营被划分为数个单元承包给多个劳动力的经营方式，即构建了"统中有分"的经营模式。从经济学原理看，这符合两个"边际理论"：在劳动力投入以及其他条件不变情况下，土地要素投入存在边际收益递减与边际成本递增的规律，因而单个劳动力不仅存在生产边界问题，也还存在最优生产规模，从利润最大化目标考虑，统一经营框架下的分散经营有着合理性（高鸿业，2004）。

其次，农业生产具有精细化、多样性的特征。农业生产是自然再生产过程和经济再生产过程的统一，具有时间上的季节性和空间上的分散性以及生产条件的复杂性，既需要生产经营者的精细照料，又要求生产经营者随季节而作和分散作业、随机应变，规模经营主体不可能独立从事所有生产环节（楼建中，1992；姜长云，1992）。如，美国一个规模化农场一般都要加入四到五个合作社，其目的就是获得多样化的生产服务（孔祥智，2017）。"统"更多考虑的是共性因素，"统"得越多，个性因素兼顾得越少，因此有必要在"统"的基础上建立"分"的机制，即建立个性化因素的应对机制。

最后，"分"亦是风险分散、成本分担。从风险角度看，"统"的越多，生产经营风险越高度集中；同理，生产成本也高度向同一主体集中。这表明并不是"统"的越多越好；相反，分散经营也是风险与成本的分摊。

通过"统"与"分"的理论比较分析，不难发现"统"与"分"并不是完全对立的；相反，"统"与"分"各具优势，是对立统一的。因此，"统"与"分"的有效契合，才是中国农业经营体制尤其是农业适度规模化经营可持续发展的关键点。为此，提出本节的第一个研究命题。

命题1："统"与"分"的有效结合是决定农业生产效率的重要前提，二者结合的越好，农业生产效率越高。

（二）分析框架

农业经营体制的演变是典型的制度变迁，了解农业经营体制变化有必要梳理制度变迁的理论逻辑，即制度变迁的必要条件与充分条件。

从必要条件看，制度变迁的诱致因素是行为主体期望获取最大潜在利润（North，1981，1990）。潜在利润是一种在已有的制度安排结构中变迁主体无法获取的利润，可以理解为制度不均衡时的获利机会，是诱使行为主体自发进行成本收益比较并实施制度创新的根本动力。North（1990）认为，潜在利润的来源主要有四个方面：一是由规模经济带来的效益；二是由外部经济内在化带来的利润；三是克服对风险的厌恶；四是交易费用转移与降低带来的利润。在现有的制度结构下，由规模经济、外部性、风险和交易费用所引起的收入的潜在增加不能内在化时，一种新制度的创新可能使这种潜在利润内在化。要获取潜在利润，就必须进行制度的再安排或制度创新。因此，可以认为每一次的农业经营体制变化都是行为主体为获取潜在利润而进行的制度创新。按照这种理论逻辑，结合"统"与"分"的关系，农业生产最优状态应是"统"与"分"相结合、有机契合时，若"统"的过多或"分"的过细，理论上都会导致统分关系失衡，致使农业生产偏离最优状态，出现制度不均衡时的获利机会，可以认为统分关系失衡就是潜在利润的来源。为此，提出本节的第二个研究命题。

命题2：统分关系的失衡是农业经营体制变迁的潜在利润即动力。需要讨论的是，为什么"统"与"分"的关系会失衡？理论上，统分关系失衡是一种低效率的生产状态，若这种状态市场力量无法纠正或长时间持续，实际上显示出的是市场失灵。造成市场失灵的因素有很多方面，如生产技术、组织形态以及外部环境等变化，但是市场失灵长期存在归根结底折射出的是政府行为的越位与缺位。据此，本节提出命题 2 的延伸命题。命题 2a：政府的越位与缺位是统分关系长期失衡的制度因素。

从充分条件看，制度变迁能否实现取决于行为主体的预期收益与预期成本（Davis and North，1971）。按照行为人属性看，制度变迁可以分为强制性制度变迁与诱致性制度变迁两种形式（Lin，1989）。强制性制度变迁是政府运用政治力量进行的制度变革；诱致性制度变迁指的是现行制度安排的变更或替代，或者是新制度安排的创造，由个人或一群人即非政府组织，在响应获利机会时自发倡导、组织和实行。为此，分析农业经营体制变化首先是区分引导制度变迁的行为主体，其次是依据行为主体的特征分析其预期收益与预期成本。按照此逻辑，我国农业经营体制变迁理论上可划分为政府主导的强制性制度变迁与市场诱发的诱致性制度变迁两类，凡发生了诱致性制度变迁，即能显示出市场主体预期收益大于预期成本；若发生了强制性制度变迁，则显示出国家意志对农业经营体制的影响。为此，不难有本节第三个研究命题。

命题 3：制度变迁的类型显示的是市场主体预期收入与预期成本的比较，抑或是国家意志的体现。命题 3 体现的是市场与政府两股力量对农业经营体制的影响。不过，市场主体与政府的目标并非天然的一致，这种差别决定了农业经营体制变化的复杂性。

综上所述，以制度变迁理论为基本分析框架，围绕农业经营体制统分关系的演变，结合命题 1、命题 2、命题 2a 以及命题 3 的内容，本节构建出如图 2-10 所示的分析框架。本节的核心思路是，政府的越位与缺位是造成统分关系长期失衡的制度性因素，表现为统多分少或统少分多，这为制度变迁提供了动力即潜在利润；若是市场力量主导的则发生诱致性制度变迁，制度变迁的实现条件取决于行为人的预期成本与收益比较，若是政府主导的则发生强制性制度变迁，需要说明的是，强制性制度变迁的潜在利润来源更为广泛，不局限于统分关系的失衡，而主要体现的是国家意志；经制度变迁形成的新的农业经营体制后，统分关系将重塑；在新的统分关系发展中，伴随市场条件变化以及政府行为，统分关系可能从均衡走向不均衡，产生新的制度变迁的潜在利润，引发农业经营体制的新一轮的变化。如此循环往复，可以视为农业经营体制变迁的理论脉络。

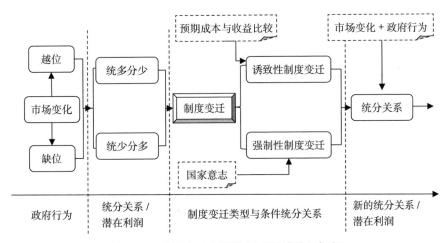

图2-10 我国农业经营体制变迁的分析框架

四 农业经营体制变迁的理论化阐释

（一）农业经营体制变迁的理论化阐释

我国农业经营体制从新中国成立初期的家庭经营走向当前家庭承包、多元经营的多层经营制，共历经了四次制度变迁。虽然每一次制度变迁的历史背景、制度内容、制度绩效差异较大，但是却从不同角度反复证实统分有效结合在农业生产的重要性，即命题1的内容，具体表现在如下几个方面。

1. 家庭经营到合作经营的两个转变

从制度变迁看，家庭经营到合作经营经历了从诱致性制度变迁向强制性制度变迁的转变。第一阶段是诱致性制度变迁。新中国成立初期的家庭经营向互助组演变，是一次典型的诱致性制度变迁，是由农户自发创造的制度产物。制度变迁的潜在利润即必要条件，基于分散经营小农户出于合作经营的需要，如劳动帮工、农具互助、牲畜共用、风险共御。制度变迁的实现条件即充分条件，从家庭经营走向合作经营，农业生产资料产权关系不发生改变，制度变迁成本极其低廉，而制度收益显而易见，如杜润生（2002）的研究指出，"互助组既能在生产条件很差、生产水平很低的情况下克服单家独户生产劳动中的不少困难；也能在生产条件初步改善、生产水平初步提高的情况下提高劳动效率、改进耕作技术、改善生产条件，使农作物的产量超过一般单干农民；还有利于扩展生产领域，增加农民收入"。这也是新中国成立初期互助组能自发、快速发展的重要原因。第二阶段是强制性制度变迁。制度变迁的潜在利润体现为配合国家工业化建设以及粮食统购统销实施，国家需要建设一批高度集中的农业生产组织即初级社。由于初级社更多地体现的是国家工业建设与粮食购销的政策目标，而不是小农生产的需要，因此凭借市场力量很难自发产生，必须依靠国家力量进行强制性制度变迁。于是农业合作社化运动从最初的农民自愿走向了国家意志，在行政力量的主导下向初级社等高级合作形态转变，制度变迁主导力量发生了根本性变化。从国家工业化建设看，这种制度设计有其历史必要性，但是其制度成本不小，如1955年、1956年接连出现了宰杀牲畜、退社风波等农户抵抗事件（杜润生，2005）。与诱致性制度变迁不同的是，在国家偏好与有界理性前提下，强制性制度变迁能克服制度变迁成本而推动新的制度建立（Lin，1989）。简言之，原本是基于小农生产需要而自发形成的制度设计，因有利于国家经济建设大目标，从自发性走向了强制性。

从统分结合看，伴随统分关系从"统少分多"向"统多分少"转变，农业经营效率经历先增后减的倒"U"形变化。经过土地改革形成的家庭经营体制，不可否认存在"分"得过细的问题。事实上，农户对合作生产的需要，就是对"统"的需要，如劳动帮工、农具互助、牲畜共用、风险共御等，这些都是"统"的体现，互助组正好发挥了"统"的作用。因此，可以认为"统"是第一阶段诱致性制度变迁获取潜在利润的重要路径，相比"分"得过细的家庭经营制，以互助组为特征的合作经营制较好地处理了"统"与"分"的关系，初期合作经营制展现出的绩效充分证明了这一点。不过，随着诱致性制度变迁向强制性制度变迁演化，"统"成为国家配合工业化建设以及实施粮食统购统销政策的手段，即此时"统"成为强制性制度变迁获取潜在利润的路径。在这种政策目标导向下，"统"走得越来越多，最终催生了初级社以及后续的高级社的生产形态，不仅生产资料高度集中，而且生产活动也高度统一。合作经营走向初级社、高级社时出现的农民退社风波、生产滑坡现象折射出了这种经营体制"统"与"分"关系的不协调，也再次证明了农业生产"统"与"分"结合的必要性。

2. 合作经营到集体经营的两个强化

当合作经营走向"统"较为集中的初级社形态时，已然出现了制度不均衡。理论上，降低"统"的程度，有利于在农业生产中获得新的潜在利润。事实上，我们并没有看到朝这个方向的制度安排，反而"统"进一步强化了，催生出了集体经营的高级社以及后来的人民公社农业体制。

首先是强制性制度变迁进一步强化。如果说合作经营是国家在农民自发创造即诱致性制度变迁的基础上形成的强制性制度变迁的产物，那么高级社、人民公社式的集体经营完全是国家力量主导的强制性制度变迁的结果。从制度变迁的实现条件看，依托强大的国家政权力量强力推动，高级社从1955年的500个增加到1956年的31万个，"人民公社一声号令，一下子就卷入6亿人口"（杜润生，2005），推行速度快、覆盖面广。从制度变迁的潜在利润看，即配合统购统销、"大跃进"以及工业化需要，与小农利益并不一致，因此不太可能产生由小农自发创造的诱致性制度变迁。据严瑞珍等（1990）测算，人民公社体制下通过工农产品价格剪刀差无偿地提取大量农业创造的国民收入作为工业化的资金积累，其中1963年到1985年全国预算内的固定资产投资共7678亿元，平均每年240亿元左右，大体相当于每年的剪刀差绝对额。这充分体现了国家"工业优先"的发展战略。

其次是随着"统"的内容进一步增强，农民生产积极性与农业生产效率持续走低。相比合作化运动，高级社、人民公社经营体制"统"的内容进一步增加了，这不仅仅表现为生产资料的集体所有与生产活动的集体支配，而且体现了"政社合一"的农村行政管理体制，即用行政管理体制强化农业经营体制，这是农业合作社运动不曾有的制度安排。毋庸置疑，集体经营制因"统"的过多、"分"的严重不足，农民生产积极性与生产效率双双下降。1958年后[①]，全国陆陆续续地出现农民闹退社、单干风波，如1961年湖南省的"单干风"、1961年安徽省的"责任田"、1962年甘肃临夏70%生产队解体事件等（杜润生，2005），这些进一步证明了农业经营中"统"与"分"有机结合的重要性。

3. 集体经营到双层经营的又一次两个转变

正因为"大集体经济"吃不饱饭，甚至饿死了人，农民就想办法，避免风险（杜润生，2005），在农民的"想办法"中，由农民自发探索出了新的农业经营体制，即双层经营制。从集体经营到双层经营也发生了两个转变。

在制度变迁类型上，从农民自主探索的诱致性制度变迁向国家全面推广的强制性制度变迁转变。首先是农民自主探索的诱致性制度变迁。双层经营制始于"大包干"，许多文献均将安徽省小岗村18名农民"按手印"的分田探索视为改革的序幕，事实上类似于小岗村的实践探索在当时全国范围内并不少见，如当政策层面对包产到户、办责任田仍处于大争论时期，1979年底贵州省已经有10%的生产队自发实行了包产到户（杜润生，2005）。从制度变迁的潜在利润看，包产到户、办责任田出于农民对生存的需要。1958—1978年，中国农业实行集体经营20年了，但是农民一天还吃不上1斤贸易粮食，全国农村人民公社社员平均收入年增长只有1元，农民迫切需要改变生存状况（杜润生，2005）。此外，农民选择"大包干"也是对历史实践的反思：合作化时农民就有互助合作和个体经营两种积极性，人民公社集体劳动导致越来越多的窝工浪费、消极怠工、劳动效率低下，公社体制下的自留地

---

① 据杜润生（2005）记载：人民公社开始时，并没有遭到农民的抵制。一方面，当时农民也有强烈改变现状的愿望，相信共产党，也就相信并大社、大兵团作战，认为拼命干两三年，大炼钢铁、大修水利，就会带来迅速的改变；另一方面，也是受政治高压的影响。

上，创造出高过集体几倍乃至 10 倍的产量（冯开文，1998）。从制度变迁的实现条件看，受当时人们思想观念与意识形态束缚，农民自主探索成本高、风险大，从小岗村 18 名农户"按手印"立生死状的故事可见一斑①。伴随农民自主探索效果的显现，1984 年全国粮食产量相比 1978 年增加 1 亿吨，同比增长 33.6%，农民人均收入增长 166%，取得了举世瞩目的成就，1982—1986 年中共中央连续发布五个"中央一号文件"，正式承认包产到户的合法性，农民主导的诱致性制度变迁进入了国家推广的强制性制度变迁阶段。1982 年后，国家开始在全国范围内推广包产到户，人民公社体制随之逐步瓦解，1991 年的《中共中央关于进一步加强农业和农村工作的决定》，将这种经营体制概称为"统分结合的双层经营体制"，双层经营上升为国家制度。与其说家庭联产承包责任制是农民主导的诱致性制度变迁，还不如说这是政府顺应农民创造，诱致性制度变迁引发的全国性的强制性制度变迁，这是因为制度变迁并非规划、设计、导演的过程，而是顺流而下、顺势而为的过程；在这个过程中，从最初的对包产到户一律否定的"一刀切"政策，到农民紧逼，再到"贫困地区可以搞、一般地区不要搞"的"切两刀"政策，农民继续紧逼，再到实行"切三刀"政策，即贫困地区实行"包产到户、包干到户"，中间地区实行"统一经营、联产到劳"，发达地区实行"专业承包、联产计酬"；在政府退让过程中，高层领导内部不断发生意见分歧，有的主张节制农民，甚至改造农民，有的主张顺应农民、追随农民；不同意见的交锋和演变，最终形成了国家农业经营制度（赵树凯，2018）。

在统分关系上，伴随"统"的过多向"分"的过细转变，农业经营效率再次经历先增后减的倒"U"形变化。包产到户解决了集体经营体制下农业生产"统"的过多的弊端。不过，伴随我国经济社会发展与其他政策的变化，双层经营体制下"统"与"分"的关系经历了两个阶段的变化。第一阶段是"统减分增、统分并存"。包产到户

---

① 据杜润生（2005）记载：20 世纪 80 年代初期农民探索包产到户时，面临着很大的阻碍，经常面临政府工作组的"纠偏"。包地的农民和工作组的干部捉迷藏，来检查时，他们就集中起来做出干活的样子，干部走了，又各干各的。

开启了统减分增的序幕，但是"统"与"分"的关系并没有完全失衡，在农户包产到户的基础上，农村集体经济组织提供部分统一生产的服务，如组织农户兴修农田水利、修建田间道路等，这种现象广泛存在于20世纪八九十年代。大量的经验事实与研究也反复证明，这个时期的双层经营制对我国农业农村发展起到了巨大的促进作用（Lin，1992；温铁军，2009；李谷成等，2014）。第二阶段是"统少分多、统分失衡"。随着21世纪以来农村税费改革的加快推进，农村集体经济组织提留减少甚至消亡，农村集体经济组织在"统"方面的功能逐步减弱，"统"与"分"的关系逐步失衡，农业经营效率逐渐下滑（袁永康，1994）。

4. 双层经营到多层经营的统分结合自我调整

从双层经营到多层经营，是我国农业经营体制变迁的一次"静悄悄"的变化，虽不如前几次农业经营体制演变那般激烈、那般引人注目，但是其意义亦不可忽视。

首先，双层经营到多层经营是我国农业经营体制的又一次诱致性制度变迁。从制度变迁的主体看，多层经营是不同市场主体与农民自发探索形成的，而非政府主导的强制性制度变迁。从制度变迁的潜在利润看，多层经营基于经营主体对农业生产服务的需要或对规模经济的需要。如，农户分散经营与农业组织规模化服务、农户委托经营与农业组织规模化服务这两种类型经营方式的形成，基于农户对农业生产服务的需要；农户流转土地与农业组织规模化经营，基于经营主体对规模经营的需要。从制度变迁的实现条件看，多层经营的形成由行为主体的预期成本收益变化或由经营方式的商业模式决定。需要说明的是，任何时候的农业生产都有服务的需求，但并不是任何时候都能出现多层经营，这是由要素的相对价格变化引发行为主体预期收益与成本的变化所决定的。近年来，伴随农民收入与农业劳动成本的同步上升，农民从事农业生产所有环节劳作的机会成本快速提升，选择购买农业生产服务相比农民自我劳作越来越经济，于是出现了农民购买农业服务的多层经营方式，如农户分散经营与农业组织规模化服务、农户委托经营与农业组织规模化服务。此外，商业模式的可持续性也是多层经营能否实现的重要条件，如公司＋农户的订单式农业解决了农民产品卖难问题，农户流转土地与农业组织规模化经营解决了经营规模不足的问题。[①]

其次，伴随对双层经营体制下"统"的功能弱化的调整与完善，多层经营显现出了明显的经营效率优势。在统分关系上，双层经营体制具有"分"的过细与"统"的不足的弊端，这种弊端为制度调整预留了潜在利润。多层经营纠正了双层经营"统"的不足的问题，在机制设计上既有"统"、又有"分"（详见表2-8）。特别值得一提的是，在如同四川省崇州市农业共营制与黑龙江省克山县仁发农机现代合作社流转土地规模化经营的事例中，这些经营形式在规模经营基础上内嵌了多种形式的"统"与"分"，既验证了规模经营的基础是分工的理论逻辑（Yang and Ng，1995；罗必良，2014），又为"统"与"分"密切结合的必要性找到了现实依据。事实上，近年来通过我们的调查研究发现，处理好"统"与"分"的关系，是多层经营甚至规模经营实现较好效果的共同特点（毛铖，2015；周振等，2019）。

表2-9　　　　　　　　制度变迁视角下农业经营体制的四次变化情况

类别	类型	潜在利润	实现条件	制度绩效
家庭经营到合作经营	诱致性	"统"能形成规模经济、抵御风险：土地改革后形成了亿万分散经营的小农户，小农户出于劳动帮工、农具互助、牲畜共用、风险共御等合作经营的需要。	从家庭经营走向合作经营，农业生产资料产权关系不发生改变，合作形式简单易操作，符合当时生产需要。	提高劳动效率、改进耕作技术、改善生产条件，使农作物的产量超过一般单干农民；有利于扩展生产领域，增加农民收入。
	强制性	"统"为国家实现发展目标提供了手段：为配合国家工业化建设以及粮食购统销实施，国家需要建设一批高度集中的农业生产组织即高级社。	虽然遭遇了农民的抵触，但国家行政力量保障了制度的实施。	损失了农业生产效率，但配合了国家工业化建设以及粮食统购统销政策实施。

[①] 需要说明的是，农户流转土地与农业组织规模化经营的商业模式的可持续性并不仅仅是解决规模不足、获得规模收益的问题，还包括如何降低规模经营成本的问题。限于本节讨论的主题，此处不做详细讨论。

类别	类型	潜在利润	实现条件	制度绩效
合作经营到集体经营	强制性	"统"为国家实现发展目标提供了手段:以国家意志为主导,配合统购统销、"大跃进"以及工业化需要。	虽然遭遇了农民的抵触,但国家行政力量保障了制度的实施。	损失了农业生产效率,大量农业农村剩余外流,但助推国家建立了比较完整的国民经济和工业化体系。
集体经营到双层经营	诱致性	"分"能解决集体经营下"吃大锅饭"、积极性不足的问题,即外部经济内在化:包产到户、办责任田出于农民对生存的需要。	受当时人们思想观念与意识形态束缚,虽然农民自主探索成本高、风险大,但基于生存需要,农民预期收益大于成本。	点燃了农村改革的"星星之火",农民的生产积极性大幅提高,农业生产力得到解放,中国由此创造了用全世界7%的土地养活世界22%人口的奇迹。
	强制性	"分"能解决集体经营下"吃大锅饭"、积极性不足的问题,即实现农户生产外部经济内在化:双层经营效果显现。	顺应农民发展需要,国家行政力量顺势而为在全国推行实施。	农户个人积极性大幅提升,但农业生产性服务长期供给不足。
双层经营到多层经营	诱致性	"统"与"分"契合的获利机会:由规模经济带来的效益,外部经济内在化带来的利润,克服对风险的厌恶,交易费用转移与降低带来的利润。	成本收益变化与商业模式。	既解决了农户生产服务需要,又推进了农业适度规模化经营,依托着具有"统"的功能的农业组织搭载着成千上万的小农户驶向了现代农业的汪洋大海。

注:以上内容来自笔者总结。

(二)农业经营体制历史演变的几点规律

70年来,我国农业经营体制既经历了"快"节奏的惊天巨变,又经历了"慢"过程的调整适应,波澜壮阔、浩浩汤汤。从制度变迁看,70年来农业经营体制的四次变迁彰显了如下五个变化规律。

首先,从市场看,历史经验反复验证"统"与"分"的不协调是诱致性制度变迁潜在利润的来源。农业经营体制的四次制度变迁中,其中三次诱致性制度变迁的潜在利润都来自"统"与"分"的不协调。从家庭经营到合作经营,制度变迁的潜在利润是家庭经营"分多统少"

蕴藏的获利机会，即"统"能形成规模经济、抵御风险，满足农户生产合作需要。从集体经营到双层经营，制度变迁的潜在利润是集体经营"统多分少"下制度不均衡的获利机会，即"分"能解决集体经营"吃大锅饭"、生产积极性不足的问题，将单个农户生产形成的外部经济内在化。从双层经营到多层经营，在不同经营形式下"统"与"分"的有机契合能实现不同的获利机会，包括规模经济带来的效益、外部经济内在化带来的利润、克服对风险的厌恶以及交易费用转移与降低带来的利润。这蕴含了两方面的重要内容：一方面，反复为农业生产需"统"与"分"有机契合的命题提供了经验证据；另一方面，"统"与"分"不协调预示着农业经营体制的不均衡，为下一次农业经营体制的诱致性变迁提供了动力。此即本节命题2的内容。

其次，从政府看，政府行为的"有意"越位与"无意"缺位是统分关系长期失衡、潜在利润来源的体制因素。比较几次制度变迁的历史背景，不难发现统分关系存在两次长期失衡，即集体经营与双层经营。其中，集体经营阶段统分关系的长期失衡源于政府有意为之，体现的是国家意志，如，合作经营的强化以及集体经营体制的形成均体现了国家工业化建设以及其他发展目标的需要，若不是政府强有力地推动，依靠市场力量很难演化出高级社、人民公社等集体经营体制下的农业生产组织形态，也较难长时期维持"统多分少"的生产状态；双层经营阶段统分关系的长期失衡则是政府无意为之，随着人民公社的解体以及农村集体经营组织"统"的功能的弱化，政府没有及时补位，由此造成农业生产中"统"的长期不足。此即为本节命题2a提供了经验事实支撑。

再次，生产关系调整能否适应生产力发展水平是决定制度变迁能否可持续的关键前提。本节第三部分的理论分析指出，行为主体的预期收益与预期成本是决定制度变迁能否发生的前置条件，家庭经营到合作经营、集体经营到双层经营以及双层经营到多层经营的诱致性制度变迁过程均验证了此理论命题（详见表2-9），即为命题3提供了大量事实。但是，理论分析没有给出新制度、新体制可持续发展的前提。从几次制度变迁的全程看，有如下规律：早期的家庭经营到合作经营，由于当时农业生产工具不足、生产效率相对较低，形成的共用生产资料、帮工等初级合作形式的生产关系，完全符合当时生产力发展水平的需要；集体经营到双层经营，因当时的生产水平无法科学地实施生产计划控制、信息处理成本高、劳动监督成本高以及较难调动生产积极性（Lin，1990；罗必良，2014），简单地把生产资料合并起来，把劳动者组合在一起，违反了狭义农业劳动组织①规模随着生产力发展而渐成主导的农业发展的客观规律（陈华山，1992），因此集体经营最终走向了末路；双层经营到多层经营，随着农业机械化、农业信息技术等生产能力的提升，并且能够支撑订单农业、托管农业、土地流转规模化经营等新的生产模式，因而当前这些新的生产形态呈现蓬勃发展态势。这些鲜活事例从正反两个视角再次指出，生产关系调整至适应生产力发展水平是决定新制度能否可持续的关键；违背此规律，即使是强制性制度变迁形成的制度形态，也很难有发展生命力。总体来看，我国农村基本经营制度的组织形式和结构的演变历程，实际上就是以生产关系的不断调整来适应生产力发展水平的演变史。

复次，每一次强制性制度变迁易陷入"统"的过多或"分"的过细的不协调状态。农业经营体制四次变迁中，政府的作用贯穿在多个过程，但政府作用往往致使"统"与"分"陷入钟摆式运动的泥淖。如，家庭经营到合作经营，农民克服"分"的过细自发形成合作形态，在政府的干预下进入了"统"的过多的合作经营、甚至集体经营体制；集体经营至双层经营，农民克服"统"的过多的问题，创造性地探索出了双层经营体制，但是伴随家庭承包责任制上升为国家农业基本制度后，"分"成为了政策的重点，如很多生产队甚至连每一头牛、每一个农具都分给农户，最终导致"统"不足而"分"有余。如图2-11所示，家庭经营到合作经营，再到集体经营，最后到双层经营的历史演变中，

---

① 陈华山（1992）的研究指出，狭义的农业劳动组织之农业生产中的劳动组织，也就是农产品生产过程本身的劳动组织；广义的农业劳动组织是社会性的农业劳动组织，即从生产农用生产资料到农产品及其加工产品的最终消费的劳动组织。纵观人类农业的发展史，狭义农业劳动组织规模呈现出由大变小的总趋势，如原始社会，由于生产技术水平低、工具简陋，以原始群或部落为基本生产单位；随着生产工具与技术的发展，家庭逐渐有能力独立从事农业生产。

伴随每一次政府的作用，"统"与"分"此消彼长地交替变化，陷入了不平衡的宽幅摇摆中。

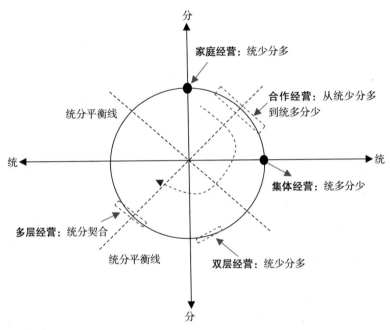

图2-11　统分结合视角下农业经营体制的变迁

注：若以定量的思维来衡量"统"与"分"，假设二者为取值在0到1的连续变量，图2-11中的圆形面积为"统"与"分"取值区间。家庭经营的特征是"统少分多"，"统"与"分"的取值可以视为0与1；集体经营的特征是"统多分少"，"统"与"分"的取值可以视为1与0；合作经营、双层经营、多层经营的取值介于二者之间。按照本节的理论逻辑，农业经营既需要"统"，又需要"分"，既不能统得太"多"，也不能"分"得太少，图2-11中的虚线即为统分平衡线。根据家庭经营、合作经营、集体经营、双层经营、多层经营的特征，不难在图2-11中找到其位置。在图2-11中，很形象地展现出，家庭经营到合作经营，再到集体经营，最后到双层经营的历史演变中，伴随每一次政府的作用，"统"与"分"此消彼长地交替变化，陷入了不平衡的宽幅摇摆中。

最后，农业经营体制从家庭经营走向以家庭经营为基础的多层经营表达了以家庭经营为基础的天然合理性。由于规模经济的本质在于分工与专业化（Yang and Ng，1995），家庭经营与规模经济、现代生产组织方式能够并行不悖，家庭经营既可以通过扩大土地规模来改善农场组织的"土地规模经济性"，也可以通过农业生产性服务的纵向分工与外包来实现"服务规模经济性"（罗必良，2014），这也是为什么我国农业经营体制会以家庭经营为轴线优化调整的重要原因，进一步彰显了稳定家庭联产承包责任制的重大意义。

五　结论与启示

本节系统梳理了新中国成立 70 年我国农业经营体制的历史变迁，总结了当前农业经营体制呈现出的新变化，运用农业生产"统分结合"与制度变迁理论，从理论上阐释了我国农业经营体制的变化规律，形成如下研究结论。第一，我国农业经营体制经历了家庭经营到合作经营、合作经营到集体经营、集体经营到双层经营三次重大转变，以及正在经历双层经营到多层经营的一次静悄悄变化，"统"与"分"的关系调整是每一次农业经营体制变化的重要内容。第二，市场与政府两股力量共同左右着农业经营体制的演变，从市场看，"统"与"分"的不协调是农业经营体制自我调节的动力来源，体现了市场力量对农业经营体制的纠偏；从政府看，国家意志是农业经营体制强制调整的重要动力，但政府的越位与缺位是统分关系长期失衡的体制性原因。第三，生产关系调整能否适应生产力发展水平是决定制度变迁可否持续的前提，也是检验农业经营体制生命力的试金石。第四，历史经验反复表明，政府力量主导的农业经营体制强制性制度变迁易陷入"统"的过多或"分"的过细的不协调状态。第五，农业经营体制从家庭走向家庭，表达了以家庭经营为基础的天然合理性。

农业经营体制是农村政策的基石。本节的研究结论对完善农业经营体制、促进乡村振兴发展具有如下政策启示。首先，农业经营必须要注重统分结合。长期以来，农业经营体制围绕"统"与"分"持续做钟摆式运动，不是"统"的过多，就是"分"的太细，事实上，既要发挥"统"的作用，发挥生产的规模效应，又要通过"分"的机制降低成本与建立合理激励机制。其次，统分结合中"统"的主体不一定非农村集体经济组织不可。长期以来，在"统"的职能上，农村集体经济组织被寄予厚望。然而，在多层经营的几种类型中，新型农业经营主体正在逐渐承担农业生产中"统"的职责。这表明破解当下农业经营"分有余、统不足"的困境，可以将培育新型农业经营主体作为政策抓手。再次，完善农业经营体制既要发挥政府作用，又要防范政府主导造成的统分不协调。政府的积极作为是各国农业可持续、高质量发展的基本经验，这决定了未来持续优化我国农业经营体制离不开政府的作用，但是如何克服政府参与造成的"统"的过多与"分"的过细的历史问题一遍遍地重演，应成为农业政策高度关注的重要内容。本节认为，由于市场力量具备对农业经营体制"统分"不协调的自我纠偏功能，政府的作用应是顺势而为，以畅通农业经营体制诱致性制度变迁渠道为政策方向。最后，由于我国小农生产还将长期存在，家庭经营具有天然优势，巩固家庭经营的基础性地位，在家庭经营基础上鼓励形成多类型的"统分结合"经营形式，也应是我国农业政策坚守的方向。

本章参考文献

Davis L.E., North D. C., *Institutional Change and American Economic Growth*, Cambridge University Press, 1971.

Lin J. Y., "An Economic Theory of Institutional Change: Induced and Imposed Change", *Cato Journal*, Vol. 82, No.1, 1989.

Lin J. Y., "Rural Reforms and Agricultural Growth in China", *American Economic Review*, Vol. 82, No.1, 1992.

Lin J. Y., "Collectivization and China's Agricultural Crisis in 1959-1961", *Journal of Political Economy*, Vol. 98, No.1, 1990.

North D. C., Institutions, *Institutional Change and Economic Performance*, Cambridge University Press, 1990.

North D. C., *Structure and Change in Economic History*, New York: W. W. Norton & Company Inc. Press, 1981.

Yang X., Ng Y. K., "Theory of the Firm and Structure of Residual Rights", *Journal of Economic Behavior & Organization*, Vol. 26, No.1, 1995.

陈华山：《论农业劳动组织规模及其变化的规律性》，《经济评论》1992 年第 5 期。

陈廷煊：《1949—1952 年农业生产迅速恢复发展的基本经验》，《中国经济史研究》1992 年第 4 期。

陈锡文：《坚持农村基本经营体制　积极创新农业经营形式》，《上海农村经济》2013 年第 11 期。

程国强：《"农业共营制"是我国农业经营体系的新突破》，《红旗文稿》2015 年第 9 期。

程漱兰：《中国农村发展：理论和实践》，中国人民大学出版社 1999 年版。

崔红志、刘亚辉：《我国小农户与现代农业发展有机衔接的相关政策、存在问题及对策》，《中国社会科学院研究生院学报》2018 年第 5 期。

邓大才：《农村双层经营体制的轨迹分析及现阶段的对策思考》，《西北民族大学学报》（自然科学版）1998 年第 1 期。

邓乾秋：《不应当把"统分结合"与"双层经营"等同起来》，《中国农村经济》1992 年第 5 期。

杜润生：《当代中国的农业合作制》，当代中国出版社 2002 年版。

冯开文：《一场诱致性制度变迁：改革开放以来中国农村经济制度变迁的反观与思考》，《中国农村经济》1998 年第 7 期。

高鸿业：《西方经济学（微观部分）》（第 3 版），中国人民大学出版社 2004 年版。

国家农业委员会办公厅：《农业集体化重要文件汇编（1949—1957）》，中共中央党校出版社 1981 年版。

国务院发展研究中心农村部：《服务规模化与农业现代化：山东省供销社探索的理论与实践》，中国发展出版社 2015 版。

韩荣璋：《统分结合双层经营体制与农业的两个飞跃》，《马克思主义研究》1997 年第 1 期。

姜长云：《论双层经营的依据与规范》，《农村经济》1992 年第 5 期。

孔祥智、刘同山：《论我国农村基本经营制度：历史、挑战与选择》，《政治经济学评论》2013年第4期。

孔祥智、史冰清、钟真：《中国农民专业合作社运行机制与社会效应研究——百社千户调查》，中国农业出版社2012年版。

孔祥智：《健全农业社会化服务体系　实现小农户和现代农业发展有机衔接》，《农业经济与管理》2017年第5期。

孔祥智：《实施乡村振兴战略是供销社改革与发展的重要契机》，《中国合作经济》2017年第12期。

孔祥智：《中国农业社会化服务：基于供给和需求的研究》，中国人民大学出版社2009年版。

蓝万炼、朱有志：《试论构建新型农村双层经营体制》，《中国农村经济》2000年第8期。

李谷成、范丽霞、冯中朝：《资本积累、制度变迁与农业增长——对1978—2011年中国农业增长与资本存量的实证估计》，《管理世界》2014年第5期。

梁涛：《邓子恢对统分结合农业经营体制的历史贡献》，《渤海大学学报》（哲学社会科学版）1994年第3期。

楼建中：《"统分结合、双层经营"是农业经营体制的最佳选择》，《宁波大学学报》（教育科学版）1992年第2期。

罗必良、李玉勤：《农业经营制度：制度底线、性质辨识与创新空间——基于"农村家庭经营制度研讨会"的思考》，《农业经济问题》2014年第1期。

罗必良：《农业经营制度的理论轨迹及其方向创新：川省个案》，《改革》2014年第2期。

毛铖：《利益缔结与统分结合：立体式复合型现代农业经营体系构建——统分两极化向统分结合的理性与回归性演变》，《湖北社会科学》2015年第6期。

米运生、罗必良：《契约资本非对称性、交易形式反串与价值链的收益分配：以"公司＋农户"的温氏模式为例》，《中国农村经济》2009年第8期。

倪国华、蔡昉：《农户究竟需要多大的农地经营规模？——农地经营规模决策图谱研究》，《经济研究》2015 年第 3 期。

吕日周：《"统分结合、两层经营"的理论研究》，《山西财经大学学报》1984 年第 3 期。

农业部经管司、经管总站研究组：《构建新型农业经营体系 稳步推进适度规模经营——"中国农村经营体制机制改革创新问题"之一》，《毛泽东邓小平理论研究》2013 年第 6 期。

石正高：《论具有中国特色的农业双层经营》，《南昌师范学院学报》1993 年第 1 期。

孙中华：《关于稳定和完善农村基本经营制度的几个问题（上）》，《农村经营管理》2009 年第 5 期。

唐宗焜：《合作社功能和社会主义市场经济》，《经济研究》2007 年第 12 期。

王成吉：《试论农业联产承包制的统分结合》，《苏州大学学报》（哲学社会科学版）1984 年第 3 期。

王贵宸、秦其明：《对双层经营方式的再思考》，《中国农村经济》1985 年第 9 期。

温铁军：《"三农"问题与制度变迁》，中国经济出版社 2009 年版。

温铁军：《农村税费改革及"后税费时代"相关问题分析》，《农业经济问题》2006 年第 6 期。

夏英：《农村双层经营制的创新价值》，《农业经济问题》1988 年第 7 期。

谢茹：《试论农村双层经营体制的必要性及制度创新》，《南昌大学学报》（社会科学版）1995 年第 1 期。

严瑞珍、龚道广、周志祥、毕宝德：《中国工农业产品价格剪刀差的现状，发展趋势及对策》，《经济研究》1990 年第 2 期。

杨汇泉、朱启臻：《农地承包关系长久不变与农村双层经营体制创新》，《探索》2008 年第 6 期。

叶敬忠、豆书龙、张明皓：《小农户和现代农业发展：如何有机衔接？》，《中国农村经济》2018 年第 11 期。

叶兴庆：《从三个维度看我国农业经营体制的40年演变》，《农村工作通讯》2018年第14期。

叶兴庆：《农业经营体制创新的前世今生》，《中国发展观察》2013年第2期。

袁永康：《农业生产组织弱化的后果及出路》，《中国农村经济》1994年第4期。

张红宇：《农村经营体制的探索与创新》，《农村经济》2008年第8期。

张士杰、曹艳：《中国特色现代农业发展中的农村双层经营体制创新》，《马克思主义研究》2013年第3期。

张云华、郭铖：《农业经营体制创新的江苏个案：土地股份合作与生产专业承包》，《改革》2013年第2期。

张云千：《试论统分结合》，《农业经济问题》1984年第1期。

赵光元、张文兵、张德元：《中国农村基本经营制度的历史与逻辑——从家庭经营制、合作制、人民公社制到统分结合双层经营制的变迁轨迹与转换关联》，《学术界》2011年第4期。

赵树凯：《"大包干"政策过程：从"一刀切"到"切三刀"》，《华中师范大学学报》（人文社会科学版）2018年第2期。

周振、孔祥智：《盈余分配方式对农民合作社经营绩效的影响——以黑龙江省克山县仁发农机合作社为例》，《中国农村观察》2015年第5期。

周振、张琛、钟真：《"统分结合"的创新与农业适度规模经营——基于新田地种植专业合作社的案例分析》，《农业经济问题》2019年第8期。

朱启臻、杨汇泉：《农地承包关系长久不变与农村双层经营体制创新》，《探索》2008年第6期。

第三章

探索创新Ⅰ：
农户分散经营与农业组织规模化服务

农户分散经营与农业组织规模化服务，即农户参与生产全过程，农业组织为农户提供生产服务，其中，公司＋农户式的订单农业、合作社＋农户的生产合作等是典型代表。根据原农业部对我国农业产业化经营模式的调查研究统计结果，这种模式是目前我国农村地区的农业产业化采用率最高的经营模式之一，能将分散、相对独立的小农户和大市场联系起来，让组织生产科学、市场供应有序，同时减少交易成本、提高经济效益、增加农民收入（高阔、甘筱青，2012）。

第一节　农户生产、公司服务的"公司＋农户"经营方式

公司＋农户式的订单农业是农户分散经营、农业组织规模化服务的典型代表。从"统"与"分"的关系看，"分"表现为农户按照公司要求分散经营，"统"表现为公司制定统一的生产标准以及向农户提供生产性服务，尤其是产品销售服务。本节将以广东省温氏集团养鸡产业、河北省石家庄华森生物科技有限公司养鸡产业为案例，具体介绍此类生产方式的"统"与"分"。

一　"公司＋农户"的内涵与起源

"公司＋农户"并不是一个严格的理论术语，而是一种比喻性用语，用来描述我国分散和相对封闭的农户借助公司这一形式与市场发生联系的做法。关于"公司＋农户"概念的最早起源，部分学者认为是河南省信阳地委书记董雷1993年7月8日在《发展农村市场经济的有效

途径——"公司＋农户"》(《经济日报》)一文中提出，并将其定义为"以实体公司为龙头，联系农户，签订合作经营合同"（杜吟棠，2002；高阔、甘筱青，2012）。后续的许多研究对"公司＋农户"的内涵进行了丰富。蒋伯英（1994）认为公司＋农户是以市场为导向，以公司为龙头，以区域经济为基础，以扩大经营为目的，构筑小农户向大市场的连接和桥梁，形成产供销一体化的经济共同体。徐恩波等（1995）将"公司＋农户"定义为以国内外市场为导向，以经济利益为纽带，以合同契约为手段，以农副产品加工、销售等企业为中心，团结一大批专业化生产的农户，结为一个利益共同体进行生产经营活动。李功勋等（1994）指出"公司＋农户"是贸工农一体化经营的通俗说法，并总结了流通企业＋农户、加工企业＋农户、专业协会＋农户、专业合作社＋农户、专业大户＋农户五种基本形式。杜吟棠（2002）辨析了"公司＋农户"的两种常用的内涵，一种见解认为，"公司＋农户"是一个特指范畴，即"公司＋农户"仅指公司与农户之间通过签约形式建立固定供销关系的经营模式；另一种见解则认为，"公司＋农户"是一个泛指的范畴，它不仅指公司与农户以签约形式建立互惠互利的供销关系，还包括合资、入股的紧密型联合，也包括不受合同约束的松散型联合。

　　"公司＋农户"是怎样形成的，为什么会成为近年来农业发展中的一个较普遍的现象？杜吟棠（2002）对此进行了较深入的研究，总结了"公司＋农户"起源的五项因素。首先，计划经济转向市场经济之际农村集体经济组织"统"的功能弱化。从20世纪80年代初到1992年，我国国民经济体制逐步从计划经济转向市场经济，在此期间农业商品生产的规模迅速扩大，计划流通的比重日益缩小。然而，农村集体经济组织"统"的功能，伴随经济体制改制逐渐弱化，难以承担起扶持农民产品销售的重任。在这种情况下，自1983年以后到1993年以前，我国先后发生了两次大的农产品卖难现象。这表明转向家庭经营以后的分散农户，无组织地盲目生产和自营销售，难以与经常变化的市场供求形势相合拍，农民需要组织起来进入市场已成为各方面的一个共识，即迫切需要能承担"统"的功能的组织，这为"公司＋农户"的兴起孕育了时机。其次，国有商业企业改革滞后难以恢复农产品流通主渠道的地位。如何解决农产品卖难问题，20世纪80年代到90年代许多人把希望寄托在国营商业渠道和供销合作渠道，然而这些企业改革缓慢，不适应市场环境的变化，一直未能及时填补这一市场空缺，给其他企业进入农产品市场创造了良好机会。再次，国外大公司进入给国内企业树立了榜样。80年代末90年代初，一批外国涉农企业进入中国市场，给国内涉农企业的发展树立了榜样。如，80年代初进入中国的正大集团，围绕畜、禽、水产饲料的生产和推销，正大集团在中国建立了配套种鸡场、种猪场以及多级技术服务体系，他们采取由中方联营公司与农户签约，向农户提供鸡苗、饲料、防疫药品和饲养技术，按预定价格回收成鸡等方式，推动各地养鸡业的发展，带动饲料销售。这种经营方式很快为国内其他一些饲料加工企业所模仿，出现了四川的希望集团、广东的温氏集团等一批大型饲料企业。其中温氏集团就是仿效正大集团，采取与农户签约，以提供技术支持和回收部分产品方式来扩大经营规模的。复次，农业产业化口号的提出对"公司＋农户"模式的推出起了催化作用。1992年党的十四大正式确立了建立社会主义市场经济体制的改革方针，如何把我国的传统农业纳入市场经济的轨道成为当时各级实际工作部门和理论界所要解决的一个大问题，"农业产业化"正是针对这个问题而提出来的。在这种背景下推出的"公司＋农户"模式，立即引起社会各界重视，并被视为农业产业化的一种重要组织形式，在随后的几年里得到各地的广泛认同和提倡。最后，社会闲置资金寻找新的投资热点加快了"公司＋农户"模式的扩散。1996—1997年，随着房地产业泡沫经济的消退，国内部分闲置社会资金急于寻找新的出路，而农业产业化口号的提出，恰恰给这部分闲置社会资金提供了一个新的投资热点，于是在农业投资热的推动下，"公司＋农户"模式得到了更加广泛的认同和采纳。

二 案例1：温氏集团养鸡产业

20世纪80年代，温氏集团的前身簕竹鸡场，从8000元、几间破烂的泥砖屋、茅草房、几片鱼塘和一些荒地起步。到如今，成为市值超 2000 亿元的农业巨头公司。温氏集团的发展历程有太多值得大书特书的内容，其中，养鸡产业中"公司＋农户"蕴含的"统"与"分"的辩证关系即为一例。

（一）温氏集团养鸡产业发展历程

温氏集团的前身是广东省新兴县的一个农民股份合作养鸡场。1982年11月，新兴县簕竹人民公社（现簕竹镇）的一个集体养殖农场因连年亏损濒临倒闭，实行招标承包。温氏集团的创始人、1978年"右派"平反后从农村老家安排到县食品公司当养鸡技术员的温北英，停薪留职，到其子温鹏程承包的养猪农场落户。1983年6月，温北英从家乡的兄弟叔侄中联合6户，包括温北英自家共7户8人每人出资1000元，共集资8000元，与集体农场联营养鸡。不到半年，合股农户与集体农场因为诸多矛盾难以联营，不得不分道扬镳。1984年2月，以温北英为首的7户农户全面承包了这个集体农场，承包期限15年（后来延长到30年），承包金每年1.5万元，办起了簕竹养鸡农场。最初，7户农户以股带劳，实行自繁、自育、自养、自销。随着生产发展，鸡场不断吸收新的农户入股。到1986年底，已有28户农户入股，全场职工39人。1987年，鸡场扩大为42个农民全员入股，股份采取记账形式。由于"以股连心"，鸡场经营蒸蒸日上[1]。

不过，随着自营规模的扩大，鸡场生产规模扩张受到场地、管理和资金等因素的制约。从1988年起，鸡场开始与农户挂靠，改变过去简单帮助邻近农户代销肉鸡，逐渐发展为减少自养数量，办起了种鸡场、孵化场、饲料加工厂，主要从事饲养种鸡、孵化鸡苗、生产饲料。挂靠农户从鸡场领取鸡苗进行饲养，鸡场向农户提供技术、饲料、防疫、管理等产中服务，收购农户的成鸡，进行销售。鸡场经营方式的转变，缘于一个偶然的故事。

---

① 本段资料来自傅晨《"公司＋农户"产业化经营的成功所在——基于广东温氏集团的案例研究》，《中国农村经济》2000年第2期，第41-45页。

籍竹鸡场旁边有个砖瓦窑，由农民何凤林承包。何凤林承包砖瓦窑失败了，亏了本。有一天，何凤林来找温北英要活干，"我烧砖瓦失败了，没事干，你能不能卖些鸡苗给我养呀？"这个问题在一般人看来，应该是送上门来的好生意，鸡苗成本是每只0.3元，以每只0.5元卖出，不是可以赚0.2元吗？温北英的思想与众不同，他想何凤林不会养群鸡，如果鸡苗给他，饲料怎么解决？鸡生病又怎么办？还有卖鸡也不是一件容易的事情。要帮就帮到底，要为何凤林找到一种稳妥的办法。再说，鸡场本身也要发展，通过帮助何凤林说不定能够找到一种自身发展的方式呢？经过认真思考，温北英这样回答何凤林："凤林呀！你看这样好不好，你交一些押金，我就把鸡苗、饲料、药品都交给你，记个账，我再派人教你养鸡，指导你防治鸡病，鸡养大以后也不要自己去卖了，那样既花时间又难以卖得好价钱，我代你销售，然后跟你结账，保证你赚钱！"何凤林听了以后，非常高兴，心想，这世上哪里去找这么好的老板呀！为我想得那么周到。这样何凤林就铁心跟着温北英养鸡，成为温氏第一个养鸡户，直到退休还把养鸡业交给儿孙。籍竹一带的其他养殖户，以前都是自己买鸡苗、买饲料，鸡养大以后运到集市卖，这样做又麻烦又花时间，成本也高。听说籍竹鸡场可以代购代销，村民都踊跃来找温北英，要求合作养鸡。如此，温北英创立了后来称为"公司＋农户"的生产组织形式。

——以上内容来自陈泽伦《走进温氏》，机械工业出版社2011年版。

表3-1　　　　　　　　　温氏集团的成长和壮大

类别\\年份	挂靠农户（户）	上市肉鸡（万只）	自有资产（万元）	销售总值（万元）	公司利润（万元）
1984		1	0.8		0.8
1986	5	5	9	36	5
1988	80	15	40	142	13
1990	280	61	170	700	72
1992	1500	369	800	4114	360

续表

类别 年份	挂靠农户 （户）	上市肉鸡 （万只）	自有资产 （万元）	销售总值 （万元）	公司利润 （万元）
1994	4600	1683	7600	23700	2500
1996	6500	4041	17789	65000	5000
1998	8500	8840	24453	107000	63

资料来源：傅晨：《"公司+农户"产业化经营的成功所在——基于广东温氏集团的案例研究》，《中国农村经济》2000年第2期，第41–45页。

温氏集团现已发展成一家以畜禽养殖为主业、配套相关业务的跨地区现代农牧企业集团。2015年11月2日，温氏股份在深交所挂牌上市。温氏股份现为农业产业化国家重点龙头企业、创新型企业，组建有国家生猪种业工程技术研究中心、国家企业技术中心、博士后科研工作站、农业部重点实验室等重要科研平台，拥有一支由20多名行业专家、69名博士为研发带头人，614名硕士为研发骨干的高素质科技人才队伍，温氏股份掌握畜禽育种、饲料营养、疫病防治等方面的关键核心技术，拥有多项国内外先进的育种技术，现有国家畜禽新品种9个、获得省部级以上科技奖励58项，温氏股份及下属控股公司共获得专利364项（其中发明专利124项）。截至2018年12月31日，温氏股份已在全国20多个省（市、自治区）拥有270多家控股公司、5万户合作家庭农场。2018年温氏股份上市肉猪2229.7万头、肉鸡7.48亿只，实现营业收入572.36亿元。[1]

（二）温氏集团的统分关系

温氏集团的"统分关系"形态可概括为"五统一分"，即生产关系的统一缔约、投入品的统一供给、技术的统一指导、产品的统一收购、产品的统一加工销售，生产环节农户分散经营。

---

[1] 本段资料来自温氏集团官网。

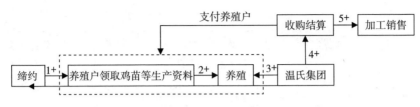

图3-1　温氏集团养鸡产业"公司+农户"运行机制

第一，缔约。在温氏集团的契约关系中，公司是契约形态的缔造者。农户接受契约，按照温氏集团的要求自行建立养殖设施。同时，公司提供部分资金支持农户建设养殖设施。笔者认为，这是温氏集团从重资产自营向轻资产纵向一体化转型的关键环节。若依靠公司自营铺摊子、扩规模，公司不得不受制于土地、养殖设施等限制。但采取委托农户养殖、公司收购的方式后，将土地、养殖设施等建设问题转嫁给分散的养殖户，解决了公司设施建设的问题，促进了公司迈上了轻资产运营的轨道。事实上，仅此环节蕴含了丰富的"统"与"分"的辩证关系。若生产环节由公司统一执行，公司必要面临统一生产带来的土地投入、设施投入等高额成本，将生产环节分包到各个农户，恰好能解决或分散公司规模化生产面临的高额成本，体现了"分"对成本克服的功效。

第二，生产。农户分散养殖，但是按照公司的排期从温氏集团购入种苗、饲料、疫苗和药品等投入品，此过程不产生现金流。如，养殖户从领取公司的鸡苗、支付适当的定金起（每只鸡4—5元），接受公司的服务均采取记账的形式。这种方式能减轻养殖户生产资料购买的经济压力。

第三，技术指导。养殖技术指导环节由公司统一负责，公司依托资金、技术优势，为农户提供技术指导。温氏集团在一定区域范围内设立一个服务中心，为每20—30个养鸡户安排一个联络员，由此形成了一个全方位的服务网络。针对养殖户的需求，公司及时派员或聘请专家适时解决。在公司统一的技术指导下，养殖户的养鸡水平不断提高，种鸡产蛋率、种蛋受精率、种蛋孵化率、肉鸡成活率、饲料转化率等重要指标，都超过了全省养鸡企业的平均水平，常见的鸡新城疫、呼吸道病、法氏囊病等到几大疾病都得到了有效控制（傅晨，2000）。

第四，产品收购。公司统一收购产品，温氏集团不仅设立成鸡收购站，而且直接上门收购调运，使养殖户的成鸡能够及时"脱手"，减轻了农户饲养成本，节省了交易费用。结算价格，按照流程价格与养殖户计算。温氏集团初期的"公司＋农户"运行方式中，与农户的关系只是代购代销，当市场价格较低时，养殖户还是要亏损。1989年，温北英、温鹏程等人经过一番认真研究，将代购代销改为保价收购，公司主动承担市场风险，让养殖户的利益得到保障（陈泽伦，2011）。具体而言：由于农户从公司领取鸡苗、饲料和其他各种服务，公司很容易计算农户的养鸡成本。农户养一只鸡的成本为8—8.5元，公司保证农户每只鸡可获得1.5—2元的利润（利润率达到20%左右），以此制定收购价格。若市场价格上涨，公司销售成鸡有微利；反之，则有亏损。一般来说，由于市场竞争激烈，公司销售成鸡有亏损，公司靠综合经营来平衡。公司把增收放在提高农产品的科技含量、积极开拓市场、扩大销路上，从而在大多数年份赚得多，补得起。例如，1994年公司在收购环节的亏损372万元，但通过综合经营，盈利仍高达2500万元。20世纪90年代，公司除1995年亏损外，其余年份均实现盈利（傅晨，2000）。

第五，产品加工与销售。此环节由温氏集团统一执行。主要包括两方面：一是畜禽屠宰深加工。沿用传统的制作工艺，温氏集团引进具有国际先进水平的生产线，每一道工艺流程经过层层把关，传统的美味与现代化的生产相结合，严格按照食品标准进行加工，实行"规范生产、冷链运输、冷链销售"的现代化生产物流配送模式。形成了以土窑鸡、凤香皇、好味鸡、骨香土鸡、土香鸡五大熟食整鸡系列为主导产品，阿妈靓汤、方便菜、卤蛋、休闲鸡副等为肉鸡加工创新品系。二是肉鸡生鲜销售。以"提供'从农场到餐桌'全程监管、无缝对接的食品"为核心价值，以"温氏食品，自然好品质"为品牌理念，建立"畜禽养殖—屠宰加工—中央仓储—物流配送—连锁门店"的新型食品连锁经营模式。

（三）温氏集团的制度收益

在这种"五统一分"的运行机制下，实现众多小农生产与市场的有效对接，缓解了小农生产面临的价格波动、产品卖难、服务短缺等难题，也为公司提供了稳定的产品来源（傅晨，2000；米运生、罗必良，2009）。

首先，农户通过"公司＋农户"产业化经营节省了大量的市场交易费用。在"公司＋农户"产业化经营形式中，农户与公司的交易主要是取得服务和交售产品。农户从公司获得的服务科技含量高，服务的态度和质量好，及时性和针对性强，提高了农户资源配置的效率。需要强调的是，这种全方位和优质的服务是农户在市场搜寻中找不到或难以完全找到的，若要获得这样的服务，农户将要支出的成本是极其高昂的。现在，农户不仅获得了这种服务，而且不需要立即支付费用，只是交一点定金（一些困难农户甚至可免交定金），到交售产品时再结算，实际相当于获得了一笔生产贷款。农户把产品集中交售给公司，省却了单家独户走向市场的交易费用，并且公司的保护价收购使农户得到了一定的利润，农户几乎不承担市场风险，开拓市场的任务和费用由公司去承担（傅晨，2000）。2007年，温氏集团有养殖户36500户，以每个养殖户两个劳动力（即夫妻）计算，就提供了7万多个就业岗位，养殖户获利达到11.35亿元，户均获利3.11万元（米运生、罗必良，2009）。

筋竹镇复退军人黄伟昌，1983年底退伍回乡后种过田、办过厂、做过生意，也曾从事保险业务，但都没赚到钱。1988年，他决定与温氏集团合作养鸡，将租赁的厂房改为鸡舍，但没有足够的钱交押金领取鸡苗。黄伟昌找到温北英商量，温北英立刻同意让他交纳1000元领取1500只鸡苗（平均每只不到1元）。不到三个月，第一批肉鸡上市，每只赚到1.85元，接着第二批每只赚2.48元，以后每批都有1.8—2.9元／只的利润。黄伟昌用赚来的钱扩大鸡舍，1993年每批能养8000只，连续几年效益都不错。1995年冬季，黄伟昌由于疏于管理，50多天龄的鸡群发生疾病，损失惨重，几乎亏光老本。温氏集团得知后，派人上门慰问，给予补贴，还继续发放鸡苗给黄伟昌饲养，帮助他渡过难关。如今，黄伟昌饲养的每批鸡达到20000只，还发展养猪每批320头。

黄伟昌家庭经济因此有了较大改观，不仅供两个孩子读书，还在村里建新房，在县城购买了一套100多平方米的房子。

——以上内容来自陈泽伦《走进温氏》，机械工业出版社2011年版。

其次，公司通过"公司＋农户"产业化经营也获得了巨大的效益。从温氏集团这个案例来看，1988年以前，作为温氏集团前身的簕竹鸡场基本上是自产自销，生产规模不大，发展也慢。1988年以来，簕竹鸡场开始转向与农户挂靠，把农户变成自己的原料生产基地。通过"外延"的扩大方式，簕竹鸡场的生产和利润快速增长。归纳起来，温氏集团"公司＋农户"产业化经营模式的收益体现在四个方面：一是节省了自己养鸡在场地、设备、人工、管理等方面的开支，其中场地和管理费开支的节省最为巨大；二是从农户获得有保障的原料成鸡供给，不仅避免了生产风险，而且节省了巨大的市场搜寻和交易费用；三是优化资本配置于科技开发、综合经营等高附加值项目的效益；四是向大批农户直接提供鸡苗、饲料等各种服务，既实现了规模化的原料生产和服务的成本最小化，又节省了市场交易费用（傅晨，2000）。在1985—2008年，温氏集团销售收入从35万元增加到160亿元，增长45713倍，年均增速高达56%（米运生、罗必良，2009）。

最后，塑造了新型生产关系。在温氏集团的生产关系中，生产资料属于私人所有，但在集团公司组织的生产中得到了有效的运用。生产过程由集团公司组织指挥，但各个养殖户仍然有很大的自由活动的时间和空间；劳动成果不是充公或私人占有，而是公司和养殖户共享。"公司＋农户"建立在家庭联产的基础上，既保持了农户是基本的生产单位，延续了我国几千年的农耕文化，又促进了小农户和现代农业发展有机衔接。

三　案例2：石家庄华森生物科技有限公司养鸡产业

石家庄华森生物科技有限公司从事饲料原料的销售，兽药原料的技术研发及技术咨询等，2009 年公司领办了邢台市聚农养殖专业合作社，依托合作社，与农户建立"公司＋农户"的肉鸡养殖产业。

（一）发展背景

石家庄华森生物科技有限公司的养殖产业，与负责人刘忠涛的个人经历息息相关。刘忠涛在大学毕业以后首先进入一家兽药企业从业务员做起，不长时间就担任了该公司的区域经理，最后一直做到销售总经理的位置。在取得令人艳羡的工作成绩的背后，是他比别人付出更多的汗水和脚踏实地的努力，五年多的工作生涯带给他的除了一口绝佳的口才之外，更重要的是对这个行业更加全面、深入的了解和认知，当然，还有各种资源的建立和积累。2009 年，尚在某兽药企业任职的刘忠涛经过一番市场调查，决定在自己的家乡——邢台市平乡县发动当地农民发展肉鸡养殖业，一方面提高当地农民的收入，一方面为企业饲料、兽药打通销售渠道。

2009 年 2 月，刘忠涛连同当地 7 人共同在工商局注册成立了聚农养殖专业合作社。合作社注册资金 280 万元，主营业务为肉鸡养殖、肉鸡养殖技术服务与肉鸡回收。截至 2013 年 8 月，合作社已有社员 375 人，其中农民占比 92%，另有 30 多个企业、事业单位和社员团体成员也加入了合作社。2012 年合作社销售肉鸡创下 9000 万元的收益，纯利润达 1200 万元。合作社带动社员增收效果十分明显，社员通过合作社每年可获得 4 万—7 万元的收入，最高者可达到 50 万元的收益。合作社对其他农户产生了很大的吸引力。在合作社的带领下，平乡县肉鸡产业发展迅速。公司领办的聚农养殖专业合作社成为了当地养殖行业中的佼佼者，肉鸡养殖量占全县的 90%，合作社先后被评为河北省"省级示范合作社""农业产业化龙头企业"，邢台市"重点龙头企业"。

（二）统分关系

石家庄华森生物科技有限公司依托聚农养殖专业合作社，与温氏集团类似，在养鸡产业上建立了与养殖户适宜的统分关系。

第一，缔约。公司依托合作社与农户签订合约，农户分散养殖生产，与温氏集团的生产方式类似，即公司主要依靠养殖户养殖，公司收购产品，具体有两类契约：一是社员入社缔定合约，二是收益分配缔定合约。合作社在选择社员，制定了如下要求：一方面，要求社员要有养鸡设施，即鸡棚，或者社员可出资建设鸡棚（自己有鸡棚的社员，合作社为社员提供技术指导，进行标准化改造；对于需要建设鸡棚的社员，合作社为社员提供建设技术，必要时为社员提供资金，解决一时之需）；另一方面，要求社员需承诺仅向合作社销售产品。合约中，也约束了双方的权利与义务，以及相关惩罚措施。这种合约保障了合作社社员的稳定性。

第二，养殖。与温氏集团类似，农户分散养殖，农户从合作社购入鸡苗、饲料、疫苗和药品等投入品。

第三，生产服务。公司依托合作社，采取"合作社＋农户"一条龙式放养、回收的方式，为养殖户全程提供饲养管理、技术指导服务和全面的市场信息，即统一向养殖户提供生产服务。具体也分为两种合约模式。

一种是行业内俗称的"大合同"，即公司统一提供鸡苗、饲料、兽药，然后按照合同价格统一回收肉鸡。在提供鸡苗、饲料、兽药等生产资料时，公司（或合作社）以原价向合作社社员销售往往比农户单独购买要便宜1.7%。在实际操作中，这部分钱先由合作社垫资，社员与合作社之间不产生现金流。"大合同"合约还规定了收购价格，不过收购价格与市场价格无关，收购价格是在每只鸡的单位养殖成本（养殖成本包括鸡苗、兽药、饲料以及照明取暖，技术人员工资不计入养殖成本内；另外，鸡苗、兽药、饲料成本以合作社购买价计算）的基础上上浮3元，即社员养鸡的单位利润为3元。所以，有时"大合同"也称保值合同。

另一种是在合作社收购时采取随行就市的办法，但为了确保市场价格低迷期养殖户的利益不受损害，合作社规定了最低保护价格。约定最低保护价格在单位成本基础上浮2.5元。若市场价格高于单位成本的2.5元，则按市场价格收购；若市场价格低于单位成本的2.5元，则按最低保护价格收购。这种最低保护价格合约也称"小合同"。在"小合同"里，合作社也统一为社员提供鸡苗、饲料和兽药，而且也是由合作社事先垫资。社员与合作社之间不产生现金流，在收购产品时进行最终结算。

无论是"大合同"，还是"小合同"，公司（或合作社）都无偿为社员提供技术服务。合作社实行对社员的片区管理。根据社员的地理区域分布，选出区域代表。通过区域代表的桥梁作用，合作社定期去社员处进行技术指导，指导社员饲料与喂药。此外，社员所需的鸡苗、饲料和兽药都由合作社为社员送上门。当地社员对合作社的服务十分赞赏，称这种服务为"三等"，即等物资、等技术、等收购。

第四，产品收购与加工。公司（或合作社）按照合约统一收购养殖户。公司与 8 个屠宰厂建立了稳定的合作关系。公司肉鸡产品销售渠道广而畅通。据刘忠涛介绍，伴随养殖规模增加，必须有储藏冷冻分割作为保障，公司下一步的规划就是要进一步延长产业链条，要在近几年建立起自己的屠宰厂。

（三）制度收益

石家庄华森生物科技有限公司依托合作社，与养殖户建立的"公司＋农户"生产机制，对农户增收、公司发展起到了积极效果。

首先，农户获得了稳定的收入。按照上述合约模式，"大合同"能保障农户单位产品 3 元的利润；"小合同"能保障农户单位产品至少 2.5 元的利润。这种订单农业方式保障了社员收益的稳定性，与其他务农活动相比，经济收益更高。

（1）农户的投入成本。首先，计算农户在鸡棚建设上的投入。假设农户没有养鸡设施，合作社指导农户组建一个鸡棚一般得花费 5 万元。不过，邢台市有政策，对农户建设鸡棚给予政策补贴。合作社曾向 30 多户社员申请到了政策补贴，补贴金额一般为每个鸡棚 2 万元，最高时补贴可达到 4.2 万元。一般而言，合作社内社员的养殖规模比较均匀，绝大多数的社员只有一个鸡棚。在这里暂不考虑政府补贴，记农户鸡棚建设花费为 5 万元。其次，农户与合作社签订合约时，需事先交纳一部分的风险金。风险金按每只鸡 5 元计算（对于风险金的作用，下文将进一步探讨）。每个鸡棚能养殖 4000 只至 5000 只鸡，农户养殖时只需交纳一次风险金。假设社员有 1 个鸡棚，每个鸡棚养殖 4000 只鸡，那么农户只需交纳 2 万元的风险金。若第二年或第二季度继续养殖时，不用再交纳风险金。但是，倘若社员再新建鸡棚追加养殖时，则需再交纳 2 万元的风险。实际上，风险金的一个简单计算公式为：鸡棚数量 ×2 万元。不过，需要注意的是，若农户选择放弃饲料肉鸡时，合作社悉数退还全部风险金。但是，倘若社员不认真养殖，造成出栏鸡数量与质量不够理想以及社员私自向市场销售产品时，合作社可没收社员风险金。假设农户需新建鸡棚，且仅经营一个鸡棚，每个鸡棚养殖 4000 只鸡，那么，农户的固定投入成本为 7 万元。

（2）农户的利润。一是"大合同"下农户的利润。一般情况下，合作社指导建设的鸡棚能一年出栏 6 批鸡，不过合作社建议社员一年只饲养 5 批。按照每批每棚养殖 4000 只，假设小鸡成活率为 90%（成活率一般可达到 95% 以上，90% 的为保守的估计）。那么，一年内农户的利润为 3 元 / 只 ×4000 只 / 批 ×90%×5 批 =5.4 万元。按照"大合同"的计算结果，一年内农户即可弥补投入的鸡棚建设成本，且仍有盈余。若考虑风险金的话，第二年即可覆盖掉所有固定投入成本，且有盈余。实际上，风险金只是社员存放在合作社的一部分资产，从本质上可不计入成本。因此，社员在第一年内养殖即可覆盖掉固定成本。二是"小合同"下农户的利润。在"大合同"的假设前提下，一年内农户至少可获利润 2.5 元 / 只 ×4000 只 / 批 ×90%×5 批 =4.5 万元。按照"小合同"的计算结果，第二年农户即可弥补投入的鸡棚建设成本，且仍有盈余。而且，每年至少可获得稳定的 4.5 万元纯收入。在实际中，社员大多选择"小合同"。"小合同"的可获得保底利润，同时当市场不错时，农户还有可能获得比"大合同"更高的利润。例如，2011 年，每只鸡的市场价格为 7 元，每只鸡的利润可达到 3.5 元。

（3）考虑机会成本。所谓机会成本是指为了得到某种东西而所要放弃另一些东西的最大价值；也可以理解为在面临多方案择一决策时，被舍弃的选项中的最高价值者是本次决策的机会成本。例如，对于农户而言，一般有务农与外出打工两种选择。倘若农户选择外出打工，那么务农可能获得收益则称之为机会成本。农户选择与合作社订约，可能存在以下两方面的机会成本。一是劳动力的机会成本。农户选择养鸡需要耗费时间，劳动力可能无法从事其他活动，如务农或打工。不过，在聚农养殖专业合作社里，农户养殖活动所需耗费的劳动力比较小。这是因为合作社统一为社员提供鸡苗、饲料与兽药，以及统一收购出栏成鸡，农户在家只需"三等"，无须耗费多少劳动力。农户在养鸡的同时还可以从事农业劳动或相关兼业活动，而且还能获得另外的一部分收入。因此，农户劳动力的机会成本较低。即使农户需要耗费大量的劳动力，养鸡年纯收益至少4.5万元，也比农户外出务工所挣要多。因而，在劳动力投入方面，选择养鸡是理性。二是土地的机会成本。农户养鸡需要使用土地，一个鸡棚一般占用土地面积1亩。农户选择养鸡时，丧失了这1亩土地所能带来的潜在收益。不过，在河北邢台，1亩土地从事农业生产很难在1年内获得至少4.5万元的纯收益。因此，与种地相比，农户选择养鸡是较优的选择。

因而，在考虑劳动力机会成本与土地机会成本后，不难发现农户养鸡比外出打工和务农所得收入都要多。因此，农户与合作社订约养殖是理性的选择。在调研中，不少社员对合作社内的这种订单模式赞不绝口，认为这种方式能较好提高农民收入。

——以上内容来自笔者2013年夏实地调研分析

其次，提高了公司（合作社）的盈利能力。公司依托合作社，通过与养殖户缔约，建立贯通肉鸡养殖的全产业链。合作社产业链可用图3-2示意。从产品上游来看，保证了养殖所需鸡苗、饲料和兽药的稳定供应，同时也保障了质量安全；从产品中游来看，社员分户养殖节省了合作社大规模养殖需付出的管理成本，专业技术人员指导，保障了生产环节的安全；从产品下游来看，合作社与屠宰厂建立合约关系，畅通了销售渠道。具体效应如下：一是产业链管理减少了物流流通时间。由于产品各环节已被组织化，合作社可根据市场变化和社员需求情况，迅速做出反应，实现供应链各环节即时出售、即时生产、即时供应。从而提高了合作社的生产效率。二是产业链管理可以减少库存、降低成本。合作社通过整体合作和协调，在加快物流速度的同时，也减少了供应链各个环节上的库存量，避免了许多不必要的库存成本的消耗。例如，货源供应稳定，合作社不用担心养殖物资运送的不及时以及物资库存耗费的成本；销售渠道畅通，合作社不用忧虑成鸡的销量。三是产业链管理有利于提高产品质量和可靠性。合作社所需的鸡苗、饲料和兽药都来自稳定的企业，保障了物资的质量。即使合作社所用物资出现瑕疵，合作社亦可以根据双方合约使损失降到最低。物资质量的可靠性为合作社最终产品质量的可靠性打下了坚实的基础。减少流通时间、降低库存成本和保障质量构成了合作社核心竞争力的关键因素。供应链管理提升了合作社的竞争力，也强化了合作社的盈利能力。聚农养殖专业合作社每年可出栏肉鸡800万余只，占全县肉鸡养殖量的90%，成为冀南地区最大的肉鸡养殖专业合作社。2012年合作社销售肉鸡创下9000万元的收益，纯利润达1200万元，遥遥领先于同区域内的其他合作社。

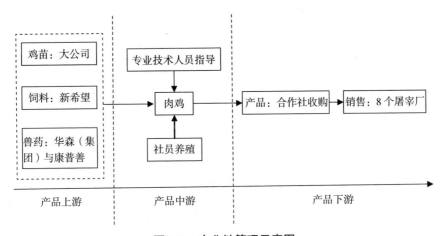

图3-2　产业链管理示意图

最后，促进了合作社成长。合作社的成长体现在小规模到大规模、合作社到联合社、产业链条延伸等三个方面。

一是从小规模走向大规模。2009年，合作社成立初期，刘忠涛和另外7位发起人一起亲自养殖，当时社员仅50人。2009年，刘忠涛采取承包土地新建鸡棚养殖的方式，当年仅他一人在合作社的交易额就达75万元。第一年内，许多养殖户就尝到了甜头。每个鸡棚一年纯利润即可达4万—5万元，而且还有1万多元的盈余返还。用当地一位农户的话来说：现在干啥能比这个赚钱的。种地，一年下来，辛辛苦苦1亩地也就最多几千块的收入；外出打工也挣不来这么多。而且跟着合作社养殖还很省心，鸡苗、饲料以及兽药都是上门服务，鸡也是上门收购，完全不耽误干其他事情。合作社第一年可喜的效益，吸引了不少了农户的加入。2013年，社员人数就达到了375人。目前，合作社在控制社员规模，担心社员人数扩张过快合作社的服务能力不能同步跟进。如今，理事长刘忠涛自己不再从事养殖了，而是专心于合作社的管理以及华森集团的经营。

二是从合作社到联合社。合作社的成功得到了同行的尊敬与羡慕，当地其他合作社希望能够与它建立合作关系，地方农业局也希望通过聚农养殖专业合作社带动区域产业发展。于是，2012年5月4日以聚农养殖专业合作社为中心的邢台市肉鸡产业农民专业合作社联合社筹办成立，刘忠涛任联合社理事长。联合社下属8个成员社，除聚农养殖专业合作社外，还有巨鹿通源农民养殖专业合作社、邢台市方益养殖专业合作社以及深州胜利养殖专业合作社等。聚农养殖专业合作社开启了带领其他合作社共同发展的新时代。联合社辐射邢台市8个县、市区。在联合社的带动下，当地肉鸡养殖业快速发展。

三是延伸产业链条。经过多年来在行业中的历练，公司凭借对行业发展的超前意识和对市场的敏锐判断，开发了有机肥。在养殖业污染日益严重的情况下，生态养殖备受业内推崇。肉鸡养殖产生的大量鸡粪，售价非常便宜，而且将生粪直接用做肥料不仅引发病虫害，而且污染大、利用率较低，极易造成资源浪费和环境污染。平乡作为农业大县，每年有大量的水果、蔬菜输送到北京、天津等地，但是，刘忠涛发现，农民辛苦劳作种植出来的水果、蔬菜并不能卖上一个好价钱。比如，同样在北京的超市里，有机白菜要比普通白菜每斤贵十几块钱；普通的苹果和有机苹果的价格更是相差3—5倍。随着物质生活水平的提高，人们越来越追求健康和品质，有机产品正是因为绿色、无污染备受人们推崇，也因此价格昂贵。公司也一直在谋划着走有机产品的道路。公司和高校的专家、教授合作，共同研究、开发有机肥。同时，与当地的一些蔬菜、水果种植专业合作社负责人深入商讨，最终结成联盟，为当地发展有机产品奠定基础。2012年9月，在第十六届中国（廊坊）农产品交易会上，邢台华森生物肥料有限公司生产的"华森"牌系列有机肥，作为平乡县政府重点推介产品，免费参展，并吸引了众多与会者的关注和追捧。有机肥料的推出，为合作社的发展又延伸了一个产业链条。

四 结论与启示

本节分析了"公司＋农户"的概念内涵与起源背景，并通过温氏集团与石家庄华森生物科技有限公司的养鸡产业，从统分关系的角度介绍了"公司＋农户"的运行机制，阐释了这种经营方式的制度收益来源，形成如下研究结论。第一，"公司＋农户"经营方式，通过公司组织层面履行"统"的功能，解决了我国农村集体经济组织衰败后"统"的不足的问题，缓解了长期困扰分散小农产品卖难的问题，展示了企业组织在"统"的作用上的功效，这是此种经营方式得以产生的关键原因。第二，"公司＋农户"经营方式，通过农户分散生产，解决企业生产面临的投入大、风险高等问题，即"分"亦为成本分担、风险分散。"公司＋农户"是"统"与"分"的辩证关系的充分体现，温氏集团与石家庄华森生物科技有限公司的案例均因适度的"统"与"分"关系，实现了二者的双赢。当然，在"公司＋农户"经营方式中也不乏统分关系不适宜的问题，如学术文章常谈及的订单农业履约率不高、公司压价收购等问题。

通过本节的分析，有如下研究启示：第一，长期以来，农村集体经济组织扮演着农业生产"统"的职能，但伴随着农村集体经济组织功能的弱化，"统"的能力弱化，公司逐渐承担了集体经济组织部分"统"的功能，并且发挥了较好的作用，这是市场机制对统分结合、双层经营体制的完善。因此，"公司＋农户"经营方式理应得到政策鼓励，要尽快清除对工商资本妖魔化、认为工商资本是洪水猛兽的思想意识，发挥好企业经营的重要作用。第二，当然，"公司＋农户"运行机制也还存在许多问题，如突出的高违约风险（孙敬水，2003；刘凤芹，2003；生秀东，2007），工商资本下乡难（涂圣伟，2014；周振，2020）等，限于研究主题，本书不做展开论述，但政策支持的方向要聚焦这些难点、堵点问题，为公司＋农户经营方式的良性运行创造条件。

第二节　农户生产、合作经济组织服务的合作经营方式

合作经营也是农户分散经营、农业组织规模化服务的重要形式。从"统"与"分"的关系看，与"公司＋农户"大体类似，"分"表现为农户分散生产经营，"统"表现为合作经济组织统一提供生产性服务。事实上，合作经济组织在农户与市场或企业之间扮演了中介作用，缓解了继农村集体经济组织功能弱化后"统"不足的问题，对农户而言合作经济组织是"统"的主体，对市场或企业而言合作经济组织是"分"的主体。这种多重"统"与"分"关系，既是这种经营形式创新的主要特征，也是形成的关键因素。

一　合作经营兴起背景

20世纪90年代以来，我国的农业生产由单一的资源约束转为资源和市场的双重约束，2亿多小农户在适应市场经济发展和推进现代农业建设中逐渐暴露出了许多问题和缺陷，即"分"有余，而"统"不足。第一，农户家庭生产的土地过于分散，各类农产品的生产规模过小，专业化程度较低，兼业现象普遍，很难引入信贷资金、大型机械、现代技术等现代化生产要素，较难实现用现代化物质技术改造传统农业。第二，农业生产活动难以向产前和产后环节拓展，无法对农业生产服务业、农产品加工业等环节的利润进行再分配。第三，单个农户的市场谈判地位低，容易受到多重盘剥（孔祥智，2012）。为此，在90年代初期，在山东等沿海发达地区，由农民创造了"公司＋农户"等农业产业化形式。实践证明，农业产业化对农业发展和农民增收起到

了重要作用。推进农业产业化，不动摇家庭经营的基础，可以把市场信息、技术服务、销售渠道直接而有效地带给农民，较好地解决了小农户和大市场之间的矛盾，如本章提及的温氏集团与石家庄华森生物科技有限公司的案例。但是，在"公司＋农户"模式下，处于农业产业化链条"产中"位置的农户，与处在产前和产后环节的龙头企业相比，实力和地位相差悬殊，往往造成广大农户的利益受到各种各样的侵害，这也直接影响到了"公司＋农户"模式的稳定性，有研究指出双方履约率不超过 10%（孔祥智，2012）。国内外解决这一问题的成功经验就是在农产品生产、加工、流通等领域大力发展和培育农民自己的专业合作社，既能保持家庭经营的效率，又能克服家庭经营投资不足、市场谈判地位不高等局限性，是将家庭经营与合作经营优势较好结合的重要方式。在此背景下，我国农民合作经济组织应运而生。

同时，国家相关政策的密集出台，也给合作经济组织的发展营造了良好的发展环境。党的十七届三中全会通过的《中共中央关于推进农村改革发展若干重大问题的决定》指出，"以家庭承包经营为基础、统分结合的双层经营体制，是适应社会主义市场经济体制、符合农业生产特点的农村基本经营体制，是党的农村政策的基石，必须毫不动摇地坚持"。稳定和完善农村基本经营制度，要"推进农村经营体制机制创新，加快农业经营方式转变。家庭经营要向采用先进科技和生产手段的方向转变，增加技术、资本等生产要素投入，着力提高集约化水平；统一经营要向发展农户联合与合作，形成多元化、多层次、多形式经营服务体系的方向转变，发展集体经济、增强集体组织服务功能，培育农民新型合作组织，发展各种农业社会化服务组织，鼓励龙头企业与农民建立紧密型利益联结机制，着力提高组织化程度。按照服务农民、进退自由、权利平等、管理民主的要求，扶持农民专业合作社加快发展，使之成为引领农民参与国内外市场竞争的现代农业组织"。大力发展农民专业合作社是实现"两个转变"的中心环节和题中之义。同时期，《中华人民共和国农民专业合作社法》实施，进一步赋予了农民专业合作社合法市场地位。

从实践效果看，正如越来越多的学者指出，农民经济合作组织是联结小农户与大市场,促进现代农业发展的必然选择(牛若峰,1998;黄祖辉,2000)。农民专业合作社在推进我国农业产业化经营,提高农民组织化程度,增强农民市场谈判地位等方面正发挥着积极的作用(唐宗焜,2012;孔祥智,2012),可以通过横向一体化实现规模经济、范围经济,最大限度地降低农户产品生产、销售的交易成本、降低市场风险、提高市场谈判地位,而且还可以促进纵向一体化经营,加强资源要素整合,延长产业链条,拓宽合作社发展空间。

二 案例1:河北省灵寿县青同镇农民专业合作社联合社

农民专业合作社联合社是农民合作社的联合体,是更加高级的合作经济组织。河北省灵寿县青同镇农民专业合作社联合社成立于2011年,其合作经营的背后蕴含了多重统分关系:如联合社与农民合作社之间的统分关系,农民合作社与农民之间的统分关系。这种经营形式的创新,既为农民、合作社、联合社的协同发展提供了制度平台,也为我国农业经营体制的创新与完善提供了较好的范本。

(一)发展背景与联合动因分析

在河北省灵寿县青同镇农民专业合作社联合社案例中,农民专业合作社即为合作经济组织,相对农户就是"统"的主体,为什么还要走向联合呢?简言之,"统"的潜在收益驱使。

1."统"的利益一致性是联合社成立的内在动因

按照制度变迁理论,制度创新的动力基础是潜在收益(一种在已有制度安排下无法实现的利润,能通过内部环境的改善获得),潜在收益的不断累积诱致当事人进行制度创新(刘芳等,2006)。农民专业合作社是农民为应对市场竞争与风险,有效配置资源自发形成的合作经济组织。日益激烈的市场环境要求农民专业合作组织必须进一步提高经营规模水平和市场竞争力,通过"统"的形式,即"再合作"组建联合社,无疑是专业合作社做大做强的最佳方式。农民专业合作社再合作,将带来一系列的潜在收益,例如,与大型龙头企业间市场竞争力的增强,区域优势资源更好的整合、共享和利用，地方特色农业产业的规范有序发展等。潜在收益的存在诱使各当事人积极探索合作社的再联合。而再联合会带来各主体间组织结构和管理制度的变革，从而对一系列利益相关者的切身利益产生影响。因此，联合社形成时既要满足各类经济主体对外部利润的追逐，又要在个体理性与集体理性间寻求平衡。按照维克赛尔的观点，当事人之间能否达成一致同意是判断一种组织或制度形式是否具有效率的标准，各利益主体的一致同意意味着实现了帕累托改进，意味着得到所有参与人的拥护和支持（刘芳等，2006）。

青同镇农民专业合作社联合社是在利益各方对潜在利润的共同诉求下达成利益一致同意的结果，主要表现为农户、合作社与龙头企业三者之间的利益一致性，也彰显了"统"的必要性。一方面，随着农村经济的发展，青同镇农民普遍面临致富门路少、经营规模小、抵御风险能力弱等问题，自发成立了许多合作社、协会等经济组织。在成立联合社之前，青同镇多数农民合作经济组织经营分散，管理不规范，组织化程度低，无法适应现代农业的发展需要，不仅缺乏稳定的销售渠道，缺少自主品牌，资金实力不足，更在与龙头企业的竞争中处于劣势，迫切需要规范管理与合作，提高市场竞争力。另一方面，当地龙头企业又成立联合社，以低成本获取稳定产品来源的内在需求。当地农业企业与国内外大型企业签订订单后，时常会因自身种养殖能力有限或遭遇养殖风险需要向当地养殖户或专业合作社收购产品，作为产品的补充。但是在实践中，"公司＋农户""公司＋合作社"的经营方式常面临较高的交易成本、双方的不信任或农户违约风险，企业迫切需要一个获取稳定可靠产品供应的新机制。

2. 供销社推动是联合社成立的外在力量

青同镇的农户、合作社与农业企业都有着再联合的内在动机，但是我们未能看到一个自发形成的联合社，主要原因是企业家才能的缺失。大量研究表明，企业家才能在合作社、联合社成立和成功发展中发挥了巨大作用。然而，青同镇已有的农民专业合作社规模普遍较小，自身发展仍不规范，缺少具有足够实力牵头成立联合社的合作组织；利润导向的企业虽希望通过联合获得稳定的货源，但常因不能得到其他社员的信任或不具有为联合社共同目标奋斗的意愿，无法成为联合社成立的可靠推动力量；而政府应是为联合社成立和发展提供支持帮助的服务机构，亦不宜成为推动联合社成立的主体。

在这样的情况下，供销社成为当地直接推动联合社成立和发展的有效主体。因其原本就是经济实体，且具有人力、组织、渠道、技术、品牌优势，并因隶属政府机构而具备"国家信用"，它的参与恰好补充了联合社内部企业家才能的缺失，为联合社的成立提供了指导、协调等多重服务。联合社成立与发展的实践证明，供销社不仅在联合社成立时发挥了重要的沟通联结作用，更在联合社的后续经营中提供了发展思路、关系调节等方面的服务支撑。当地供销社指导推动成立联合社一方面是出于当地的实际需要，如农民、合作社、农业企业需要联合的内在要求；另一方面也是重建基层组织、提供组织服务的一次探索。在供销社的推动下，青同镇联合本辖区的农村能人、合作社与农业企业成立了灵寿县青同镇农民专业合作联合社。在指导联合社经营的过程中，供销社一方面重新搭建起了基础供销体系，另一方面从联合社的经营利润中获取部分品牌和服务收益，拓宽了自身的盈利能力，与联合社的其他成员实现了共赢。

（二）运行机制

2011 年，青同镇在镇党委、政府的领导和县供销社的帮助指导下，按照"政府主导、供销社主办、农民主体、专业社自愿"的原则和"五位一体"的组建模式，成立了灵寿县青同镇农民专业合作社联合社。联合社现有农民专业合作社 25 个，龙头企业 6 个，村"双委"干部 5 人，覆盖农民社员 446 名。

1. 供销社协调与联合社五位一体管理体制

由于青同镇合作社发展还不成熟，组织声誉尚未形成影响，合作社还缺乏独立对联合社进行经营管理的能力，因此急需外部力量在管理上进行补充。正如上文所言，供销社等公共组织代表着政府信用，同时具有较强的管理协调能力，正是对联合社能力不足的较好补充。

首先，在供销社的推动下，将乡镇政府、村两委干部与龙头企业纳入了联合社的管理体制之中，将联合社从单纯合作社之间的联合扩展到五位一体的联合与合作（见图3-3）。这种联合形态比一般的合作社之间的联合更具有组织优势：一方面，政府部门的参与，增强了联合社的公信力，提高了联合社市场谈判的自信度；另一方面，龙头企业与合作社共同构筑联合社，节约了农户与企业的交易费用，也内部化了合作社与企业的合作风险。

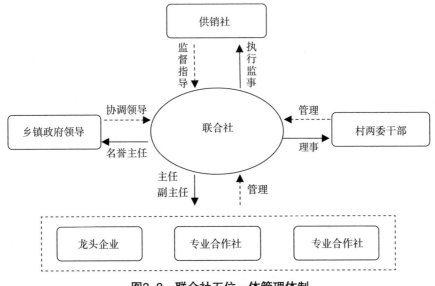

图3-3　联合社五位一体管理体制

其次，供销社参与组织管理协调工作，形成了以各专业合作社为主体的联合社管理机制。在联合社中，专业合作社推选出的联合社理事会成员负责联合社的主要日常工作。作为联合社的理事会单位，有的合作社负责人还担任联合社的主任（即理事长）或副主任职责；龙头企业作为联合社的副主任成员参与理事会工作，主要参与联合社的决策活动，但是不负责日常管理活动；村两委干部作为联合社理事，也参与日常决策活动，但不涉及日常管理；乡镇政府领导担任联合社的名誉主任，负责联合社的协调领导工作，协调、服务联合社参与市场经济活动，为联合社的发展提供便利、创造条件；而供销社则负责联合社的监督指导工作，并由供销社乡镇一级负责人担任联合社的执行监事一职。

从联合社的管理结构与管理职责来看，供销社的参与和推动强化了联合社的组织优势，完善了联合社的组织管理，这也折射出了供销社在参与组建联合社中的优势。

2. 产权构成与分配制度

产权理论告诉我们，多元主体的管理体制必须建立在多方构成的产权基础之上，组织才能有效地发挥作用。在供销社的协调下，村两委干部、龙头企业、供销社及专业合作社共同出资形成了联合社的共有产权制度。联合社成立时，资产总计400万元，其中20%来自村"双委干部"等社会能人，50%来自青同镇本地的6个龙头企业，10%来自上级县供销社，20%来自各个合作社（见图3-4）。这样的产权构成和组织结构形成了由供销社指导，村两委干部参与，依托联合社联系广大专业合作社及农户，企业提供资金和销售服务的综合型供销组织。

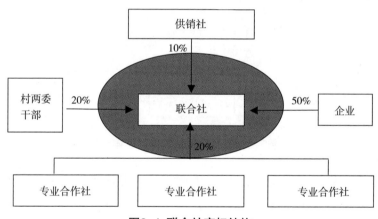

图3-4 联合社产权结构

产权结构决定分配制度。联合社制定了如下盈余分配规则：联合社在生产经营中获取的利润，按照各出资方间出资比例进行分配。其中，10%分配给县级供销社，50%分配给出资的各龙头企业，20%分配给以个人形式出资的社会能人，其余20%不对专业合作社进行分红，以留存利润的形式作为联合社的项目投资资金，全部用于联合社及供销社指导下各类试点项目的再投资。

3. 合作经营的"统"与"分"

在河北省灵寿县青同镇农民专业合作社联合社案例中，联合社发挥着三方面的"统"的作用。首先，联合社利用供销社所具有的国家信用给予各专业合作社足够的信心使其更愿意加入联合社，并发挥组织、协调优势妥善处理联合社各成员间的利益关系，尤其是在土地流转过程中充当调节人的作用，促进了规模经营。其次，在供销社的指导下，联合社充分发挥计划力、执行力，组织力和公信力，以更广阔的全局意识和整体发展思路，实施大规模试点项目，采取区域整体规划与逐社分析相结合的方式，统筹当地优势资源，促进农牧经济发展。最后，联合社引导地区内同质合作社加强积极合作，并为各生产、销售合作社搭建销售信息平台，各成员社与联合社及联合社内龙头企业之间不存在强制收购协议，只为社员提供多元销售渠道信息，社员可自行选择销售途径（见图3-5）。除此之外，加入联合社的各合作社和企业产品，符合相应质量安全标准的，可使用供销社的品牌及销售渠道，增强了合作社产品的市场认同度。

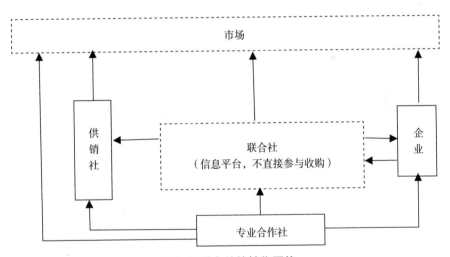

图3-5 联合社的销售网络

另外，"分"体现为农民专业合作社以及农民的分散经营。联合社不直接参与生产活动，但通过农民专业合作社与农民的分散生产，联合社获得了稳定的、多样化的农产品。目前，联合社销售的产品涵盖丹参、桑叶茶、中药材、桑葚酒等多个品类。对联合社而言，农民专业合作社与农民的分散经营，不仅满足了联合社多样化产业需求，而且还解决了联合社直接生产面临的多类别的高投入。这体现了"分"的作用。需要说明的是，在联合社的运行机制中，联合社采购收购通过农民专业合作社渠道实现，即农民专业合作社收购农产品再行转销给联合社，对农民而言，农民专业合作社还是"统"的主体。

（三）制度收益

联合社对合作社、合作社对农民的多重统分关系，通过横向一体化与纵向一体化实现规模经济与范围经济。

首先，"统"产生的规模经济。传统上，实现更高层次、更大规模的联合，有效应对市场竞争和风险，常被看作农民专业合作社联合社发展的重要贡献。通过成立联合社，不仅实现了区域内同业生产者的联合，更实现了不同地区同类合作社间的跨区域合作，实现了规模经济。青同镇农民专业合作社联合社成立后，一方面，协调引导每个村的同类合作社加强合作，共同面对原料及产品市场。联合社通过供销社网络，组织农资、日用品等经营企业向合作经济组织服务站开展连锁配送，年配送额达300万元，节约了合作社与农户的生产、生活成本；同时，组织合作社等农副产品经营实体，开辟农副产品进城市、进超市渠道，帮助销售农副产品800余吨。这种集中化的方式既解决了农户产品卖难的问题，也提高了市场销售价格，增加了合作社与社员福利。另一方面，整合供销社、企业及乡村能人的社会资源为成员社提供广阔的社会化服务平台，特别是引入当地龙头企业及农村能人，为联合社的发展提供技术、资金支持。联合社引导成员社开展技术创新、组织培训等，积极为社员提供产前、产中、产后全方位服务，引进新技术13项，推广新品种32个；举办培训班16期，培训经营大户、技术骨干500余人次，有力地促进了农村合作经济的发展。另外，联合社还沟通了龙头企业、合作社之间的关系，形成了内部熟人关系借贷网络，为合作社提供了资金支持。

其次，"分"形成的范围经济。联合社最大的特点是生产多元、产品多元，即发挥好了"分"的作用，通过合理规划利用当地不同的组织与资源要素，实现了范围经济。当两个或多个产品生产线联合在一个企业中生产比把它们独立分散在只生产一种产品的不同企业中更节约时，就存在范围经济（张仁华等，1997）。有学者将农业范围经济的来源归结为农业固定投入在空闲时的有效运用、农业可变成本的互补（即农业生产中可共享生产要素共同购置和统筹使用）、人力资产专用性低、信息共享节约交易成本以及农业品牌专用性（周镕基，2013）。青同镇农民专业合作社联合社成立后，协调各成员社及成员企业，在生产要素的统筹使用、人力资产的合理分配、信息平台的建设和品牌的使用方面均做出了积极努力并取得了一定成效，在生产成本、市场营销、技术推广、信息共享、抵御风险等方面体现了农业范围经济的优势。青同镇农民专业合作社联合社实现指导功能，发挥范围经济优势的一个独特而显著的特征是实现了区域内的循环经济。这一特征的实现主要依托学科种植专业合作社实施的生态示范园试点和依托多个养殖合作社开展养殖试点，即集中发挥了各个合作社分散经营的优势。

一是创建生态农业示范园。2011 年，联合社在海蛙村的学科种植专业合作社开展了连片示范园试点，规划利用 1000 亩土地形成集约化规模经营。为了能够尽快将规划的 1000 亩土地流转到一起，联合社指导学科种植合作社开展了土地入股试点。土地流转的方式分为以下两种：（1）社员土地入股。这类流转方式约占总流转面积的 60%。具体方式是：1000 亩规划区域内的社员土地入股后，前三年支付每年每亩500 元的保底收益，三年后根据土地入股的比例参与按股分红。开展试点后，社员不再以资金方式入股，合作社也不再开展原有的供销业务。（2）非社员租赁流转。在 1000 亩规划区域内的非社员土地，采取租赁方式实现流转，2011 年来的租赁费用分别为每年每亩 800 元、1000 元、1200 元。非社员以租赁形式转出土地后，只享受固定租金收益，不再享受合作社的额外分红。在联合社的协调下，合作社已成功流转了计划的全部土地。土地集中后，由联合社指导合作社统一规划经营，开展高效农业示范基地建设，规模化种植莲藕、蛋白桑、金叶榆树、金枝槐、薄皮核桃、四季果桑、中华寿桃等多种作物，并开展林下柴鸡及鱼塘养殖，形成了农业良种繁育、绿色果蔬采摘、生态养殖、科技示范、休闲养生的农业观光示范园。联合社优先雇用将土地入股合作社的合作社社员户，实现了土地入股社员的再就业。

二是充分利用各个合作社多样化生产的互补优势。2011年，联合社协调下邵村的5个养殖合作社和1个养殖企业开展了养殖废料再利用试点，资金由联合社提供。5个养殖合作社的废料和养殖企业产生的养殖粪便全部通过联合社的沼气工厂进行处理。养殖排泄物通过加工设备分离为沼气和沼渣液。沼气收集后通过管道输出至5个合作社和养殖企业，解决其发电、取暖问题；沼渣液则通过一系列技术进一步分离为沼液和沼渣，沼液用以生产有机农药，沼渣用于生产有机肥料。这些有机农业和有机肥将直接用于示范基地的种植生产中。如此一来，联合社既解决了传统农村沼气发电过程中的粪便原料不足问题，也为联合社进一步统筹实现循环经济的目标打下了基础。在上述两类试点的作用下，联合社充分利用养殖场粪污资源，实现了沼气和沼渣液的再利用，形成了"养殖—能源—废料—种植—加工"五环产业相结合的互补性生态循环经济（见图3-6）。联合社充分利用养殖合作社和企业产生的牲畜粪便，通过沼气工厂进行加工处理，一方面为养殖单位提供了电力能源，另一方面也为农业示范园提供了有机农业（沼液）与有机肥料（沼渣）。农业示范园区推广种植蛋白桑，为养殖合作社与企业提供饲料（蛋白桑）。2013年，农业示范园区示范种植蛋白桑150亩，分别在猪、牛、羊、鸡养殖场进行饲喂试验，在节约粮食、代替抗生素、疫病防治、改善肉蛋奶品质等方面取得了良好的效果。与此同时，联合社也在积极开发蛋白桑叶茶项目，进一步拓宽产品用途。

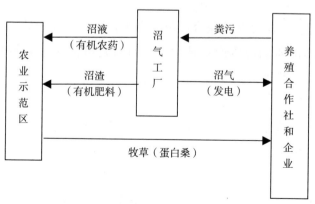

图3-6　联合社的生态农牧循环经济

结合循环农业思路，联合社还开展了以下一些方面的尝试：一是示范推广旱地莲藕种植，促进全镇特色农业的发展。引进了旱地节水沼液种植莲藕的新技术，示范种植莲藕100亩，亩产莲藕3000公斤，亩效益达万元，弥补了灵寿县生产水生蔬菜的空白，受益农户570户，预计生产商品莲藕3800吨，年产值1200万元，户均收入2.1万元。二是推广优质核桃种植，促进全镇林果产业的发展。联合社充分利用沼气工厂生产的沼液与沼渣，代替传统的农药、化肥，实施生态林果产业种植。2012年在农业庄园试种薄皮核桃130亩，2013年在全镇推广至3500亩，辐射带动农户2300余户。

青同镇农民专业合作社联合社将区域整体规划与逐社特征分析相结合，打造出循环经济的农业生产结构，实现了整体区域内的规模经济和范围经济。这是在当地的发展阶段和条件下，单纯依靠单一合作社、企业或政府力量无法达到的目标。在联合社目标得以实现的过程中，各农民专业合作社是联合与合作的根本基础，供销社为业务和试点的有效运行提供了重要的指导和服务，企业为规划和项目的实施提供了必要的资金、渠道和技术支持，政府为联合社的发展提供了良好的政策环境和制度保障。联合社有效运营和所取得的规模、范围成效源自于各成员间的优势互补，充分体现出了适宜的"统"与"分"关系的制度优势。

三　案例2：山东省临朐县志合奶牛专业合作社联合社

志合奶牛专业合作社联合社位于山东省潍坊市临朐县。临朐县是山东省最大的优质奶源生产基地之一，具有良好的奶牛养殖基础，2006年被中国奶业协会评为全国牛奶生产50强县。2010年成立的志合奶牛专业合作社联合社，是合作社为增强市场谈判力而进行的一次组织创新，它的成立过程是一次典型的诱致性制度变迁，充分体现了合作经营"统"的功效。

（一）发展背景与联合动因分析

与河北省灵寿县青同镇农民专业合作社联合社相类似，追求"统"

的收益是开展合作经营的根本动力。

1. 组织化潜在利润

通过联合的方式扩大经营规模，提升与农业企业的市场谈判能力是许多合作社选择联合的主要原因（苑鹏，2008）。临朐县志合奶牛专业合作社联合社成立前的组织化潜在利润也是如此。本节将以临朐县佳福奶牛养殖专业合作社为例进行具体介绍。佳福奶牛养殖专业合作社是联合社的主发起单位，成立于 2006 年 5 月。该合作社实行统一采购，统一管理，统一销售的"三统一"标准，获得了较好的经济效益，不到一年时间内合作社社员迅速发展到 100 多户。2009 年，佳福奶牛养殖专业合作社与某乳品企业达成销售协议，在销售环节实现了突破性进展。但是好景不长，2010 年起合作社在市场交易中遇到了两大难题。一是乳品企业凭借其市场垄断力量，压低合作社鲜奶收购价，价格比市场价低出 0.2 元 / 千克。以合作社的经营规模而言，每日鲜奶产量大约 3 吨，价格压低后平均每月利润损失达 18000 元。二是乳品企业恶意拖欠合作社奶款。在压低合作社奶价的同时，乳品企业每月拖欠合作社的奶款逾 20 万元，有时甚至连续拖欠两三个月的奶款，严重影响了奶农的生产经营活动，致使部分奶农对合作社丧失了信心。当年就有不少奶农提出要退出合作社，合作社陷入了解体的危机之中。

面对内忧外困的局面，合作社理事长秦某屡屡上门向乳品企业讨要奶款，但是乳品企业以诸如行业不景气等各种理由推托，对此秦某束手无策。倘若此时更换合作企业，合作社还将面临拖欠的奶款无法追回的风险，会造成严重的经济损失；如果不更换合作企业，将会继续被乳品企业恶意压低奶价与拖欠奶款，同样也会造成经济损失。合作社陷入了进退两难的尴尬局面。

2. 利益一致性与合作社组织诱致性创新

正在此时，秦某偶然打听到，与他们面临着相同困境的合作社不在少数，仅临朐县就有 7 家。于是，秦某萌发了一个念头——7 家合作社联合起来共同解决问题。同时，秦某通过网上搜索，发现不少地方已经有了合作社联合起来闯市场的先例了，这使秦某更加坚定了成立联合社的信心。经济学理论分析，在组织化潜在利润出现时，合作社能否成功地自发组建联合社的关键在于合作社能否有一致的利益。产品同质性的合作社群体，更有可能形成利益共同体。临朐县的 7 家奶牛合作社生产的产品几乎完全同质，面临着共同的市场，而且都面临乳品企业利益压榨的问题，具有集中的利益。这一点为他们组建联合社降低了谈判成本。这也是河北省灵寿县青同镇农民专业合作社联合社要基于供销合作社外部推动而成立，而临朐县志合奶牛专业合作社联合社能自发成立的差别（周振、孔祥智，2014）。

2010 年 7 月，佳福奶牛养殖专业合作社理事长秦某将其余 6 家合作社的理事长召集在了一起，共同商讨目前合作社面临的困境。7 家合作社一致认为，造成当前困境的原因就在于合作社的规模小、实力弱，没有形成规模经济。单个合作社的奶量不足以对乳品企业的奶源造成太大影响，乳品企业自然有恃无恐。在会上秦某提出了合作社联合起来，组建联合社共同对抗乳品企业的方案。这个方案一提出后，得到了所有合作社代表的一致同意。为此，他们还算了一笔账：一个合作社一天的产奶量在 2—3 吨，7 家合作社的产奶量加起来一天就是 17—18 吨。如果 7 家合作社联合起来，一同停止与该乳品企业的合作，势必会对该乳品企业的生产造成影响。因此，7 家合作社签字决定联合起来，抵制压价，讨要奶款。在会上，秦某当选为联合社的理事长。2010 年 8 月，在 7 家奶牛合作社的自我组织下，潍坊市志合奶牛专业合作社联合社正式在当地工商部门注册成立。

（二）运行机制

第一，联合社的股权结构。遗憾的是，联合社从成立至 2013 年 11 月 [①]，尚未建立起共有产权的股权结构。这 7 家奶牛合作社均未采取资金入股的方式组建联合社，而是通过"共同利益"或一致的利益维系着联合社的运作。

第二，决策机制。在决策机制上，联合社采取了"一社一票"的民主的表决方式，凡联合社的事务，均通过 7 个合作社开会讨论确定。

---

① 本书有关联合社的所有资料与信息，均是 2013 年 11 月笔者在联合社内调研所得。

第三，经营活动的"统"与"分"。联合社的经营活动可概括为"两个统一"。一是联合社统一购买农资或技术服务，并以原价向合作社进行提供。二是合作社产品统一由联合社组织销售（负责联络销售渠道，有别于合作社将产品销售给联合社），由联合社与企业进行产品定价，从过去的单兵作战转向如今的集团军行动。

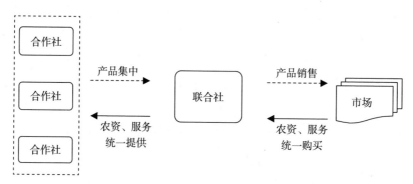

图3-7　志合奶牛专业合作社联合社运行机制

第四，分配机制。由于联合社还没有建立起共有产权，因此成型的分配机制在笔者调研前也尚未建立起来。各个合作社仅仅是在经营活动上采取多个"统一"的抱团方式，在财务上则相互独立。

（三）制度收益

通过联合社的组织创新，临朐县奶牛合作社走上了"统"的新路子，"统"的效益非常明显，诸多组织化潜在利润逐渐显现化（见图3-8）。

首先，组建联合社后，合作社的市场谈判力得到了提高，长期被拖欠的奶款问题得到解决。最典型的事件是，志合奶牛专业合作社联合社成立当天，就正式向乳品企业发出通知：鉴于该乳品企业一直以来对联合社成员社压低奶价、拖欠奶款，联合社集体决定，从明日起，停止向该乳品企业提供鲜奶。乳品企业接到通知后，大为紧张。当天晚上乳品企业的总经理就赶赴临朐，与联合社进行协商，最终达成了一致：一是拖欠7家合作社，共计120多万的奶款，第二天即刻发款；二是签订奶款协议，保证以后绝不拖欠奶款；三是提高奶价，与市场收购价格持平。合作社采取联合销售的措施，有力地打击了乳品企业的买方垄断力量，成功扭转了合作社以前被动接收买方收购条件的市场格局，提升了合作社与乳品企业的市场谈判能力。

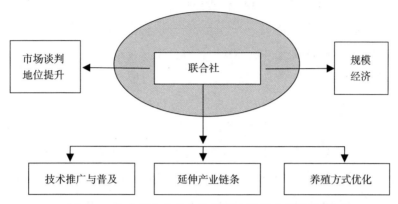

图3-8　志合奶牛专业合作社联合社潜在利润显现

其次，在农资购买方面，联合社采取统一购买的措施，产生了规模经济效应。联合社成立后，组成了较大的市场主体，在农资消费方面形成了规模。在与农资供应方的谈判中也占据主动地位，降低了农资购买成本。以奶牛养殖常用的苜蓿草为例。以前单个合作社采购苜蓿草时，到港口自提价为每吨3200元。而联合社成立以后，潍坊一家专门经营进口苜蓿草的公司主动上门，与联合社达成合作协议。联合社采购苜蓿草价格依旧是每吨3200元，但是公司提供免费送货上门服务。公司1车能载重35吨苜蓿草，平均每吨苜蓿草的运费在100元左右，仅1车苜蓿草就为合作社节省了3500元。

再者，通过整合优势资源，联合社统一向合作社提供技术普及与推广服务，提升了生产技术水平。联合社内部不乏养殖"高手"，他们的养殖能力、信息收集能力等都强于一般奶农。联合社充分利用这一优势，在内部多次举办养殖技术座谈会，开展交流、学习培训、现场观察等活动，及时为奶农提供科技养殖信息与技术等。此外，联合社还从外部引进先进生产技术。志合奶牛合作社联合社凭借自己的实力与影响力，与山东广播电视学校在临朐县共同创办了奶牛学校。奶牛学校任教的老师是来自科研院校的专家、教授。每一批学员都要经过两年的系统学习，经过考试合格后，还会获得由山东广播电视学校颁发正规的专业证书。奶牛学校创办以来，为联合社提供了雄厚的技术人才基础，提高了联合社奶牛养殖水平，保证了联合社的长远发展。同时，奶业学校的影响力也在不断扩大，学校中就有不少从内蒙古、四川等地慕名而来的学员。在联合社的带动下，临朐县的奶牛养殖技术水平得到了明显提升。从 2011 年起，在联合社的带动下，临朐县积极升级奶业生产方式，从粗放型养殖向集约型养殖转变，建立奶牛养殖基地，实施规模化、集约化、现代化的养殖方式。目前，联合社已经建立起多个标准化奶牛养殖基地，奶牛存栏量能力可达到 2 万多头。联合社的每一个社员都能享受到标准化养殖的服务，奶农还可以将自家奶牛送到养殖基地托管，由联合社工作人员代为管理。这种方式不仅降低了奶农的养殖成本，还提升了牛奶产量与质量，形成了良好的经济效益，促进了奶业增效与奶农增收。

最后，联合社还积极延伸产业链条，拓展了销售渠道。2012 年，联合社在临朐县开办了直销鲜奶吧。直销鲜奶吧不仅拓宽了联合社的产品销售渠道，而且为奶农增收开辟了新的路径。值得注意的是，直销鲜奶吧的成功试点，还为联合社创建品牌奠定了基础，提升了社员信心。2013 年始，联合社就已着手谋划品牌建设。

四 结论与启示

"统"的不足或"统"的主体缺失，是当前农村合作经营兴起的根本原因。河北省灵寿县青同镇农民专业合作社联合社与山东省临朐县志合奶牛专业合作社联合社的案例指出，合作经济组织的成立甚至更高级合作经济组织的制度创新，均源于当前农业生产"统"的不足的弊端，以及农民群体对"统"的潜在利润的追求。

具体而言：青同镇农民专业合作社联合社的成立，是当地农民及农民专业合作社、龙头企业、政府、供销社等利益主体对"统"的一致需求的必然结果。在其成立过程中，由于当地合作组织和龙头企业不具备牵头促成进一步合作的企业家才能，供销社发挥了关键的推动作用，成为联合社成立的重要牵头人。联合社成立后，充分协调发挥各类成员的优势，有效利用当地资源，实现了规模经济与范围经济双重经营绩效，体现了联合社这一合作经济组织"统"的功效。在山东省临朐县志合奶牛专业合作社联合社的诱致性制度变迁过程中，组织化潜在利润的出现是合作社诱致性制度变迁的内在动力，而联合社在某种程度上是合作社获取潜在利润的重要组织形式，即"统"的组织形式。

本节的研究结论蕴含了如下启示。第一，合作经济组织没有动摇家庭经营的农业基本经营体制，相反更加完善了农业基本经营体制。合作经济组织扮演着"统"的角色，缓解了当前我国农业生产中"分有余、统不足"的问题，是促进小农户与现代农业发展有机衔接的重要组织，理应成为农业政策支持的重点。第二，"抱团"经营的松散型合作经济组织，向"一体"经营的紧密型合作经济组织转变将成为未来我国农村合作经济组织发展的必然趋势。当前我国农民专业合作社数量百万之多，不可否认的是合作社在与其他市场主体相比，仍旧势单力薄，根本无法获得公平的竞争地位，通过志合奶牛专业合作社联合社的案例分析，促进合作经济组织之间的联合与合作应成为国家政策的重要取向。第三，青同镇农民专业合作社联合社的案例指出，合作经济组织的职能应突破传统的"几统一"服务，"统"的发挥空间较大。合作经济组织不仅可以实现同区域或跨区域的横向联合，成立专业型联合社，也可以充分发挥组织优势，整合区域各方优势资源，发挥规划指导功能，促进区域内循环经济、产业链建设和发展，发挥更高层次、更加多元的"统"的作用，成为推动当地农业现代化、产业化发展的重要力量。第四，公共组织在促进农民合作、联合，发挥"统"的职能具有较好的实践效果。青同镇农民专业合作社联合社的案例指出，成立合作社联合社虽是地方合作组织发展到一定阶段的共同愿望，但其成立往往需要有能力的牵头人领导推动，在一些地区，当地有声望的龙头企业或运营较为成熟的合作社可以充当牵头人的角色，但在区域内其他经营主体不具备这样的条件时，原有的供销体制可以充分利用组织、资源优势，发挥推动作用，本案例即给出了成功经验。

第三节　本章小结

农户分散经营与农业组织规模化服务，是农业经营体制创新的重要形式。其中，农业组织扮演着"统"的功能，缓解了当前我国农业生产遭遇的"统"的不足的问题，这是这种方式形成的关键。

一　缘起："统"不足与经营形式创新

本章选取了"公司＋农户"、合作经营两种经营方式，介绍了农户分散经营与农业组织规模化服务的具体表现形式，从"统"与"分"的关系视角，揭示出这两种经营方式形成的根源，及其具体创新形式。本节做如下归纳总结。伴随农村集体经济组织在农业经营"统"的职能弱化，农业生产强烈呼唤新的组织扮演"统"的角色，农户分散经营与农业组织规模化服务的统分关系应运而生。正如本书第二章所述，农业生产既需要"统"、又需要"分"，然而随着我国经济体制从计划经济向市场经济转型，传统履行农业生产"统"的职能的农村集体经济组织的功能逐渐弱化，越来越不能满足农户对农业生产"统"的需要，时代急需新的主体、新的形式弥补农业生产中"统"的缺位。这为"公司＋农户"、合作经营的形成创造了条件。

具体而言：在"公司＋农户"的案例中，温氏集团对农户的"统"，既缘于帮助农户解决肉鸡饲养物资购买、技术指导、产品销售等问题，也为公司探寻以委托农户养殖、实现低成本扩大养殖规模的新路子；石家庄华森生物科技有限公司对农户的"统"，起因是解决农户肉鸡饲养物资购买、技术指导、产品销售等问题，也为公司兽药等农资批量销售建立机制化渠道。在合作经营的案例中，河北省灵寿县青同镇农民专业合作社联合社对合作社、农民的"统"，一是既要解决农民致富门路少、经营规模小、抵御风险能力弱的问题，又要解决农民合作经济组织经营分散、管理不规范、组织化程度低、缺乏稳定销售渠道、市场交易地位劣势等问题，二是满足当地龙头企业获取稳定产品来源的需求；山东省临朐县志合奶牛专业合作社联合社对合作社、农民的"统"，缘于需要联合起来抵制企业恶性压价与拖延支付尾款。综上所述，无论是"公司＋农户"模式，还是合作经营模式，它们的兴起均迫切需要解决"统"的问题，即农业生产"统"的不足的问题。

表3-2　　　　　　　　　　本章案例"统"的缘起归纳

类别	案例	"统"的创新原因	概念化
公司＋农户	温氏集团	1. 解决农户肉鸡饲养物资购买、技术指导、产品销售等问题。 2. 委托农户养殖，实现轻资产扩大经营规模。	农业组织发挥"统"的作用，弥补农业经营"统"的缺位。
	石家庄华森生物科技有限公司	1. 解决农户肉鸡饲养物资购买、技术指导、产品销售等问题。 2. 为公司兽药等农资批量销售建立机制化渠道。	
合作经营	河北省灵寿县青同镇农民专业合作社联合社	1. 农民致富门路少、经营规模小、抵御风险能力弱；农民合作经济组织经营分散，管理不规范，组织化程度低，缺乏稳定的销售渠道，缺少自主品牌，资金实力不足，与龙头企业的竞争中处于劣势。 2. 当地龙头企业有成立联合社，以低成本获取稳定产品来源的内在需求。	
	山东省临朐县志合奶牛专业合作社联合社	需要联合起来抵制企业恶性压价与拖延支付尾款。	

二　实践："统"的形式与效果总结

从本章的四个案例看，农业组织"统"的形式比较多元。在"公司＋农户"形态中，温氏集团"统"的功能体现为生产关系的统一缔约、投入品的统一供给、技术的统一指导、产品的统一收购、产品的统一加工销售；石家庄华森生物科技有限公司"统"的功能与温氏集团相类似，即生产关系统一缔约，提供统一的养殖全流程生产服务。在合作经营形态中，河北省灵寿县青同镇农民专业合作社联合社"统"的作用较为多元，包括推进规模经营、建立统一的产品销售品牌、创建统一的产品品牌等；山东省临朐县志合奶牛专业合作社联合社"统"

的形式表现为生产资料的统一采购，与产品的统一销售。

表 3-3 　　　　　　　　　　　本章案例"统"的表现形式

类别	案例	"统"的具体形式
公司＋农户	温氏集团	生产关系的统一缔约、投入品的统一供给、技术的统一指导、产品的统一收购、产品的统一加工销售。
	石家庄华森生物科技有限公司	生产关系统一缔约；公司依托合作社，采取"合作社＋农户"一条龙式放养、回收的方式，为养殖户全程提供饲养管理、技术指导服务和全面的市场信息，即统一向养殖户提供生产服务。
合作经营	河北省灵寿县青同镇农民专业合作社联合社	1. 联合社发挥组织、协调优势妥善处理联合社各成员间的利益关系，尤其是在土地流转过程中充当调节人的作用，促进了规模经营； 2. 联合社实施大规模试点项目，采取区域整体规划与逐社分析相结合的方式，统筹当地优势资源，促进农牧经济发展； 3. 联合社搭建销售信息平台；加入联合社的各合作社和企业产品，符合相应质量安全标准的，可使用供销社的品牌及销售渠道，增强了合作社产品的市场认同度。
	山东省临朐县志合奶牛专业合作社联合社	1. 联合社统一购买农资或技术服务，并以原价向合作社进行提供。 2. 合作社产品统一由联合社组织销售（负责联络销售渠道，有别于合作社将产品销售给联合社），由联合社与企业进行产品定价，从过去的单兵作战转向如今的集团军行动。

　　从多个案例看，农业组织"统"的形式起到了较好的效果。温氏集团的案例显示，公司提供的"统"的生产服务，节约了大量农户单独闯市场的交易费用，既促进了养殖户稳定增收，也促进了公司获取较好的经济效益，同时还塑造了新型的生产关系，即促进了小农户生产与现代农业发展的有机衔接；石家庄华森生物科技有限公司产生了与温氏集团类似的效果，同时还促进了公司快速成长。河北省灵寿县青同镇农民专业合作社联合社的案例显示，"统"在生产资料成本节约、生产技术水平提升、产品销售价格提高等方面，发挥了较好的规模经济效应，同时也构建了生态循环经济产业链，产生了范围经济效应。山东省临朐县志合奶牛专业合作社联合社"统"的作用体现在，农资统一购买成本的节约，奶牛养殖技术水平提升，产品统一销售价格的提

高与尾款拖欠问题的解决，以及产业链条延伸。

表3-4　　　　　　　　本章案例"统"的主要效果

类别	案例	"统"的主要效果
公司＋农户	温氏集团	1. 农户通过"公司＋农户"产业化经营节省了大量的市场交易费用； 2. 公司通过"公司＋农户"产业化经营也获得了巨大的效益； 3. 塑造了新型生产关系。
	石家庄华森生物科技有限公司	1. 农户获得了稳定的收入； 2. 提高了公司（合作社）的盈利能力； 3. 促进了合作社从小规模到大规模、合作社到联合社、产业链条延伸等三个方面的成长。
合作经营	河北省灵寿县青同镇农民专业合作社联合社	1. "统"产生的规模经济：生产资料成本节约、生产技术水平提升、产品销售价格提高等； 2. "统"产生的范围经济：建立了生态循环经济产业链。
	山东省临朐县志合奶牛专业合作社联合社	1. 合作社的市场谈判力得到了提高，长期被拖欠的奶款问题得到解决； 2. 联合社采取统一购买的措施，产生了规模经济效应，节约生产成本； 3. 联合社统一向合作社提供技术普及与推广服务，提升了生产技术水平； 4. 延伸产业链条，拓展了销售渠道。

三　启示：未来政策着力方向

本章的研究结论蕴含着如下政策启示。第一，农业组织能够发挥"统"的作用，弥补传统农村集体经济组织"统"的职能弱化的缺憾。因此，促进农业企业、合作社等农业组织发展理应成为完善农业基本经营体制的重要抓手。第二，为更好促进农业组织"统"的职能发挥，农业政策要聚焦农业企业、合作社等面临的共性发展问题，促进这些农业组织更好地推动小农户和现代农业发展有机衔接。第三，需要说明的是，"统"的效果虽然非常明显，但是并不代表"统"的越多越好，如温氏集团与石家庄华森生物科技有限公司依靠农户分散养殖获取稳定的产品，解决了企业规模生产面临的投入大、风险高等问题，再次体现了农业经营适度"统"与"分"的辩证关系，关于这一点本书将反复论述。

本章参考文献

Davis L. E., North Douglass C., *Institutional Change and American Economic Growth*, Cambridge University Press, 1971.

Lin J. Y., "An Economic Theory of Institutional Change: Induced and Imposed Change", *Cato Journal*, Vol. 9, No.1, 1989.

North, D., *Structure and Change in Economic History*, New York: W. W. Norton & Company Inc., 1981.

奥尔森：《集体行动的逻辑》，上海三联书店 1995 年版。

陈晓华：《总结经验，明确任务，促进农民专业合作社又好又快发展——在全国农民专业合作社经验交流会上的讲话》，《中国农民合作社》2010 年第 10 期。

陈泽伦：《走进温氏》，机械工业出版社 2011 年版。

邓衡山、徐志刚、黄季焜等：《组织化潜在利润对农民专业合作组织形成发展的影响》，《经济学（季刊）》2011 年第 4 期。

杜吟棠：《"公司＋农户"模式初探——兼论其合理性与局限性》，《中国农村观察》2002 年第 1 期。

傅晨：《"公司＋农户"产业化经营的成功所在——基于广东温氏集团的案例研究》，《中国农村经济》2000 年第 2 期。

高阔、甘筱青：《"公司＋农户"模式：一个文献综述 (1986—2011)》，《经济问题探索》2012 年第 2 期。

胡冉迪：《当前我国农民专业合作社创新发展问题与对策研究》，《农业经济问题》2012 年第 11 期。

黄祖辉：《农民合作：必然性、变革态势与启示》，《中国农村经济》2000 年第 8 期。

蒋伯英：《构筑农民走向大市场的桥梁——供销社探索"公司＋农户"路子的调查》，《农村经济》1994 年第 7 期。

蒋晓妍：《国外农民合作社联合社的制度设计及对我国的启示》，《北方经济》2010 年第 6 期。

科斯等：《财产权利与制度变迁》，上海人民出版社 2004 年版。

孔祥智等：《中国农民专业合作社运行机制与社会效应研究——百社千户调查》，中国农业出版社 2012 年版。

李功勋、高子云、刘光生、李兴山、杜冠章、王连华：《农业走向市场的成功之路——河南省"公司＋农户"情况的调查》，《中国农村经济》1994 年第 7 期。

刘芳、钱忠好、郭忠兴：《外部利润、同意一致性与昆山富民合作社制度创新——昆山富民合作社制度创新的制度经济学解析》，《农业经济问题》2006 年第 12 期。

刘凤芹：《不完全合约与履约障碍——以订单农业为例》，《经济研究》2003 年第 4 期。

米运生、罗必良：《契约资本非对称性、交易形式反串与价值链的收益分配：以"公司＋农户"的温氏模式为例》，《中国农村经济》2009 年第 8 期。

牛若峰：《论市场经济与农民自由联合》，《中国农村经济》1998 年第 7 期。

青木昌彦：《比较制度分析》，上海远东出版社 2001 年版。

生秀东：《订单农业的契约困境和组织形式的演进》，《中国农村经济》2007 年第 12 期。

孙敬水：《试论订单农业的运行风险及防范机制》，《农业经济问题》2003 年第 8 期。

唐宗焜：《合作社真谛》，知识产权出版社 2012 年版。

涂圣伟：《工商资本下乡的适宜领域及其困境摆脱》，《改革》2014 年第 9 期。

万宝瑞：《关于农民专业合作社当前急需关注的几个问题》，《农业经济问题》2010 年第 10 期。

徐恩波、刘卫锋：《"公司＋农户"的理论基础及运行机制》，《中国农村经济》1995 年第 11 期。

苑鹏：《农民专业合作社联合社发展的探析——以北京市密云县奶牛合作联社为例》，《中国农村经济》2008年第8期。

张娟：《农民专业合作社联合社的变迁路径》，《农村经济》2012年第11期。

张仁华、黎志成、张金隆：《范围经济与纵向一体化》，《管理工程学报》1997年第4期。

周镕基、杨丽华、皮修平：《多功能理念引领下农业规模经济与范围经济之实现》，《学术交流》2013年第7期。

周振、孔祥智：《组织化潜在利润、谈判成本与农民专业合作社的联合——两种类型联合社的制度生成路径研究》，《江淮论坛》2014年第4期。

周振：《工商资本参与乡村振兴"跑路烂尾"之谜：基于要素配置的研究视角》，《中国农村观察》2020年第2期。

朱启臻：《联合社的作用远非经济——以黑龙江省讷河市大豆合作社联合社为例》，《中国农民合作社》2012年第4期。

第四章

探索创新Ⅱ：
农户委托经营与农业组织规模化服务

农户委托经营与农业组织规模化服务的统分关系中，农户较少参与生产过程甚至不参与生产，仅提出生产要求，生产全程委托给农业组织代理。与土地流转不同的是，这种模式中农户不流出土地，生产决策权仍在农户，仅仅是将农业生产服务外包给农业服务组织；但是与第三章的经营方式相比，农户直接参与生产明显变少，土地托管服务，如土地全托是此类形态的代表。大量的研究指出，此种方式不仅能将小农户和现代农业发展有机衔接，而且还是以服务规模化实现经营规模化的重要方式（国务院发展研究中心农村部，2015；孔祥智，2017），对提升我国农业竞争力、促进农业转型升级具有重大意义。这种经营方式蕴含着丰富的统分结合内涵，是我国农业基本经营体制完善与创新的重要形式。

第一节 农业组织规模化服务兴起背景

农户委托经营与农业组织规模化服务，这种模式近年发展较快。以土地托管为例，截至 2018 年，全国从事农业生产托管的服务组织共有36.9 万个，农业生产托管面积达 13.57 亿亩次（《农村经营管理》评论员，2019）。那么，为什么这种统分结合的经营形式会在近几年兴起呢，并且一度成为我国农业政策支持的重要方向呢？结合笔者实地调研与相关文献研究，本书认为至少起源于以下四个因素。

一 农民对农业生产性服务有需求

进入 21 世纪以来，随着城镇经济的快速的发展，农村劳动力大量向城镇转移，农业就业人员数量锐减。据国家统计局《全国农民工监测调查报告》显示，2018年农民工总量为2.88万人，比上年增加184万人，增长0.6%，相比2003年增加1.77亿人，15年来年均增长6.6%。同时期，农村就业人员数量大幅度减少。据国家统计局统计，2012年全国乡村就业人员3.41亿人，比2003年减少1.34亿人，年均减少2.2%。图4-1描绘了1995—2012年全国农林牧渔业从业人员的数量变化图，从图中可知，自1999年以来，全国农林牧渔业从业人员数量逐年降低，年均减少1.50%。当前，我国城镇化进入了质量提升的下半场，2019年全国人口城镇化率达到60.6%，与西方发达国家相比，我国人口城镇化还远未完成，未来还将会有大量的人口进城，农村劳动力仍将继续减少。有学者还指出，中国劳动力刘易斯拐点已经到来了（蔡昉，2008、2010），刘易斯拐点到来后农村剩余劳动力将大幅度减少、劳动力不再无限供给，农产品生产即将面临严峻的挑战（蔡昉、王美艳，2007）。

（万人）

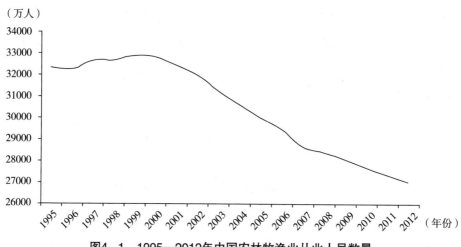

图4-1　1995—2012年中国农林牧渔业从业人员数量

数据来源：国家统计局。2012年后的数据国家统计局官网不再公布。

伴随农村劳动力转移，我国农业生产呈现老龄化、妇女化特征，农民对农业生产性服务逐渐增多。《第三次全国农业普查主要数据公报》显示，2016年全国农业从业人员中年龄55岁及以上的占比33.6%，年龄35岁及以下的占比不到20%，女性占比达47.5%。这对我国农业生产带来了挑战。有研究指出，优质劳动力的转移不仅增加了农户退出农业的可能性，而且也可能会降低农业产出的增长（陈锡文等，2011；王跃梅等，2013；盖庆恩等，2014）。"谁来种地"的问题变得越来越迫切（张红宇，2011；姜长云，2014；黄季焜、靳少泽，2015）。同时，面对繁重的农业生产经营活动，那些留在农村的老年人口、女性农民，对农业生产性服务的需求越来越旺、要求越来越高。这些因素叠加为农业组织发展农业生产性服务业创造了较大的市场空间。

二 农民购买农业生产性服务有能力

随着城乡经济社会发展，特别是城乡劳动力工资差异驱使，我国农户逐步分化，呈现由纯农户向兼业户、非农户转变。据张琛等（2019）研究测算，2003—2016年，农户家庭对农业劳动和非农劳动的时间配置呈现出农业劳动时间占比逐年下降和非农劳动时间占比逐年提升的趋势。具体来说，2003—2016年农户家庭从事农业劳动的时间从2003年的44.06%下降到2016年的29.81%，降低了14.25个百分点，而非农工作时间则呈现出快速上升的趋势，由2003年的55.94%增加到2016年的70.19%。2016年农户家庭的平均农业劳动时间为68.84天，较2003年的100.90天，下降了46.57%。2016年农户家庭的平均非农劳动时间为162.11天，较2003年增加了34.02天，增加了26.56%。

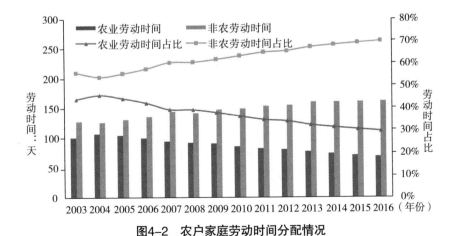

图4-2 农户家庭劳动时间分配情况

数据来源：张琛、彭超、孔祥智：《农户分化的演化逻辑、历史演变与未来展望》，《改革》2019年第2期，第5-16页。

随着农户非农就业时间比例的不断增加，工资性收入逐步成为农户家庭收入占比中最大的一部分。2003—2018 年，工资性收入占农民收入的比重从 34.1% 增加到 41.0%，成为带动农民收入增长的主动力。伴随农民工资性收入增加、可支配收入增长，农民购买农业生产性服务的能力逐渐增强。特别是，工资性收入占比增加，农民从事农业生产的机会成本也逐渐增加，从优化配置劳动时间考量，农民更加愿意选择购买农业生产性服务，而不是投入更多的农业经营时间。

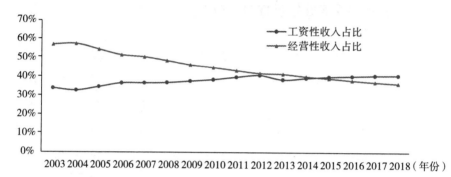

图4-3　2003—2018年农民工资性与经营性收入结构变化

数据来源：国家统计局官网。其中，2013年及以后为可支配收入，其余为纯收入。

三　农业组织提供规模化服务有条件

市场需求是农业组织提供规模化服务的基础，但规模化服务兴起还需要依赖技术条件的支撑。近年来，伴随我国农机购置补贴政策实施以及农民收入水平上升，我国农业机械化水平得到了明显提升，为农业组织提供规模化服务创造了技术条件。农机总动力从 2003 年的 6.05 亿千瓦时增加到 2018 年的 10.04 亿千瓦时，主要农作物耕种收综合机械化率从 32% 提升到 67%，小麦、水稻、玉米三大粮食作物耕种收综合机械化率均已超过 80%，基本实现了机械化。过去依靠"面朝黄土背朝天"繁重体力劳动的农业劳作方式发生了根本性改变。特别是，伴随农业物联网、无人机等智能化设施在农业领域的推广适用，农业生产效率与效益得到同步提升。凭借这些先进机械与技术手段，农业组织向广大农民提供规模化农业生产服务完全有条件。

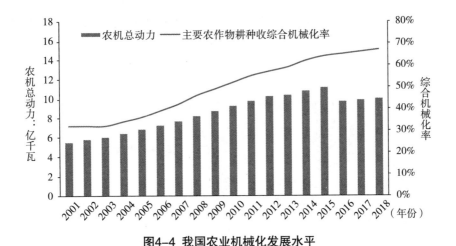

图4-4 我国农业机械化发展水平

数据来源：历年《全国农业机械化统计年报》。

四 农业组织开展规模化服务有效益

从商业模式看，农业组织开展规模化服务比较效益高、可持续性强。为充分展示这一点，本节采取与土地流转、规模经营的方式进行比较分析。本书第二章谈到，农业组织流转土地的规模经营也是当前农业经营体制创新的重要形式。但是，伴随我国农村土地流转成本上升、农业劳动成本增长、国内主要农产品价格"弱增长"等因素叠加影响，流转土地规模经营的生产方式效益逐渐下滑。如，三种粮食每亩总成本从2004年的395.45元增加到2018年的1093.77元，三种粮食每亩总产值近年呈走低趋势，如从2014年到2018年每亩总产值由1193.35元下降到1008.18元，总体上2004—2018年三种粮食每亩利润逐年缩小，其中2016—2018年利润甚至为负值。由于三种粮食总成本既涵盖了每亩土地成本，也包括了劳动成本，相比一家一户的小农户生产，流转土地规模经营时土地成本、劳动成本等被"显化"，即从小农户生产时的机会成本转变成规模经营的会计成本，从调研看多数流转土地规模经营呈现亏损状态。相反，不流转土地，以规模化服务开展规模经营的，由于不用支付土地成本，即使在2014—2018年三种粮食产值走低的年份内，规模化服务仍然是有利润、有效益的。即相比流转土地的规模经营方式，规模服务的规模经营形式因商业成本较低，更具有比较效益。

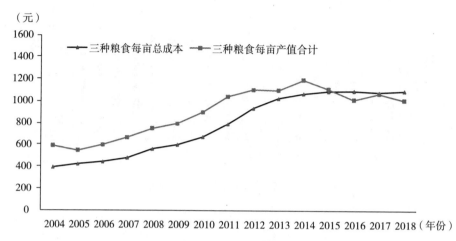

（元）

图4-5 2004—2018年我国三种粮食每亩生产成本与收益

数据来源：历年《全国农产品成本收益资料汇编》。

第二节 统分结合创新与农民合作社服务规模化

本节将以河南省荥阳市新田地农民合作社为例，从"统"与"分"的关系，研究统分结合在农户委托经营、农业组织规模化服务，即农业规模经营中的意义。河南省荥阳市新田地农民合作社的经营方式是农户委托经营、农业组织规模化服务的典范。本节基于合作社的实践，从合作社组织结构和制度设计的角度，揭示了该合作社何以在当前"地价上升、粮价低迷"时期仍能保持经营规模不缩减、经营绩效不下滑的内在机制。研究结论表明，合作社成功的关键经验是处理好了"统"与"分"的关系，探索出一种与传统农业经营方式不同的统分结合新形式，再次验证了处理好"统"与"分"的关系对农业经营的重大意义。

一 引言

农业规模经济一直以来都是中国农业政策高度关注的目标。大量的理论研究与实践经验证明，适度规模经营是发展现代农业的必由之路，既有利于优化土地资源配置和提高劳动生产率，又有利于保障粮食安全和主要农产品供给，还有利于促进农业增效、农民增收（Chen et al.，2009；曹东勃，2013；Yang et al.，2014；李文明等，2015）。从新中国成立以来的农业发展史来看，我国农业规模经营大致经历了三个阶段。第一阶段是 20 世纪 50 年代至 80 年代初举国体制下大规模的集体经营时期。但这一时期的农业经营方式最终因生产效率低下等原因不得不终止探索。第二阶段是 20 世纪 80 年代至 21 世纪初的家庭经营为基础的转型发展期。虽然家庭经营在当时特定历史条件下发挥了重要作用，但是经营规模过小带来的资源要素配置效率不高、生产对价格信号反应不灵敏的弊端逐步凸显。事实上，中共中央早在 1984 年的"中央一号文件"里明确指出"鼓励土地逐步向种田能手集中"，但直到2003 年，流转土地面积占家庭承包经营总面积的比重还不到 3%。第三阶段是 2004 年以来的以土地流转为主导的农业适度规模经营提升阶段。尤其是 2007 年全国人民代表大会出台《物权法》和 2008 年中共十七届三中全会提出"赋予农民更加充分而有保障的土地承包经营权，现有土地承包关系要保持稳定并长久不变"之后，极大地推进了土地流转和农业规模化经营。自 2009 年起，土地流转面积占家庭承包经营总面积的比重每年增长超过十个百分点。截至 2016 年底，全国土地流转面积达到了 35.1%，流转面积达到 4.79 亿亩，经过土地流转后形成的经营规模为 30 亩以上的农户为 1052.1 万户。[①] 这一阶段，适度规模经营水平相比 90 年代有了较大改观，并通过土地流转探索出了一条在家庭承包经营基础上迈向适度规模经营的新道路。大量的文献对此种方式评价极高，认为这是在保持农业基本经营制度不变前提下，中国农业走向规模化经营的有效途径（Kalirajan and Huang，1996；陈锡文、韩俊，2002；张红宇等，2015；赵鲲、刘磊，2016）。

但是，当前以土地流转推进适度规模经营的方式正面临着国内生产成本上升与全球农产品价格下跌的双重挑战。据《全国农产品成本收益统计资料》的数据显示，2011 年至 2015 年，稻谷、小麦、玉米三

---

① 数据来源于搜土地网 http://www.soutudi.so/news-15540-63-view.htm。

种主要粮食每亩平均总成本由 791.16 元上升到 1090.04 元，按可比较价计算增长了 26.5%，尤其是土地成本增长了 41.7%，增长速度位于各项投入之首，成为成本快速上涨的主引擎；同期，全球稻米、小麦、玉米三大谷物价格分别下降 34.27%、40.11% 和 44.50%[①]。生产成本与经营收益的"一升一降"，导致农业经营利润快速下降，全国不少地区已出现了规模经营"开倒车"的现象（王建等，2016；高强，2017）。如秦风明、李宏斌（2015）在山西的调研发现，长治、晋城等地出现了多起"毁约弃耕"事件，土地流入方因经营压力上升，单方面解除合同，强行退回耕地。课题组在黑龙江省克山县的调查也发现了类似现象，因玉米价格低迷以及地租成本居高不下，大量的农机合作社减少了种植规模，单方面与农户撕毁土地流转合约。可见，在粮价下跌与地价居高的双重冲击下，仅依靠流转土地推进农业规模化经营的方式逐渐陷入了困境，建立在地租成本之上的农业现代化模式受到学者质疑（党国英，2016；联办财经研究院课题组，2017；胡凌啸，2018）。

针对这一趋势，我国官方政策也在"悄悄起变化"（钟真，2019）：继 2016 年"中央一号文件"提出要发展多种形式的适度规模经营之后，2017 年"中央一号文件"进一步把服务带动型适度规模经营也提高到了与土地流转型适度规模经营同等重要的地位；此后，党的十九大报告、2018 年和 2019 年"中央一号文件"以及《关于促进小农户和现代农业发展有机衔接的意见》等多个高级别政策文件均对如何推进土地流转型、服务带动型等多种形式的适度规模经营做出了部署。但在最近几年各地实践中，不同于土地流转型适度规模经营的成功案例尚不多见。本文研究对象——成立于 2011 年的河南省荥阳市新田地种植专业合作社（以下简称"新田地合作社"）所开展的农业适度规模经营模式表现出了与众不同的地方。首先是经营规模持续扩大，经营规模已从 2011 年的 200 亩增加到 2016 年的 5 万多亩；其次是在 2016 年东北"玉米贱卖"与华北"小麦难卖"时期，合作社产品不但供不应求而且价格普遍高出市场价格 0.1—0.2 元 / 斤。那么，为何在大量新型农业经营主体经营

---

① 数据来源于国际货币基金组织 http://www.imf.org/external/index.htm。

规模缩减背景下，新田地合作社经营规模反而逆势而上呢？为何在全球农产品低价周期内，合作社产品反而供不应求，并且价格普遍高于市场价呢？与当前国内多数新型农业经营主体规模经营方式相比，新田地合作社究竟采取了哪些特殊的制度安排，或者在规模化经营中把握了哪些关键因素？与本文反复强调的"统"与"分"的关系有何联系？为此，本文将从新田地合作社在推进适度规模经营中的内在机制进行深入剖析。

二　资料收集与案例介绍

（一）资料收集

为获得充分的研究资料，课题组对合作社开展了三次细致的调查研究。第一次是 2016 年 6 月，课题组借助合作社理事长在国家行政学院参会期间与之进行了长达四个小时面对面的深度访谈。通过这次访谈，课题组了解了合作社的发展历程，梳理出了合作社的成员组织结构、股权分布结构、主要经营业务和近年经营业绩，并对合作社的发展经历和运行机制有了初步的框架性了解。第二次是 2016 年 9 月，课题组赴河南省荥阳市对新田地合作社进行了实地考察。在考察中，我们与合作社理事长和其他四名理事会成员进行了长达五个小时的半结构化访谈，重点询问了合作社系列制度选择的背景与原因，了解合作社各项机制的运行细节；重点关注了合作社经营绩效的来源，以及经营绩效与合作社制度的关联度；同时，还比较了合作社与普通农户各自经营的成本收益。更为关键的是，我们还考察了合作社机械服务、粮食烘干等具体服务环节。通过这次实地调研，我们不仅对合作社的组织结构、制度安排以及经营绩效有了全面的、系统性的认识，而且也获得了合作社规模化经营的感性认识。第三次是 2017 年 5 月，课题组再次赴新田地合作社进行实地考察。此次考察主要是为获得合作社农业生产性服务的细节资料。在考察中，我们与合作社理事长、监事长、3 名农业生产要素车间主任、1 名播种肥农机手和 10 余名合作社社员进行了长达 6 个小时的半结构化访谈，又到合作社成员比较集中的后侯村进行了实地考察。其间，我们全面了解了合作社生产性服务机制以及合作社带动农民增收的作用。三次调研访谈，课题组共形成了近25000字的访谈记录。

除访谈资料外，我们还收集了河南省、郑州市两级农业部门对新田地合作社做出的总结材料及相关媒体材料。这些材料较为详尽地介绍了新田地合作社经营方式的变迁过程，也总结了新田地合作社农业生产性服务情况，这为本书提供了较好的素材支撑。

（二）案例介绍

1.合作社主营业务

与多数新型农业经营主体规模化经营方式不同的是，新田地合作社并没有成片流转农户土地进行统一经营，而是向农户提供农业生产性服务。这些服务主要包括粮食生产服务与粮食流通销售两项业务（见图4-6）。

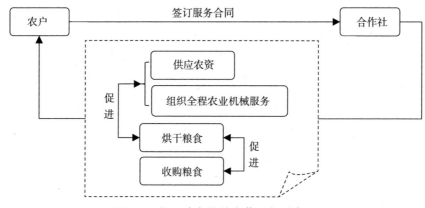

图4-6　新田地合作社主营业务示意图

在粮食生产服务上，合作社提供涵盖农资供应、耕、种、植保、收全程农业生产性服务。具体流程与环节如下：（1）签订服务合同。为确保服务的稳定性与规模，年初合作社与农户签订服务合同，确定服务种植面积、种植品种以及服务价格。一般而言，合作社服务对象都是与合作社签订服务合同的农户。（2）农资供应。服务合同规定，合作社服务对象必须使用合作社统一提供的种子（强筋小麦和胶质玉米）、化肥和农药等农资产品。为保证产品品质，合作社向众多小麦科研专家、教授请教如何选取优质麦品种，目前合作社已和河南省农科院、新乡市农科院形成了稳定的合作关系，稳定了优质种源。值得一提的是，为了进一步保障种子质量，合作社还流转了800亩土地用作试验，一方面试验种子实际效果，另一方面也能在农户群体内产生示范效应。在农资选择上，合作社与一线品牌企业如红太阳集团、洋丰、史丹利等建立了合作关系，这些企业为合作社提供农资施用技术指导服务，保障了农资品质。为提高优质种子推广力度，合作社每年轮流在不同的村庄免费提供种子，每年免费提供种子量大约能覆盖1000亩地。（3）耕、种、植保、收全程农业机械服务。合作社为农户组织全程农业机械服务，如联系农机服务组织或个人为农户开展生产服务，同时居中协调服务价格，但不参与农业机械服务的分红与提成。

在粮食流通销售上，合作社经营粮食烘干与粮食收购销售两项关联业务。（1）粮食烘干。由于黄淮海地区小麦、玉米收割时水分较高，若不及时去除水分，容易产生大量黄曲霉素，不仅会降低粮食品质、削弱销售价格，而且也不利于健康食用。当前荥阳地区农户普遍缺少粮食晾晒场，粮食烘干成为收获后影响销售的最重要问题。为此，合作社投资建设了粮食烘干塔，一方面，能促进粮食销售，丰富合作社业务；另一方面，还能促进农业生产性服务业的拓展，即通过粮食烘干服务让更多农户知晓合作社主营业务，并吸引农户参与购买合作社农业生产性服务。为更好地促进农业生产性服务与粮食烘干购销业务的相互促进，合作社构建了不同业务相互配套的产业布局，即哪里收获粮食，就在哪里配套粮食烘干塔，并建造粮食流通销售仓库。截至2017年5月底，合作社共投资建成烘干塔10座，日烘干能力700吨。目前，合作社烘干业务正在从粮食烘干向油菜籽等其他产品延伸。（2）粮食收购与销售。在次序上，粮食收购业务列于烘干之后，即合作社收购农户烘干后的粮食。烘干、销售业务的纵向一体化，既为农户提供了售粮的便利，又延伸了合作社服务链。合作社收购农户粮食时，按照国家标准控制水分，以当天价格进行结算。当天价格根据合作社附属10个收粮点的平均价格核算，一般而言合作社收购小麦的价格高出平均价格 0.07 元 / 斤，玉米价格为平均价格。

2. 合作社运行机制

首先，在组织成员结构上，合作社组建了分层制组织结构。合作社组织成员结构分为核心成员、普通成员、社员三部分。其中，核心成员为 6 名发起人，发起人在合作社共出资 40 万元；合作社成立之初普通成员 203 名，普通成员按 1000 元 / 股入股合作社，最高不超过 5 股，2011年普通成员合计入股 60 万元。社员是与合作社签订服务合同的农户，社员在合作社不入股，2017 年 5 月合作社社员人数达到 1.9 万人（见表4-1）。

表 4-1　　　　2011—2017 年新田地种植专业合作社组织成员结构　　　单位：人

年份	核心成员数量（合作社发起人）	普通成员数量（资金入股者）	社员数量（合作社服务的农户）
2011	6	14	—
2012	6	197	—
2013	6	197	—
2014	6	197	6000
2015	6	197	12000
2016	6	197	12000
2017	6	180	19000

注：由于合作社建立了核心成员与普通成员共同参与的决策机制（见下文），合作社控制权较为分散。为提高决策效率以及提升决策权集中度，合作社通过"要求普通成员追加投资，否则退社"的方式主动减少普通成员数量。调研中，合作社介绍到未来的趋势是普通成员数量进一步减少，社员数量继续增加。由于本文的重点不是讨论合作社决策权问题，为此此处不做过多讨论，但可作为后续一个研究点。

其次，在业务决策上，合作社建立了核心成员、普通成员共同参与的决策机制。合作社的重大决策，如追加入股资金、向银行融资贷款、建造粮食烘干塔等高价值固定资产投资事项，由合作社核心成员、普通成员组成的成员代表大会决议，成员代表大会 2/3 人员同意后决策生效。其中，成员代表大会人员从核心成员与普通成员中推选产生，合作社服务对象即社员不参与成员代表大会。每 10 位成员（专指核心成员与普通成员）中产生一个成员大会代表。重大决策如融资贷款决策要求更为严格，合作社规定凡超过100万元金额的投资必须召开成员代表大会讨论，并且还要求所有入股成员均同意并签字后决策才能生效。这种决策机制建立了核心成员与普通成员相互约束的机制，据调查至合作社成立以来成员代表大会已两次否决过理事会提议。值得关注的是，合作社在重大决策上并没有采用"按股决策"的机制，而是构建出了体现"一人一票"的民主决策机制。不过，一般日常决策则由合作社核心成员或理事会成员共同商议决定。

再者，在为农服务上，合作社成立了生产要素车间。随着合作社社员数量与服务土地面积的同步快速增加，为保证合作社服务质量与效率，合作社采取"化整为零"的思路，于2014年创立了以村社为单位的农业生产要素车间。生产要素车间是合作社为农民服务的具体执行者。生产要素车间由一名主任和几名成员组成，车间主任一般是本村社农民。生产要素车间负责统一调配辖区内的农药、肥料、种子等农资供应，监督管理农药、化肥的使用，严防禁止使用药物和有毒有害物质在生产环节内的使用，并开展产品质量追溯、产品标识等农产品质量监管服务。

最后，在盈余分配上，合作社建立了覆盖核心成员—普通成员的多形式分配方式。根据合作社业务特征，合作社建立了两套盈余分配方式。第一种是围绕农资销售差价、粮食烘干服务、粮食收购销售三种利润之和的分配方式，盈余仅在核心成员与普通成员（即在合作社出资入股的成员）之间进行分配。其中，向合作社出售粮食的交易量占可分配盈余的40%，投资额占可分配盈余的20%，盈余剩余40%作为合作社公积金。第二种是围绕粮食贸易的分配方式，粮食贸易是合作社外向型业务，粮食收购对象既不是合作社入股成员，也不是合作社服务社员，而是合作社对外的组织或个人。粮食贸易盈余的分配方式是，首先是核心成员、普通成员各分配盈余的50%；其次是各群体内按个体出资额分配盈余。不过，为了积累合作社发展资金，合作社规定至合作社成立6年内，盈余仅量化到核心成员与普通成员的个人账户，尚不立即分配。

3.合作社经营绩效

近七年时间里，新田地合作社经营绩效逐步凸显，在经营规模、带动农民增收、示范辐射上取得了突出成效。

首先，合作社经营规模持续扩张，通过服务规模化探索出农业经营规模化的新道路。从服务面积看，新田地合作社经营规模增长迅速，已从2011年的200亩增加到2016年的51000亩，近年来经营规模均稳步维持在5万亩以上（见图4-7）。当前，伴随农业生产成本逐年攀升以及粮食价格持续走低，国内大多数新型农业经营主体经营规模缩减，新田地合作社规模化经营状况与大多数新型农业经营主体现状形成了鲜明的反差。这种反差既反映出新田地合作社规模化经营的强劲生命力，又表明新田地合作社规模化经营模式在抵御外界不利因素冲击下具有很强的稳定性。从经营利润看，新田地合作社的营业利润从2011年开始持续上升。截至2016年底，新田地合作社已实现盈利350万元，较2011年利润额–60万元有了明显上升，年均增长46.9%。

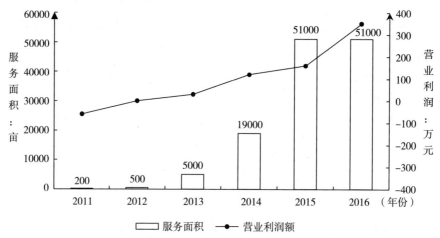

图4-7　2011—2016年新田地合作社服务规模及营业利润额

其次，全程农业生产性服务"节本提价"明显，带动农民增收效果突出。小麦是新田地合作社生产服务的最主要农作物品种。从成本上看，新田地合作社小麦规模化经营比传统小农户分散经营具有成本节约的强劲优势。如表4-2所示，合作社成本优势主要体现在两个方面。

一是投入品数量减少，合作社规模化经营亩均种子、化肥投入量分别比传统农户减少 5 公斤、40 公斤。二是投入品价格较低，合作社化肥、机械投入单价均比传统农户减少 0.2 元／公斤、20 元／亩。总体而言，合作社规模经营亩均经营成本比传统农户经营减少 111 元，相比传统农户节约成本近 30%。从产量上看，虽然新田地合作社亩均小麦投入品数量明显少于传统农户，但是小麦单产丝毫不低于传统农户。绝对数值上，合作社规模化经营单产比普通农户的高出 200 斤／亩，相比传统农户增产 20%（见表 4-3），这表明合作社规模化经营比传统农户具有明显的生产技术优势。产品售价上，合作社渠道销售的小麦价格相比传统农户高出 0.2 元／斤，价格高出近 20%。值得说明的是，在 2016 年华北小麦"卖难"的时期，新田地合作社经营的小麦产品供不应求，益海嘉里、五得利、中粮等大型粮企争相入市收购。通过测算，在成本节约、单产提升与售价提高多方面因素作用下，合作社生产每亩小麦净利润比传统农户高出 557 元。

表 4-2　2016 年荥阳市传统农户与新田地合作社服务农户亩均小麦成本对比

生产资料	荥阳市传统农户			新田地合作社服务农户			节约成本：元
	名称	使用量	金额：元	名称	使用量	金额：元	
种子	普通麦	15 公斤	60	强筋麦	10 公斤	40	20
化肥	底肥	50 公斤	150	控施肥（一次施肥）	50 公斤	140	50
	追肥	40 公斤	40				
农药	除草剂	1 袋	10	除草剂	1 袋	0	10
	防倒伏	1 瓶	5	防倒伏	1 瓶	4	1
	飞防	1 次	25	飞防	1 次	15	10
	叶面肥	1 袋	2	叶面肥	1 袋	2	0
机械	播种	1 次	30	播种	1 次	20	10
	收割	1 次	50	收割	1 次	40	10
成本合计			372			261	111

注：合作社为社员免费提供除草剂，小麦销售单价按 2016 年雨前麦平均价格计算。

表4-3　2016年荥阳市传统农户与新田地合作社服务农户亩均小麦收益对比

类别	产量: 斤	单价: 元 / 斤	销售额: 元
荥阳市传统农户	1000	1.03	1030
新田地合作社服务农户	1200	1.23	1476

最后,新田地合作社发挥出了较好的辐射带动作用,以服务为主的规模化经营模式逐步在周边地区复制、扩散。因为优异的经营绩效,新田地合作社先后获得"荥阳市十佳合作社""郑州市农民合作社示范社""郑州市农民合作社十佳社""河南省省级农民合作社示范社""国家级农民合作社示范社""全国优秀合作社"等荣誉称号,2016年初合作社理事长受邀前往中南海,参加国务院总理在北京主持召开的科教文卫体界人士和基层群众代表座谈会。随着新田地合作社名声及其经营事迹在荥阳地区的逐步扩散,截至2017年5月合作社"服务规模化带动经营规模化"的运营模式逐渐辐射到周边的太康县、西平县和封丘县等9个县市区,这些地区先后出现了以"新田地"冠名的农民合作社,并仿效新田地合作社的经营方式,向农户提供全程农业生产性服务。

三　统分结合视角下合作社经营绩效的阐释

根据North(1990)的分析框架,制度安排决定经济绩效。为此,本文将以新制度经济学分析框架为基础,从合作社的制度设计中剖析经营绩效的制度来源,解析新田地合作社规模化经营强劲生命力的制度原因。根据第二章有关"统"与"分"的理论分析,新田地合作社规模化服务无论是组织制度设计上,还是农业生产服务上,处处都体现着"统"与"分"的逻辑。总体来看,新田地合作社有效结合了"统"与"分"的优势,这也是合作社经营绩效的主要来源。

(一)"统"是合作社规模化服务收益扩张的主要来源

新田地合作社的"统"主要体现在粮食生产、流通销售从一家一户分散承担向合作社集中服务转变,具体表现在三个环节。这三个环节构成了合作社规模服务收益扩张的基础，与国内大多数新型农业经营主体的生产方式相一致。

首先是品种选育，普通农户分散选种向合作社统一选种转变，增强了农业技术投资。产品品质好是新田地合作社小麦售价普遍高于市场价的一项重要原因。这是由合作社注重品种投入决定的。相反，普通农户很难有能力选取到优质品种。一方面普通农户缺乏与科研院所的联系渠道，较难获得技术支持；另一方面品种试验需要较大的投入，普通农户也很难承担。普通农户的局限性从反面彰显出了"统"的必要性。合作社不仅是生产服务的集中，也是信息、资源、社会关系的集中，这有助于合作社较容易获得外部技术支持。同时，合作社规模较大、资金实力强，也能承担品种选育的投入成本。另外，合作社对未来市场需求的把握能力也强于普通农户，正如合作社理事长所说，"未来新田地合作社不打算再在强筋小麦上做文章了，因为再过几年强筋小麦必然会出现过剩的情况，合作社未来的发展方向是做绿色、有机农产品"，这一点也是普通农户不可比拟的。总体而言，相比普通农户分散选种，合作社统一选育种植品种至少能起到两方面的作用。一是做到科学选种，保证了产品品质质量；二是能瞄准市场需求。这两点均为合作社畅通产品销售奠定了基础。

其次是生产服务统一组织与调度，赢得规模收益。这主要包括农药化肥供应与耕、种、植保、收全程农业生产性服务的组织实施。这一点在合作社主营业务中占据重要位置。相比传统农户的生产模式，合作社"统"的方式至少能发挥两项关键性作用。第一，既节约了粮食生产成本，又提高了产出。表4-2数据显示，在新田地合作社统一生产服务下，每亩小麦生产成本比传统农户生产节约111元，同时每亩产量高出20%。这表明"统"的生产方式能额外获得组织化收益，当然形式上看是组织生产方式变迁带来的制度收益，本质上是"统"作用下规模效应的发挥以及资金、科技要素投资报酬的显现。第二，"统"的生产组织方式既增加了农户收入，又为合作社创造了效益，成为维系合作社与农户合作关系的组织基础。这两点与国内大多数新型农业经营主体的生产组织形式相似，通过统一规模化经营获得规模化收益，依靠这种收益维系组织与个体的生产关系。

最后是流通销售的统一执行,既扩大了投资,又增强了农户市场谈判权。小生产与大市场的矛盾一直困扰着我国农业的发展,也是制约农户农产品销售、流通的关键问题。这种矛盾的存在,从反面凸显出了流通销售中"统"的紧迫性与重要性。总体看,合作社顺应这种需要,抓住了两个关键环节。第一,提供粮食烘干服务。上文论述了粮食烘干在流通销售环节中的重要性,然而小农户既无资金实力投资建设烘干塔,又因规模较小投资建设不经济,因而很难解决这种问题。相反,合作社通过"统"即成员资金入股的方式筹措资金,解决了小农户投资资金不足问题;另外,以统一生产、规模经营解决了小农户量小、烘干能力不足产生的不经济问题。第二,统一销售粮食。合作社统一销售粮食能扩大销售规模,能降低产品分散交易成本,发挥出规模交易的优势,是解决小农户市场谈判权不足的有力办法。表4-2的数据显示,合作社售粮比普通农户售粮价格高出20%,当然除了粮食优良品质的贡献外,统一销售粮食提高市场谈判地位发挥着重要作用。这两项均反映出了"统"的必要性与重要性。

(二)"分"是合作社经营成本节约的重要原因

新田地合作社通过"统"的方式,既抓住了农业生产的关键环节,又攻克了小农户产品销售难题,这为合作社经营收益扩张奠定了基础。然而,国内大多数新型农业经营主体也在农业生产与流通销售环节运用了相似的"统"的方式,即也扩大了规模经营收益,那么为何这些经营主体未能获得与新田地合作社同样的利润呢?本书认为,"统"主要解决的是规模经营收益来源的问题①,而"分"是降低当下中国规模经营成本的关键点。新田地合作社除了通过"统"扩张收益外,更为关键的是在"统"的框架内建立了"分"的机制,降低了生产成本,从而使得合作社更加具有竞争力,这一点与多数新型农业经营主体都

---

① 虽然"统"亦能节约成本,但在当下依靠土地流转形成的规模经营,"分"的机制在成本节约上效果更为明显,这一点下文将展开论述。

不同。这种"统"中有"分"的机制的作用主要表现在如下三个方面。

首先，服务集中但土地经营权分散式的"统"中有"分"的生产模式节省了大量的地租成本，为合作社分散了经营成本与风险。流入土地是大多数新型农业经营主体实现规模化经营的前提条件，为此这些经营主体不得不支付土地流转费用。随着土地流转的加快，近年土地流转价格上升较快。纵使在当前粮食价格低迷期内，土地价格也居高不下。根据笔者调查，2017年5月新田地合作社所在区域土地流转价格高达1200元/亩。倘若新田地合作社也流转土地，加上表4-2所列各项成本，土地成本占总成本80%以上，每亩小麦利润15元，利润率仅有1%，生产近乎处于盈亏平衡点。若粮食价格持续下跌，合作社陷入亏损风险较大。据新田地合作社所在区域另一个合作社负责人介绍，"现在粮价太低，土地太贵，如果未来粮食价格再往下跌，那我们就不种了，土地租金也就不给了"。然而，新田地合作社通过"分"的方式巧妙地规避了"粮价低迷、地价过高"的双重冲击，即不流转土地，仅为农户提供农业生产性服务。从产权看，土地经营权仍然分散在农户手中，这与土地经营权向新型农业经营主体集中的生产方式大不相同。合作社理事长对这种经营方式有着清晰的认识，此处将引用理事长本人话语论述这种生产方式的优势。合作社理事长介绍道，"我们不大规模流转土地的主要原因有三个：一是土地流转要付地租，租金又较高，合作社不得不准备大量的周转资金，这就增加了合作社的运营难度。二是大规模土地流转后管理成本和监督成本都上升了，这会压缩我们的盈利空间。本地流转土地很少有盈利的。三是土地流转时合作社要承担所有的经营风险；但只提供服务则不一样，种什么是农民说了算，成本与风险都是合作社和农民共担的，风险要小得多"。他反复强调，"我们以后都不会涉足土地流转，如果我们流转土地，就早死了"。理事长的话语既指出了土地经营权"统"的高成本、高风险劣势，也从反面折射出了土地经营权"分"的低成本、低风险优势。从规模经营看，合作社的经营形态是"统"中有"分"，即生产服务高度统一与土地经营权分散，这也是合作社"规模收益扩张、生产成本低廉"的制度基础，更是合作社相比其他经营主体竞争优势的关键来源。

其次，服务集中统一与生产要素车间共存式的"统"中有"分"的服务方式解决了农业生产服务半径问题，也兼顾到精细化、多样化管理需要，减少了合作社的协调成本。表面上，合作社在生产服务供给上集中统一，但是确切说是"统"中有"分"。伴随服务规模的扩张，2014年合作社成立了以村社为单位的农业生产要素车间。这种"统"中有"分"的服务方式至少发挥了两个作用。第一，解决了农业生产服务半径过大的问题。当合作社服务面积从2013年的5000亩增长到2014年的19000亩时，合作统一协调生产服务日益困难，即服务半径上限的约束越发明显。为此，合作社依照工业车间生产思路，建立了多个以村社为单位的服务团队。据理事长介绍，这种方式降低了协调成本，也发挥出了生产要素车间的独立性与积极性。第二，符合农业生产精细化、多样化管理需要。相比合作社而言，以村为单位建立的生产要素车间更具有机动性、灵活性与便捷性，能够及时回应农户各种生产服务的需要，如农资供应、气象信息、销售信息等方面的服务。这体现出了"分"的优势，而这也恰恰是"统"的短板。这两点均降低了合作社作为单一服务供给主体在为农服务中的协调成本。

最后，农业机械服务虽由合作社统一组织调度，但是耕、种、植保、收等环节的机械服务分散外包，这为合作社省去了种类繁多的农业机械投资成本。新田地合作社很少亲自为农户提供农业机械服务，全部的耕种收作业服务以及80%—90%的飞防作业服务都已外包给了其他农机服务组织或个人。合作社的职责是统一联系农机服务组织或个人，然后组织农机服务人员直接到村庄为农服务，服务费用由社员与农机服务人员直接结算。这里"统"的是合作社在机械服务中的组织与调度，"分"的是具体环节服务的分散外包。这种"统"中有"分"做法的最大优势是为合作社节省了大量农业机械投资费用。相反，国内多数新型农业经营主体规模化经营中必然会大量投资农业机械，这些农业机械不仅数量多、价格高，而且因涉及农业生产各个环节种类也较多，这虽提高了农业生产的便利化程度，但是一方面较大地加重了经营成本，另一方面机械使用率低、闲置等问题也较为突出。新田地合作社分散购买服务的方式较好地解决了这类问题，这为合作社降低经营成本起到了较大贡献。

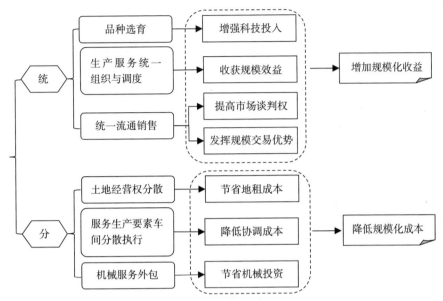

图4-8　新田地合作社统分结合形式的制度优势示意图

（三）"统分结合"的创新是新时代推进农业适度规模经营的关键

从前述我国农业探索规模经营的发展历程看，我们经历过多种"统"与"分"的结合形式，分别是以"统"为主的人民公社体制下的集体经营模式、以"分"为主的家庭承包经营为基础的双层经营模式、以新型农业经营主体流转土地为主要抓手的土地流转型规模经营模式和以新田地合作社为代表的以农业生产性服务为主要抓手的新型"统分结合"模式。相比较而言，这几种模式既有"统"得过多的失败教训，也有"分"得过细的不利之处，而新田地合作社恰好平衡好了"统"与"分"的关系，展现出了独特的优势（见表4-4）。

第一，与人民公社体制下的集体经营模式相比，新田地合作社经营模式既解决了"统"得过"死"的弊端，也承担了过去人民公社农业生产服务供给者的角色，维系了规模经营优势。第二，与家庭承包经营为基础的双层经营模式相比，新田地合作社的模式保留了农户拥有土地承包经营权、种植决策权的"分"的形式，这为合作社降低经营成本起到了关键性作用；同时，还解决了双层经营模式下，农村集体经济组织"统"的功能弱化的问题，满足了农民对农业科技、农业机械、产品销售等农业生产性服务的需要，构筑了规模化经营基础。与前两种模式不同的是，新田地合作社为代表的新型"统分结合"模式在"统"的主体上发生了重大变化，即从带有行政色彩的农村集体经济组织向市场化的新型农业经营主体转变。本文认为这是"统分结合"模式在新时代的重大创新。第三，与土地流转型规模经营模式相比，新型"统分结合"模式的"统"的主体也是新型农业经营主体，两者都收获了经营的规模化收益，但途径不一致：前者主要通过土地规模经营，后者主要通过规模化服务来实现的；更为重要的是，新田地合作社通过"分"的机制极大地降低了规模化经营成本，彰显了与土地流转型规模经营模式的制度差异。

综合比较表明，以新田地合作社为代表的新型"统分结合"模式的最大特征是"统中有分，统分结合"。这种经营模式不仅吸收了其他三种模式的优势，而且也克服了其他三种模式的劣势。新田地合作社在实践中的成功，不仅表明新型"统分结合"模式可以同时发挥出"统"与"分"的优势，也再次证明了"统"与"分"的有机契合在农业规模化经营乃至农业现代化中的重要性。

表 4-4　　　　　　　　几种"统分结合"类型及其比较

类型	"统"的主要表现	"分"的主要表现	评论
人民公社体制下的集体经营模式	1. 人民公社为"统"的主体； 2. "统"过于极端化："一大二公"基础上的政社合一集中管理体制，绝对平均化分配制度，垄断化统购统销，集中化的生产、生活管理体制	"分"得严重不足	"统"得过多，"分"得不足；"统"与"分"严重脱离，农民生产积极性被压抑
家庭承包经营为基础的双层经营模式	1. 农村集体经济组织是"统"的主体； 2. 集体经济层次"统"的功能十分薄弱，无法满足农民全程农业生产中多样化的服务需求	土地承包经营权、生产决策权均由农户支配，但"分"得过于彻底	"统"不足，"分"有余；"统"与"分"基本处于断裂状况，虽然农民积极性被调动起来，但农业生产服务供给不足、农民市场谈判权弱

类型	"统"的主要表现	"分"的主要表现	评论
以土地为抓手的土地流转型规模经营模式	1. 新型农业经营主体是"统"的主体； 2. 土地经营权向经营主体集中； 3. 生产决策权由经营主体统一支配； 4. 耕、种、植保、收、销等全程农业生产由经营主体统一执行	分的较少，主要表现为土地承包权仍由分散农户所有	在经营上只有"统"，没有"分"；"统"的确获得了规模化收益，但缺乏"分"导致规模化成本较高
以农业生产性服务为主要抓手的新型"统分结合"模式	1. 新型农业经营主体是"统"的主体； 2. 统一育种与选种； 3. 生产服务统一组织与调度； 4. 产品统一烘干与销售	1. 土地经营权仍然由分散农户所有，农户享有生产决策权； 2. 生产要素车间以村社为单位分片服务； 3. 耕、种、植保、收等环节的机械服务分散外包	"统"与"分"有机契合；"统"既获得了规模化经营收益，"分"又降低了规模化经营成本

四　结论与启示

统分结合是我国农村基本经营制度的特色所在，也是体现我国农业发展的制度优越性之关键。本节选取新田地合作社作为农户委托经营、农业组织规模化服务的代表案例，基于对新田地合作社推进农业适度规模经营的案例剖析，解释了为何该合作社能在"地价上升、粮价低迷"时期仍能保持经营规模不缩减、经营绩效不下滑的深层次原因，折射出了在此种经营体制创新中统分结合的重要性。综合来看，这是因为新田地合作社较好地处理了农业经营中"统"与"分"的关系，探索出统分结合的新形式。具体而言，在经营机制设计中，新田地合作社以农业生产性服务供给为主营业务，通过选种、耕、种、植保、收、流通以及销售等生产过程的统一化组织管理，收获了规模收益；同时，新田地合作社在"统"的框架内设计出了数个"分"的机制，如合作社虽然统一生产服务，但土地经营权、种植决策仍由农户分散支配，建立分散的生产要素车间以及农业机械服务外包机制，这些"分"的机制设计分别为合作社节约土地成本、服务协调成本与农业机械投资成本，为合作社降低了规模化经营成本。与国内多数新型农业经营主体相比，新田地合作社获得规模化经营较好绩效的关键是通过"分"的机制降低了规模化成本，解决了这些经营主体在高成本（主要指租地成本）情境下"统"得较多、"分"得不足的弊端。因此，在农业基本经营制度的框架下不断创新"统分结合"的新形式，是新时代完善农业基本经营制度、实现农业适度规模经营的根本方向。

上述研究结论的主要启示有如下几点。第一，新田地合作社的经营方式是对统分结合、双层经营的农业基本经营体制的完善与创新。新田地合作社将分散经营的小农户组织起来，通过农业生产全程服务体系，将传统由村集体经济组织"行政"内涵的"统"拓展为合作社实施的"市场化"的"统"，并有效地将小农经营纳入到现代农业发展中，完善了"统"的功能；同时，通过建立农业生产车间，将连片服务的土地反包给农业生产车间管理，在农业生产各环节上，建立了各个环节服务外包的方式，创新了"分"的形式。这种统分结合的方式对于稳定和完善农业基本经营体制具有示范价值。第二，农业规模化经营必须注重统分结合。长期以来，农业生产经营围绕"统"与"分"持续做钟摆式运动，不是"统"的过多，就是"分"的太细。新田地合作社的实践及其与其他新型农业经营主体规模化经营的比较，再次凸显了"统"与"分"的有机契合在农业规模化经营中的重要性。具体而言，既要发挥"统"的作用，发挥生产的规模效应；又要通过"分"的机制降低成本，如新田地合作社"统一服务、分散经营权"的做法就兼顾到了"统"与"分"各自优势，这些典型的做法值得总结与鼓励。第三，统分结合中"统"的主体不一定非农村集体经济组织不可。长期以来，在"统"的职能上，农村集体经济组织被寄予厚望。然而，以新田地合作社为代表的新型农业经营主体正在逐渐承担农业生产中"统"的职责。这表明破解当下农业经营"分有余、统不足"的困境，可以将培育新型农业经营主体为政策抓手。第四，新田地合作社的实践预示着强化农业生产性服务是实现农业适度规模经营的一种可选的方向。合作社统分结合的经营机制具有较强的"降成本、抗风险"能力，尤其是在当前高地租、低粮价的双重冲击下，这种经营方式具有强劲的生命力和竞争力。

第三节　统分结合、垂直协作与农业社会化服务

本节以山东省供销合作社改革中发展起来的山东省滕州市的舜耕粮蔬专业合作社（以下简称"舜耕合作社"）为案例研究对象，再次探讨统分关系在土地托管，即农户委托经营与农业组织规模化服务中的重要性。研究表明：山东省供销合作社农业规模化服务的经济合理性在于通过多重统分机制设计与垂直协作分工，降低了农业生产经营主体服务外包的交易成本，提高了经营效益。

一　引言

人多地少、户均耕地经营规模小是中国当前的基本国情和农情。第三次全国农业普查的资料显示，到 2016 年底，除黑龙江、内蒙古、吉林、宁夏和新疆外，其他省和自治区的户均耕地经营面积都在 10 亩以下。韩俊（2018）指出，到 2030 年，按照 18 亿亩耕地不减少，农民人均 5 亩地，户均也才 20 亩。这说明在较长的一段时期内，中国的农业经营主体将仍以小农户为主。与发达国家相比，我国农业竞争力还较弱，张云华（2017）的研究表明，2015 年中国的玉米、稻谷、小麦、大豆、棉花等农产品的亩均生产成本分别高出美国 56.05%、20.82%、210.42%、38.44% 和 222.84%。如何促进小农户与现代农业发展有机衔接，是完善农业经营体制的重要内容，也是摆在我国农业现代化建设历程中一道绕不开的坎。

为此，党的十九大报告旗帜鲜明地指出，要"健全农业社会化服务体系，实现小农户和现代农业发展有机衔接"。陈锡文（2017）指出，用扩大现代农业技术的服务规模弥补耕地经营规模的不足是农业经营体系创新方面的一种独特要求。钟真、孔祥智（2015）认为，以服务

规模化弥补经营细碎化是实现农业现代化的一个重要战略取向。但是，农业社会化服务良性运行取决于哪些因素？小农户是否愿意接受社会化服务，农业组织提供社会化服务如何更有效率，既能满足农户生产需求，又能促进商业模式可持续？大量地实证研究指出，只有在交易成本较低的情况下，外包服务才会被选择，外包服务才更有可持续性（庞晓鹏，1997；蔡荣、蔡书凯，2014；仇童伟，2019）。

许多研究表明，提高交易双方的垂直协作紧密程度有利于降低交易成本（张莹、肖海峰，2016；常倩等，2016；Frank，1992；Hobbs，1999）。因此，本节将基于"统分结合—垂直协作—交易成本—农业服务"的框架思路，以山东省供销合作社改革中发展起来的舜耕合作社为案例，揭示农业社会化服务模式的内在逻辑与经济合理性，研究统分结合创新在降低交易成本、促进农业社会化服务中的积极效果。

二　研究方法与资料收集

本节采用的是案例研究方法中的单案例研究法。案例研究法最适合用于研究诸如"怎么样"和"为什么"等类型的问题，研究对象为目前正在发生的事件，且研究者对当前正在发生的事件不能控制或极少能够控制（罗伯特·K.殷，2004）。本节所研究的问题便属于这一类型。

本节的研究对象舜耕合作社成长于我国供销合作社综合改革时期。2014年4月国务院下发《关于同意供销合作总社在河北等4省开展综合改革试点的复函》，提出要将供销合作社打造成为农民生产生活服务的生力军和综合平台。2015年4月中共中央、国务院《关于深化供销合作社综合改革的决定》进一步指出，供销合作社要采取大田托管等多种方式，为农民和各类新型农业经营主体提供农资供应等服务；同年9月，山东省委、山东省人民政府发布了《关于深化供销合作社综合改革的实施意见》。

在全国供销合作社综合改革背景下，山东省供销合作社探索出独具特色的农业社会化服务模式。首先，山东省供销合作社形成了以土地托管为切入点推进现代农业服务规模化，以为农服务中心为依托打造

3公里土地托管服务圈，以"党建带社建、村社共建"创新工程为引领搭建协同为农服务机制，以"3控3×6+1"双线运行机制为核心的综合性、规模化、可持续为农服务体系[①]。其次，山东省供销合作社根据省内不同地区的资源禀赋，发展形成了两种为农服务中心，一是在平原丘陵地区，以提供大田作物托管服务为主，服务半径3公里、辐射耕地面积3万—5万亩；二是以托管林果等经济作物为主，以由山体自然形成的小流域作为基本服务单元，服务半径6公里、辐射土地面积约10万亩。基于上述理论与实践等两个方面的原因，本节选择在山东省供销合作社改革过程中发展起来的农业社会化服务典型案例，即来自山东省滕州市的舜耕合作社作为研究对象。在对舜耕合作社进行资料收集的过程中，笔者综合采用了半结构化访谈法、实地调查法和文献资料分析法（表4-5）。

表4-5　　　　　　　　　　舜耕合作社资料收集的具体情况

方法		具体内容
半结构化访谈法	对象	合作社理事长、会计、理事会成员、普通成员；基层供销社和为农服务中心的负责人
	内容	合作社的成立发展、利益分配机制、农业社会化服务的内容、经营模式与收入等
	形式	根据每位被访谈者的特征及其对合作社的熟悉程度，分别进行了0.5—3个小时不等的访谈。其中，对理事长的访谈时间长达3个小时。为了使访谈者畅所欲言，保证访谈的有效性，课题组对每个人员的访谈都是在独立的办公室中进行的
实地调查法		2017年4—5月，课题组赴滕州、临沂、潍坊等地调研山东供销在滕州调研时，对舜耕合作社进行了实地考察，现场观察了合作社的办公条件、规章制度，以及参与开展村社共建的情况等；同时也实地调查了当地基层供销社和为农服务中心的运营现状
文献资料分析法		山东省供销合作社的文献资料（省社的政策文件和报告、总结；网络等媒体的报道；学术论文）；舜耕合作社的文献资料（财务报表和总结报告；网络等媒体对其运营模式的经验总结；基层供销社和为农服务中心的相关材料）

[①] "3控3"指省（市）供销社联合社控股省（市）的龙头公司、县一级的供销社联合社控股各县的农业服务公司，而镇一级的农民合作社联合社则控股各为农服务中心；"×6"指省（市）龙头公司、县农业服务公司和为农服务中心各自承担的6项农业社会化服务功能；"+1"指在各为农服务中心所设立的政府涉农部门服务窗口；"双线"则是指由联合社机关所主导的行业指导体系以及由社有企业所支撑的经营服务体系。

三　概念界定与分析框架

（一）概念界定

1.农业社会化服务的供给方与需求方

本节的研究对象为合作社（服务供给方）和小农户（服务需求方）。从理论上来讲，合作社应实现服务使用者与提供者身份的统一；也就是说，合作社的成员不仅是其惠顾者，也是其经营者。而在中国成立的合作社中，惠顾者与经营者远未实现统一。我国现有的各类合作社皆是在"元合作社[①]"基础上演化而来的（孔祥智、周振，2017）。根据"元合作社"是否吸收成员，以及其所吸收成员与合作社发起人在权义[②]方面的差异，本节总结出了"元合作社"在我国演变的基本情况。如图4-9所示，中国的合作社大致可分为三类：理想型、改良型和空壳合作社。不同类型合作社之间并没有严格的界限，例如一家合作社所吸收的成员中，可能同时存在与发起人权益相同和不同的情况。

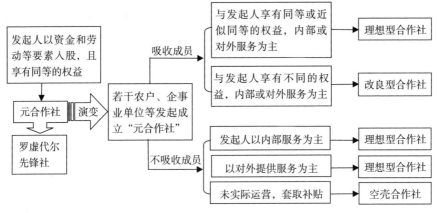

图4-9　合作社在我国演变的基本情况

---

① 根据孔祥智等的解释，假定合作社的初始成员或创始成员出资相等、投入的劳动量也相等，那么他们在决策时完全采用一人一票制，盈余返还时完全按照交易量（额）来进行，"附加表决权"和出资额等分配的权利完全不存在；即这个合作社是典型的"罗虚代尔式"合作社，其交易成本接近于零，这样的合作社即为元合作社。

② 权义指的是权利和义务。

　　我国以在"元合作社"基础上吸收成员的合作社最为典型和具有代表性，且其服务使用者和供给者甚少实现统一，所以本节以该类合作社作为研究对象。由实践可知，这类合作社中一般有核心和普通两类成员：核心成员为合作社的出资者和决策者，一般为发起人（个别合作社还包括"元合作社"吸收的与发起人权益相同的成员），他们是服务供给方，下文实证分析中的合作社在本质上便指这部分成员；普通成员以普通农户（小农户）为主，他们很少出资，名义上多以土地入股，但是基本不参与合作社的整体运营、规划与决策，为服务需求方。通常情况下，服务需求方指的是农业社会化服务中的一级发包方，供给方指一级接包方（见图4-10）；作为一级接包方，其可以直接为一级发包方服务，也可以进一步将服务外包给其他农业社会化服务主体，即二级接包方。

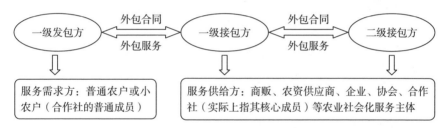

图4-10　农业社会化服务供需双方的关系

2. 农业社会化服务供需双方的协作模式

　　1963年，Mighell等首先提出了垂直协作的概念，其认为，垂直协作是指在某种产品的生产和营销系统内协调各相继阶段的所有联结方式（Mighell，1963）。很多学者都对垂直协作的方式进行过归纳总结（Martinez，2002；周曙东、戴迎春，2005；王桂霞等，2006；韩纪琴、王凯，2008；应瑞瑶、王瑜，2009；张昆等，2014）。综述学者们的研究可知，垂直协作的方式一般包括现货市场交易、销售合同、合作社或战略联盟、生产合同以及垂直一体化。基于此，本节总结出了农业社会化服务供需双方垂直协作的3种模式，分别是现货市场交易模式、契约协作模式和垂直一体化协作模式（见表4-6）。其中，契约协作模式可以进一步细分为销售契约协作模式和生产契约协作模式。通过表4-6可知，主要有三方面因素决定了农业社会化服务供需双方的垂直协作紧密程度：服务的具体形式、供需双方的利益分配方式和农业生产经营决策主体。显然，从现货市场交易、契约协作再到一体化，服务供需双方的协作紧密程度依次增加。

表4-6　　　农业社会化服务供需双方不同垂直协作模式的主要特征

类别		主要特征				备注
		（1）农业社会化服务的具体形式	（2）利益分配方式	（3）生产经营决策主体	协作紧密程度	
现货市场交易模式		没有约定服务的具体价格、时间以及地点等	市场价格结算	服务需求方	松散	包含了"合作社+农户"的模式
契约协作模式	销售契约协作模式	约定了服务的价格、时间以及地点等相关的一些内容	市场价格结算	服务需求方	较松散	
	生产契约协作模式		保底价格结算	服务供需双方	较紧密	
垂直一体化协作模式		生产经营决策和操作都被整合到一个"系统"中，服务供给方以企业管理的方式提供服务	按照股份分红	服务供给方	紧密	

很多学者将合作社单独归为一类垂直协作模式（张昆等，2014；Macdonald，1985）。与现货市场交易相比，合作社通过吸收农户等经营主体入社，能够明显提高服务供需双方的协作紧密程度；但在我国，合作社中的服务使用者和供给者很少实现统一，"合作社+农户"的协作模式实际上包含在现货市场交易、契约协作以及一体化协作中。现实中，农业社会化服务供需双方的垂直协作模式也不一定与表4-6所列模式完全对应。例如，虽然农业生产经营决策主体是服务供给方，且所有的经营决策和操作也整合到了一个"系统"中，但服务供需双方采取保底价格结算的利益分配方式。表4-6呈现的只是一种标准状态，可以肯定的是：在契约协作中，服务供给方开始拥有经营决策权并对服务的一些具体内容做了约定，一体化协作中经营决策权全部由服务供给方掌握并连同经营操作整合到了一个"系统"中；利益分配方面，现货市场交易必然以市场价格结算，随着服务供需双方协作紧密程度的提高，保底价结算和按股分红逐渐成为主要的利益分配方式。当然，不同垂直协作模式

最根本的区别在于利益分配方式和生产经营决策主体的差异。

（二）分析框架

在农产品销售中，选择适当的垂直协作方式可以减少市场等方面的不确定性（徐家鹏、李崇光，2012；Poole，1998），从而有助于降低交易成本。专用性投资引起的敲竹杠问题通过契约安排或一体化等方式可以被最大限度地减少（Joskow，2002；Klein，2000）。而不同的垂直协作模式最终也能通过影响交易成本和养殖风险来间接影响生产绩效（张昆等，2014）。由表4-6可知，从现货市场交易到契约协作再到一体化，农业社会化服务供需双方的垂直协作紧密程度依次提高。也就是说，服务供需双方的协作紧密程度会对交易成本产生影响。关于交易成本的测量，主要有两种方法：一是基于交易特性的视角（胡新艳等，2015；Gaudiose et al.,2013）；二是基于交易成本的内容的视角（江雪萍、李大伟，2017）。针对农业的生产经营特点，并结合相关研究，本节将农业社会化服务中面临的交易成本的衡量指标，做了如表4-7所示的总结。交易成本的衡量指标反映了其潜在的影响因素，换句话说，通过降低或减弱表4-7中所列交易成本的衡量指标，可能达到降低交易成本的目的。

表4-7　　　　　　　农业社会化服务交易成本的主要衡量指标

角度		衡量指标	影响方向
交易特性	资产专用性	土地细碎化程度、大型农机具的投资、服务契约等	正向
	不确定性	自然和市场等环境的不确定性、服务质量的监督难度	正向
	交易频率	交易的次数	正向
交易成本的内容	搜寻成本	获取服务信息的难度	正向
	谈判成本	谈判花费的时间、费用等	正向
	实施成本	运输成本、农机空跑成本等	正向
	监督成本	服务质量的考核难度	正向
	违约成本	违约的损失	正向

注：Williamson（1975）曾将交易成本分为搜寻、信息、议价、决策、监督和违约成本；并把交易本身具有的特性总结为了资产专用性、不确定性与交易频率等三个维度（Williamson，1985）。

无论基于哪个视角衡量交易成本，缓解信息不对称、优化生产组织方式等都是减少社会化服务交易的敲竹杠问题和不确定性，降低搜寻、谈判等交易成本的重要措施。由图4-11可知，服务供需双方的利益联结越紧密，越有助于增进彼此之间的信任，从而缓解社会化服务中的信息不对称问题；同时，服务供给方对生产经营决策的控制程度越大，就越有助于优化生产组织方式。当然，服务供需双方的利益联结紧密程度，叠加服务供给方对经营决策的控制程度，会起到降低交易成本的效果。但从交易成本降低到土地亩均利润增加的逻辑线索，可以明确地概括为两点：一是提高服务需求方已外包服务的质量、降低已外包服务的成本——直接途径"①"；二是增加服务需求方所接受的社会化服务的类别——间接途径"②"。这两种途径最终都可以通过农业生产成本的降低，农产品的产量、质量和销售价格的提高中的某一种或几种方式来实现土地生产率的提高。

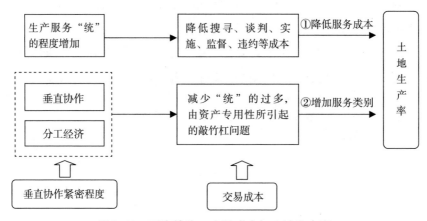

图4-11 垂直协作、交易成本与土地生产率

1. 直接途径

服务供给方"统"的程度增加有助于提升外包服务的质量和降低服务成本。例如，服务供给方可以将需求方的土地整合连片以便统一作业，降低由分散服务引起的较高空跑成本，即农机作业实施成本。再如，若"统"的程度再次上升，特别是供需双方的利益联结紧密化，形成"利益共享、风险共担"的利益联结机制，那么，服务供给方将

有更大的激励来优化农业生产组织方式、降低服务的实施成本，且其也可能增加专用性资产投资以提高服务质量、降低服务成本。基于此，促进社会化服务供需双方建立紧密型利益联结机制，将有助于缓解服务外包信息不对称问题。从交易特性的视角来看，信息不对称问题的缓解，一是能够减少由地理位置等资产专用性所可能引起的服务需求方被供给方敲竹杠的行为；二是能够增加服务供给方对农机具等专用性资产的投资，从而实现提高服务质量、降低服务成本的目的。当然，从交易成本所包含的内容来看，信息不对称问题的缓解则有助于降低服务前的谈判成本，服务中的监督、实施成本以及服务后的违约成本等，从而提升服务质量、降低服务成本。

2. 间接途径

正如本书第二章谈论的，"统"也是有成本的，并不是"统"的越多越好。若农业服务组织"统"的过多，单一主体服务的内容较多，必然要求专用性资产投入较大，则容易引发由资产专用性过高导致的敲竹杠问题。如何规避这个问题？"分"的机制能发挥重要作用。具体而言，若在"统"的主体上，即服务的一级接包方基础上统一执行服务再分包，通过分工能够带来专业化经济与规避过多的专用性资产投资。

据此，本节将基于以上"统分结合—垂直协作—交易成本—农业服务"的分析思路，论述统分结合在此种经营形式创新中的重要意义。

四 案例观察与解释分析

（一）舜耕合作社及其服务供需双方基本情况

1. 合作社的基本情况

舜耕合作社位于滕州市西岗镇东王庄村，由丰谷农资公司于 2009 年牵头成立，合作社理事长为东王庄村党支部书记单新民，主要从事小麦、玉米等大田作物的生产托管服务。2010 年丰谷农资公司以舜耕合作社的名义，在东王庄村流转了 310 亩耕地用于建设小麦和玉米示范种植基地。2013 年下半年，在山东省供销合作社开展"党建带社建、村社共建"时，滕州市西岗镇基层供销社引导东王庄村村两委，在征得全村农户一致同意的基础上，于 2014 年初与舜耕合作社达成了"入股式"土地全托管协议，组织全村农户加入了该合作社。实现土地全托管之后，东王庄村两委进行了土地连片综合整治，使全村耕地由原来的 1050 亩扩增到了 1111 亩。截至 2017 年 4 月，舜耕合作社先后被评为"枣庄市农民专业合作社示范社""山东省农民专业合作社示范社"，且多次被枣庄、滕州两级供销社评为"农民专业合作社示范社"。

2. 与山东供销系统之间的关系

滕州市西岗镇基层供销社联合东王庄村村两委，组织该村全体农户与舜耕合作社签订了"入股式"土地全托管协议，并对该合作社的运营进行指导管理。此外，滕州市西岗镇基层供销社还牵头成立了包括舜耕合作社在内的西岗供销社农民专业合作社联合社（以下简称"西岗供销社联合社"），入股建设了西岗为农服务中心；作为滕州市西岗镇基层供销社的上级单位，滕州市供销社对丰谷农资公司，舜耕合作社的领办主体绝对控股；丰谷农资公司最初投资建设了西岗为农服务中心（见图 4-12）。很明显，舜耕合作社的利益相关主体中既有联合社，也有供销社、企业、村社组织和普通农户。山东供销系统在舜耕合作社的经营活动中处于主导地位。

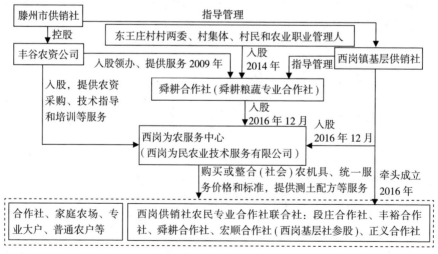

图4-12　滕州市各级供销社与舜耕合作社的关系

注：为了实现规范运营，山东省供销合作社在各地指导建设的部分为农服务中心在工商局进行了注册，西岗为农服务中心便注册为"西岗为民农业技术服务有限公司"。

3. 社会化服务供需双方的内容

丰谷农资公司、东王庄村党支部书记在内的 12 名村两委成员、农业职业管理人、村集体经济组织及所有入社农户，分别以不同的方式参股了舜耕合作社（见表 4-8）。在引导东王庄村村民入股舜耕合作社的过程中，尽管滕州市西岗镇基层供销社发挥了重要的作用，但是其并未在舜耕合作社中入股。即便如此，滕州市西岗镇基层供销社仍然与丰谷农资公司、村两委成员、农业职业管理人、村集体共同代表舜耕合作社，组成了农业社会化服务供给方，负责制定日常与重大决策；而以土地经营权入股的村民，则不会参与合作社的任何决策，仅通过与合作社签订的托管协议来接受其提供的服务和参与分红，为舜耕合作社经营活动中的服务需求方。

表 4-8　　舜耕合作社中服务供需双方的具体内容及其入股方式

类别		具体内容	入股方式	资金入股比例 /%	备注
服务需求方（一级发包方）	入社农户	东王庄村全体农户	土地经营权	—	
服务供给方（一级接包方）	舜耕合作社	丰谷农资公司	农资、资金、技术、销售渠道	65	服务供给方中的二级接包方为西岗为农服务中心和西岗供销社联合社
		党支部书记在内的 12 名村两委成员	农业机械、资金	35	
		农业职业管理人	管理者才能	—	
		东王庄村村集体经济组织	电力、水利设施和办公场地	—	
		西岗基层供销社			

注：根据调研资料整理所得。

对于入社农户而言，舜耕合作社只是其服务外包的一级接包方。因为在舜耕合作社的经营活动中，除田间日常管理、灌溉以及大部分技术、农资采购、农产品销售等农业社会化服务是由舜耕合作社直接提供外，入社农户的耕种收、植保、测土配方、智能配肥、仓储及少部分技术、农资采购、农产品销售等服务都经舜耕合作社外包给了其他服务主体，也就是农业社会化服务的二级接包方，体现了服务环节的分工经济。由图 4-12 可知，为入社农户提供服务的二级接包方主要有西岗为农服务中心和西岗供销社联合社；这两家服务主体的共同之处在于，都是由山东供销系统主导建设或成立的，并且舜耕合作社在其中都有参股。

（二）舜耕合作社中社会化服务供需双方的垂直协作模式

舜耕合作社的生产经营决策和日常管理是由丰谷农资公司、东王庄村村两委和滕州市西岗镇基层供销社共同负责。其中，丰谷农资公司负责种植决策制定、农资供应、资金支持和技术管理；村两委负责水电等基础设施的经营管理；由 4 名村两委成员组成现场管理队，以职业管理人的身份，划片负责耕种收及田间日常管理；滕州市西岗镇基层供销社则主要负责指导、管理和监督合作社的运营。入社农户在同合作社签订"入股式"土地全托管协议之后，便不再参与任何生产经营活动的具体决策与操作。在舜耕合作社与其入社农户的协作关系中，农业生产经营决策主体为服务供给方。

舜耕合作社与其入社农户的利益分配方式可总结为"保底 + 分红"。如表 4-9 所示，正常年份，合作社将生产经营收入扣除农资等成本和支付给入社农户保底金后，如有盈余，将按照 2∶8 的比例提取风险金和给股东分红（丰谷农资公司和 12 名村两委成员作为资金出资主体，与村集体、农业职业管理人和入社农户按 2∶2∶2∶2 的比例分红）；如没有盈余，除入社农户外，其他股东都不会从合作社的经营活动中获得收入。当遭遇比较严重的自然灾害或市场价格波动时，合作社首先以保险公司的赔付金和其在往年所提取的风险金来支付入社农户的保底金；不足部分则由丰谷农资公司和 12 名村两委成员承担 60%，村集体和入社农户承担 40%。尽管舜耕合作社与其入社农户采取的是"保底 + 分红"的利益分配方式，但显然双方已近似"利益共享、风险共担"。

表 4-9　　　　　　舜耕合作社经营中服务供需双方的利益分配情况　　　　　　元/亩

类别			正常年份有盈余	正常年份无盈余	遭遇严重损失的年份
服务需求方（一级发包方）	入社农户	东王庄村全体农户	900+盈余分红20%	900	900	−40%（900−750−a）
服务供给方（一级接包方）	舜耕合作社	村集体经济组织	盈余分红20%	0	0	
		丰谷农资公司	盈余分红20%	0	−60%（900−750−a）
		12名村两委成员			
		农业职业管理人	盈余分红20%	0	0
		西岗基层供销社	0	0	0
风险金			盈余提取20%	0	−a

注：根据调研资料整理所得。750是保险赔付金，舜耕合作社购买了双重保险——政策性保险和商业性保险，两者的赔偿金都是375元/亩；a代表合作社的风险金中用于弥补损失、补充入社农户保底收入的金额。900−750−a，即是指在保证入社农户保底收入900的前提下，扣除保险赔付金750和合作社的风险金a，剩余的风险分担部分，也即剩余的损失（由入社农户、村集体经济组织、丰谷农资公司和12名村两委成员承担）。

　　结合农业社会化服务供需双方不同垂直协作模式的主要特征可知，舜耕合作社与其入社农户明显已经建立起"准一体化"的协作关系。当然，这里指的是农业生产经营服务的一级发包方（入社农户）与一级接包方（舜耕合作社）之间的协作关系。而舜耕合作社与二级接包方——西岗为农服务中心和西岗供销社联合社之间，则是契约协作关系。这是因为在舜耕合作社与二级接包方之间，以市场优惠价进行服务费用的结算，明显没有形成紧密的利益联结机制，并且生产经营决策完全由舜耕合作社制定，但合作社就服务的时间、地点及内容与二级接包方进行了约定。

　　在舜耕合作社的农业社会化服务模式下，土地生产率得到了提高，其核心成员股东与入社农户也都实现了增收。2016年，合作社的亩均利润达到1200元，而西岗镇同样种植粮食作物的未入社普通农户，亩均利润最多只有1000元；入社农户通过"保底+分红"获得了960元/亩的收入。由此来看，入社农户从土地生产率提高中获得的增收效果并不显著；但其因土地托管得以从农业生产中解放出来，并通过转移就业进而提高了家庭非农收入，总体上实现了增收。丰谷农资公司与村两委成员作为出资主体，同村集体、农业职业管理人，在 2016 年也分别获得分红 66660 元[①]（职业管理人人均收入 16665 元）。

（三）舜耕合作社经营中服务外包交易成本降低的逻辑

在舜耕合作社与其入社农户实行"准一体化"协作，同时与西岗为农服务中心、西岗供销社联合社实行契约协作的情形下，土地生产率得到了提高且实现了多方共赢。此处将运用"统分结合—垂直协作—交易成本—农业服务"的分析框架，来解释舜耕合作社规模化服务交易成本降低的逻辑。

1. 一级发包阶段统分结合的作用与交易成本降低

根据舜耕合作社的运行机制，此处将规模化服务划分为一级发包与二级发包两个阶段。"一级发包"，即入社农户将全部生产操作外包给舜耕合作社，即"统"的过程；"二级发包"，即舜耕合作社将部分生产操作外包给西岗为农服务中心和西岗供销社联合社，即"分"的过程。在"一级发包"阶段，为给入社农户提供全程社会化服务，舜耕合作社直接或间接地进行了一系列专用性资产投资。间接投资方面，例如合作社的股东，东王庄村村集体对村庄水电设施所进行的投资管护，丰谷农资公司为入社农户垫支的农资、农机作业费用等——舜耕合作社的农资大多数来自于丰谷农资公司，由于减少了中间的运销费用，亩均可为入社农户省种子、化肥、农药等费用在 80 元左右。直接投资方面，舜耕合作社参股了西岗为农服务中心的建设。专用性资产投资会使投资主体面临被"敲竹杠"的风险，而"准一体化"有助于缓解专用性资产投资所带来的敲竹杠问题，降低农业社会化服务的交易成本，提高服务的经济效益。

[①] 丰谷农资公司和村两委成员一共获得分红 66660 元 (2016 年)，且该部分收入一直存放在舜耕合作社的账户中作为流动资金使用。

从服务的内容来看，入社农户所接受的灌溉、除草、看护等田间日常管理类社会化服务都是由舜耕合作社直接提供的。合作社将其所托管的耕地进行整合划片之后，交由 4 名农业职业管理人经营，需要说明的是此处体现"统"之下"分"的重要意义，这是统分结合的辩证逻辑。由于在分配机制上，职业管理人的收入与土地生产率密切相关，因此管理人发生机会主义行为可能性降低，即监督成本得到降低，从而促进除草、看护、灌溉等社会化服务的质量实现了提升，最终带来了土地产出数量和质量的提高。此外，舜耕合作社还对其所托管的耕地进行统一灌溉，既避免了一家一户灌溉所带来的单次、频繁操作启动的麻烦，也减少了设施设备的磨损，延长了其使用寿命，最关键的是降低了设施设备的维护费用和农业灌溉成本。

2. 二级发包阶段统分结合的作用与交易成本降低

舜耕合作社的二级发包阶段，"分"中有"统"。"分"的是合作社服务环节外包，"统"的是接包方即舜耕合作社的统一组织调度。

首先是外包给西岗为农服务中心的情况。为农服务中心促进了舜耕合作社农机作业服务外包交易成本的降低，为农服务中心起到了"四个统一"的作用。（1）中心会整合社会上的一些闲散农机具，这些农机具一般来自于个体农机手和农机合作社，且都是普通的耕种机或播种机等，植保机等许多大型先进、价格高昂的农机具则由实力雄厚的省市县级供销社统一采购与调度。（2）农机整合后，中心会对农机手统一进行技术培训并制定服务标准与价格，从而节省了农业经营主体与农机作业服务主体的谈判、监督等成本。（3）舜耕合作社有农机作业服务需求时，通过服务中心便可获得全方位的服务统一调配作用，无须再去市场上寻找农机作业服务组织，降低了搜寻成本。（4）服务中心还会根据就近、连片的原则调度农机手或农机作业服务组织，以降低实施成本。此外，有山东供销系统做担保，而且服务需求方通常都与服务中心或直接提供服务的主体签订服务协议，所以违约成本也得到了降低。综合测算，将服务外包给为农服务中心后，在为农服务中心的统一服务下，使小麦的生产成本最低可比市场价[①]便宜125元/亩，玉米最低可便宜135元/亩（见表4–10）。

表4–10　　　　　西岗为农服务中心服务价格与市场服务价格的比较　　　　　元/亩

	（1）为农服务中心服务价格		（2）市场服务价格		（1）–（2）价格差	
	小麦	玉米	小麦	玉米	小麦	玉米
机耕	60	60	90	90	30	30
机种	20	20	30	30	10	10
机收	60	70	80	100	20	30
测土配方施肥（含肥料）	250	250	300	300	50	50
飞防（含农药费）	15	15	30	30	15	15
成本	405	415	530	550	125	135

　　资料来源：根据2017年在西岗为农服务中心的调研数据整理所得。为充分说明西岗为农服务中心在服务价格方面的优势，此处为农服务中心的服务价格取了最大值，市场服务价格则取了最小值。

　　其次是外包给西岗供销社联合社的情况。西岗供销社联合社主要促进了舜耕合作社农资采购、粮食仓储和烘干等农业社会化服务交易成本的降低，即舜耕合作社通过分包农资采购、粮食仓储和烘干等，获得了专业化的服务，体现了"分"的重要。一方面，联合社会给成员社提供免费的技术培训和信息共享服务，例如，联合社建立了新型职业农民俱乐部微信平台。另一方面，联合社增强了成员社的农资采购优势。具体来看，联合社通过直接与丰谷农资公司或者其他农资企业联系，能够以最低的价格将农资运送到各个成员社所在地，最终得以在降低搜寻、实施、谈判等交易成本的基础上减少成员社的农资采购费用，如"金中华"化肥的市场价为2400元/吨，而联合社直接从丰谷农资公司批量采购的价格仅为2150元/吨，比市场价便宜约10%。需要说明的是，舜耕合作社最大的股东为丰谷农资公司，所以舜耕合

　　[①] 市场价即指现货市场交易的价格。

作社不会也无须通过联合社来采购该公司的农资。同时，联合社还会为各成员社联系仓库及饲料厂、粮库等销售渠道，以便降低成员社的搜寻、谈判等交易成本。此外，联合社的成员社之一，西岗基层供销社参股的宏顺合作社，还会为其他成员社提供粮食烘干服务且只收取成本费，这表明舜耕合作社外包粮食烘干服务的交易成本几乎为零。

五　结论与启示

舜耕合作社案例显示，山东省供销合作社所探索出的农业社会化服务模式的经济合理性在于，通过统分结合的创新，最大限度地降低了农业生产经营主体服务外包，也就是农业社会化服务的交易成本，提高了耕地的经营效益。特别是，在统分结合创新过程中，垂直协作模式的创立，较好解决了"统"的集中可能产生的敲竹杠的问题。关于这一点蕴含了三点重要启示。

第一，舜耕合作社的经营方式是对统分结合、双层经营的农业基本经营体制的完善与创新。舜耕合作社将分散经营的小农户组织起来，通过农业生产服务体系，将传统由村集体经济组织"行政"内涵的"统"拓展为合作社实施的"市场化"的"统"，并有效地将小农经营纳入到现代农业发展中，完善了"统"的功能；同时，通过农业生产服务外包的方式，创新了"分"的形式。这种统分结合的方式对于稳定和完善农业基本经营体制具有示范价值。

第二，农业经营创新既要"统"、又要"分"。"分"得过多，必然不行，舜耕合作社的成立源于解决"分"得过细产生的问题，体现了市场对"分"得过多的主动修正。"统"得过多，也不行，比如本文反复提及的，可能因专用性资产投入过多面临被敲竹杠的问题。

第三，垂直协作模式对统分结合的创新具有重要意义。农业社会化服务供需双方通过选择紧密程度较高的垂直协作模式，即契约和一体化协作，可以在降低农业社会化服务交易成本的基础上，促进服务质量的提高和服务成本的降低，从而达到提高土地生产率的目的。这表明有必要在促进统分结合创新中，推动农业服务双方建立垂直协作模式。

第四节 本章小结

农户委托经营与农业组织规模化服务是实现农业适度规模经营的重要途径，这种经营方式是我国农业经营体制的重要创新形式，蕴含了丰富的统分结合的辩证关系。

一 主要结论

本章通过对农户委托经营与农业组织规模化服务经营方式的兴起背景、两个典型案例进行深入分析，主要形成了如下研究结论。

第一，农户委托经营与农业组织规模化服务经营方式具有丰富的统分结合内涵。正如本书第二章所言，统分结合贯穿我国农业经营体制的创新，是我国农业经营体制变迁的主线。本节介绍的经营类型，在统分关系上的含义主要体现在三个方面。一是农业组织规模化服务的兴起也是对传统农村集体经济组织"统"的功能弱化的完善与补充。近年来，伴随农民劳动兼业化与收入持续提升，农民对生产性服务有效需求旺盛；然而，传统农村集体经济组织"统"的功能弱化，无法满足农民对农业生产服务的需求，急需其他组织或机制进行补充。农业组织提供的农业社会化服务，显现出了市场机制对传统"统分结合、双层经营"机制的主动修正，彰显出了市场机制在完善农业经营体制方面的重要作用。二是农业组织规模化服务的可持续性也必须建立在适度的统分结合上。农业规模化服务虽然解决了农业生产长期以来"统"的不足的问题，但是并不代表"统"的越多越好，增强经营方式的营利性与可持续性也需要适度的统分结合。例如，新田地合作社在经营机制设计中，通过选种、耕、种、植保、收、流通以及销售等生产过程的统一化组织管理，收获了规模收益；同时，在"统"的框架内设计出了数个"分"的机制，如土地经营权、种植决策仍由农户分散支配，建立分散的生产要素车间以及农业机械服务外包机制，这些"分"

的机制设计分别为合作社节约土地成本、服务协调成本与农业机械投资成本，为合作社降低了规模化经营成本。与国内多数新型农业经营主体相比，新田地合作社获得规模化经营较好绩效的关键是通过"分"的机制降低了规模化成本，解决了这些经营主体在高成本（主要指租地成本）情境下"统"得较多、"分"得不足的弊端。舜耕合作社亦是如此，"统"也是合作社获取规模化收益的来源，但是通过多项"分"的机制规避了合作社多项专用性资产投资，如合作社将部分农业生产服务环节外包给西岗为农服务中心与西岗供销社联合社，解决了合作社在多个生产环节均要投入固定资产的问题，如解决了合作社投资烘干设备可能带来的大量投资问题。三是在地租成本居高不下的背景下，农业组织规模化服务可能要优于土地流转规模经营。本章第二节运用了大量的篇幅比较了这两种方式的优劣，尤其是在当前粮价低迷、地租高企的环境下，农业组织规模化服务的方式具有明显的优势。不过，这也表明统分结合的适宜度取决于一定的市场环境。早在 2010 年左右，土地流转成本还并不高，国内粮食价格还较可观，通过土地流转开展的规模化经营是具有较好优势的，关于这一点本书第五章会进行讨论。生产环境决定了统分结合的关系，那么政策如何调整呢？根据第二节的分析，不难发现市场具备这样的自我修正机制，因此充分发挥好市场这种自我调整机制，简言之要畅通市场机制，破除阻碍市场机制运行的障碍。

第二，农业经营方式中统分结合的有效发挥也依赖一定的外部条件。本章第三节的案例充分说明了这一点。规模化服务旨在解决传统农村集体经济组织"统"的不足的问题，但是"统"的增加，必然要面临大量固定资产投入的问题，这容易导致专用性资产投入过多而出现被敲竹杠的问题。如何解决这样的问题，直接关系到统分结合经营方式的效率。第三节舜耕合作社的案例提供了一个很好的解决思路，即农业生产服务供需双方建立紧密的垂直协作模式，即通过契约和一体化协作，降低了农业社会化服务交易成本，促进服务质量的提高和服务成本的降低，从而达到提高土地生产率的目的。这对于指导新型农业经营主体，以规模化服务促进规模化经营具有重要的指导意义。

二 政策启示

我国户均耕地规模仅相当于欧盟的四十分之一，美国的四百分之一。"人均一亩三分地，户均不过十亩田"是我国许多地方农业的真实写照。这样的资源禀赋决定了我们不可能各地都像欧美那样搞大规模农业，也不大可能大规模流转土地集中搞规模经营，多数地区要通过健全农业社会化服务体系，即以农户委托经营、农业组织规模化服务的方式推进农业适度规模经营，即以服务规模化促经营规模化，实现小农户和现代农业发展有机衔接。据此，本章形成如下政策启示。

首先，要健全农村市场化机制。本章的研究结论指出，市场机制具有矫正农业经营中统分关系失衡的作用，因此发挥好市场的运行机制理应是农业政策改革的重点方向。当前，我国农村市场化建设的短板。在要素市场表现为农村要素市场化程度不高。如，新型农业经营主体普遍面临"用地难"，在设施农用地上，为严格保护耕地，基本农田经营项目很难获得设施农用地指标，一般农田可用于设施农用地的指标也难用于农业项目，导致农业服务组织的许多服务设施没地可建；在建设用地上，当前农村一些宅基地和农房长期闲置空置，又由于缺少整理盘活的支持办法，还无法成为农村产业发展用地来源，新型农业经营主体的初加工没有场地、农业机械没有地方存放，影响了他们服务农业生产的能力；在金融融资上，由于没有整体、协同推进将村资产确权颁证—资产处置市场建立—风险防范机制构建，导致农村资产抵押贷款不能落地，新型农业经营主体普遍面临融资难题，靠滚雪球发展、靠其他产业利润补充、靠亲朋好友"接济"。下一步，农业政策的方向要重点在农村市场化建设上下功夫。

其次，要着力拓展农业服务领域。研究结论指出，农业组织规模化服务的兴起也是对传统农村集体经济组织"统"的功能弱化的完善与补充，这是我国农业经营体制创新与完善的重要方式，要加大扶持力度。具体而言，要在"拓领域"上强化政策。当前，我国农业生产性服务领域还不够广泛。从农业产业链条来看，产中服务相对充分，产前和产后环节相对滞后，尤其是产前市场预警、产后市场销售服务等发展得很不充分，农产品不时陷入"多了多、少了少"的周期性波动。从农业生产区域来看，东部地区和东北地区生产性服务相对发达，而中西部丘陵山区则相对落后。要尽快把农业市场信息、农资供应、绿色生产技术、废弃物资源化利用、农机作业及维修、农产品初加工、农产品营销等服务开展起来，覆盖农业生产产前、产中、产后全过程，通过生产性服务业的发展，努力解决好广大农户一家一户办不了、办不好、办起来不合算的事情。

最后，要大力培育多元化农业服务组织。"统"的作用很重要，但"分"的机制亦很关键。从第二节的分析看，"统"是规模化收益增加的来源，"分"是规模化经营成本降低的原因。建立多元化的农业组织，有利于开展专业化的服务，如通过专业化服务外包能降低规模经营服务主体集中大量投入生产设施、设备的成本，新田地合作社与舜耕合作社的案例充分说明了这一点。因此，加快发展农业生产性服务业，必须牵住培育服务组织的"牛鼻子"，按照主体多元、形式多样、服务专业、竞争充分的原则，加快培育各种类型的服务组织，鼓励各类服务组织加强联合合作，构建多元主体互动、功能互补、融合发展的现代化农业生产服务格局，为农业生产经营提供更加便利、更加高效的全方位服务。

本章参考文献

Chen Z., Huffman W. E., "Rozelle S.Farm Technology and Technical Efficiency: Evidence from Four Regions in China", *China Economic Review*, Vol. 20, No.2, 2009.

Frank S. D., Henderson D. R., "Transaction Costs as Dterminants of Vertical Coordination in the U.S.food Industries", *American Journal of Agricultural Economics*, Vol. 74, No.4, 1992.

Gaudiose M., Marijke D'Haese, "Stijn S.Exploring Double Side-selling in Cooperatives, Case Study of Four Coffee Cooperatives in Rwanda", *Food policy*, Vol. 39, No.1, 2013.

Hobbs T. E., *Increasing Vertical Linkages in Agri-food Supply Chain*：*A Conceptual Model and Some Preliminary Evidence*, Saskatoon: University of Saskatchewan, 1999.

Joskow P. L., "Transaction Cost Economics, Antitrust Rules and Remedies", *Journal of Law, Economics and Organization*, Vol. 18, No.1, 2002.

Kalirajan K. P., "Huang Y. An Alternative Method of Measuring Economic Efficiency: The Case of Grain Production in China", *China Economic Review*, Vol. 7, No.2, 1996.

Klein B.Fisher, "General Motors and the Nature of the Firm", *Journal of Law and Economics*, Vol. 43, No.1, 2000.

Macdonald J. M., "Market Exchange or Vertical Integration：An Empirical Analysis", *Review of Economics and Statistics*, Vol. 67, No.2, 1985.

Martinez S. W., *Vertical Coordination of Marketing Systems*: *Lessons from the Poultry, Egg and Pork Industries*, USDA, Agricultural Economic Report No.807, 2002.

Mighell R. L., JONES L. A., *Vertical Coordination in Agriculture*, USDA, Economic Research Service, Agricultural Economic Report No.19, 1963.

North D. C., Institutions, *Institutional Change and Economic Performance*, Cambridge University Press, 1990.

Poole N. D., Del Campo Gomis F. J., et al., "Formal Contracts in Fresh Produce Markets", *Food policy*, Vol. 23, No.2, 1998.

Williamson O. E., *Markets and Hierarchies*: *Analysis and Antitrust Implications*, New York: Free Press, 1975.

Williamson O. E., *The Economic Institutions of Capitalism*, New York: The Free Press, 1985.

Yang H., Klerkx L., "Leeuwis C.Functions and Limitations of Farmer Cooperatives as Innovation Intermediaries: Findings from China", *Agricultural*

Systems, Vol. 127, No.1, 2014.

本刊评论员：《进一步推动农业社会化服务落地开花》，《农村经营管理》2019 年第 9 期。

蔡昉、王美艳：《农村劳动力剩余及其相关事实的重新考察——一个反设事实法的应用》，《中国农村经济》2007 年第 10 期。

蔡昉：《刘易斯转折点后的农业发展政策选择》，《中国农村经济》2008 年第 8 期。

蔡昉：《人口转变、人口红利与刘易斯转折点》，《经济研究》2010 年第 4 期。

蔡荣、蔡书凯：《农业生产环节外包实证研究——基于安徽省水稻主产区的调查》，《农业技术经济》2014 年第 4 期。

曹东勃：《适度规模：趋向一种稳态成长的农业模式》，《中国农村观察》2013 年第 2 期。

常倩、王士权、李秉龙：《畜牧业纵向协作特征及其影响因素分析——来自内蒙古养羊户的经验证据》，《中国农业大学学报》2016 年第 7 期。

陈锡文、陈昱阳、张建军：《中国农村人口老龄化对农业产出影响的量化研究》，《中国人口科学》2011 年第 2 期。

陈锡文、韩俊：《关于农业规模经营问题》，《农村工作通讯》2002 年第 7 期。

陈锡文：《论农业供给侧结构性改革》，《中国农业大学学报》（社会科学版）2017 年第 2 期。

仇童伟：《自给服务与外包服务的关联性：对农业纵向分工的一个理论探讨》，《华中农业大学学报》（社会科学版）2019 年第 1 期。

党国英：《中国农业发展的战略失误及其矫正》，《中国农村经济》2016 年第 7 期。

邓乾秋：《不应当把"统分结合"与"双层经营"等同起来》，《中国农村经济》1992 年第 5 期。

盖庆恩、朱喜、史清华：《劳动力转移对中国农业生产的影响》，《经济学（季刊）》2014 年第 3 期。

高强：《理性看待种粮大户"毁约弃耕"现象》，《农村经营管理》2017年第4期。

国务院发展研究中心农村部：《服务规模化与农业现代化：山东省供销社探索的理论与实践》，中国发展出版社2015年版。

韩纪琴、王凯：《猪肉加工企业质量管理、垂直协作与企业营运绩效的实证分析》，《中国农村经济》2008年第5期。

韩俊：《以习近平总书记"三农"思想为根本遵循实施好乡村振兴战略》，《管理世界》2018年第8期。

胡凌啸：《中国农业规模经营的现实图谱："土地＋服务"的二元规模化》，《农业经济问题》2018年第11期。

胡新艳、朱文珏、罗锦涛：《农业规模经营方式创新：从土地逻辑到分工逻辑》，《江海学刊》2015年第2期。

黄季焜、靳少泽：《未来谁来种地：基于我国农户劳动力就业代际差异视角》，《农业技术经济》2015年第1期。

江雪萍、李大伟：《农业生产环节外包驱动因素研究——来自广东省的问卷》，《广东农业科学》2017年第1期。

姜长云：《解决"谁来种地"问题需要新思维》，《农村经营管理》2014年第4期。

孔祥智、穆娜娜：《实现小农户与现代农业发展的有机衔接》，《农村经济》2018年第2期。

孔祥智、周振：《规模扩张、要素匹配与合作社演进》，《东岳论丛》2017年第1期。

孔祥智：《健全农业社会化服务体系实现小农户和现代农业发展有机衔接》，《农业经济与管理》2017年第5期。

李文明、罗丹、陈洁等：《农业适度规模经营：规模效益，产出水平与生产成本——基于1552个水稻种植户的调查数据》，《中国农村经济》2015年第3期。

联办财经研究院课题组：《耕地流转成本对粮食价格和规模经营的影响》，2017年6月2日，和讯网。

罗伯特·K.殷：《案例研究：设计与方法》（第3版），周海涛等译，重庆大学出版社 2004 年版。

庞晓鹏：《中国农村民间合作服务组织研究》，中国农业科技出版社 1999 年版。

秦凤明、李宏斌：《警惕土地流转后"毁约弃耕"》，《中国国土资源报》2015 年 5 月 27 日。

唐宗焜：《合作社真谛》，知识产权出版社 2012 年版。

王桂霞、霍灵光、张越杰：《中国肉牛养殖户纵向协作形式选择的影响因素分析》，《农业经济问题》2006 年第 8 期。

王建、陈刚、马意翀：《农业新型经营主体何以"毁约退地"》，《农村经营管理》2016 年第 11 期。

王跃梅、姚先国、周明海：《农村劳动力外流、区域差异与粮食生产》，《管理世界》2013 年第 11 期。

徐家鹏、李崇光：《蔬菜种植户产销环节紧密纵向协作参与意愿的影响因素分析》，《中国农村观察》2012 年第 4 期。

应瑞瑶、王瑜：《交易成本对养猪户垂直协作方式选择的影响——基于江苏省 542 户农户的调查数据》，《中国农村观察》2009 年第 2 期。

张琛、彭超、孔祥智：《农户分化的演化逻辑、历史演变与未来展望》，《改革》2019 年第 2 期。

张红宇、张海阳、李伟毅、李冠佑：《中国特色农业现代化：目标定位与改革创新》，《中国农村经济》2015 年第 1 期。

张红宇：《"老人农业"难题可以破解》，《农村工作通讯》2011 年第 14 期。

张昆、王海涛、王凯：《垂直协作模式与农户生产绩效：基于交易成本与风险的视角》，《江海学刊》2014 年第 4 期。

张莹、肖海峰：《农牧户产业链纵向协作模式选择意愿及影响因素分析——基于羊绒产业的调研数据》，《农业现代化研究》2016 年第 4 期。

张云华：《中美农业基础竞争力对比与建议》，《中国农业文摘——农业工程》2017 年第 4 期。

赵鲲、刘磊：《关于完善农村土地承包经营制度 发展农业适度规模经营的认识与思考》，《中国农村经济》2016 年第 4 期。

钟真、孔祥智：《着力完善新型农业社会化服务体系》,《农民日报》2015年1月7日。

钟真：《社会化服务：新时代中国特色农业现代化的关键》,《政治经济学评论》2019年第2期。

周曙东、戴迎春：《供应链框架下生猪养殖户垂直协作形式选择分析》,《中国农村经济》2005年第6期。

第五章

探索创新Ⅲ：
农户流转土地与农业组织规模化经营

农户流转土地与农业组织规模化经营的统分关系中，农户不参与农业生产，将土地生产要素流转给农业组织规模化经营，相比第三章、第四章的经营形式，这种方式"统"的程度最高。即便是这种高度"统"的经营方式，也需要建立适宜的统分结合的机制。本章将着重对此命题进行论述。

第一节　土地流转发展背景与十字路口徘徊

以流转土地实现农业适度规模经营，一度被提升到很高的政策层次。1984年"中央一号文件"就提出"鼓励土地逐步向种田能手集中"，21世纪以来关于鼓励土地流转（特指家庭承包耕地面积流转）的政策文件密集出台。不可否认，流转土地对完善农业经营体制、促进农业现代化具有重要意义，但是当前土地流转处在了徘徊不前的十字路口。

一　我国农村土地流转政策演变

改革开放以来，我国农村土地流转政策经历了一个由体制问题到发展问题的转变，体制问题涉及承包地是否允许流转，发展问题是要明确流转的目的是什么（霍雨佳等，2015）。

1. 禁止流转时期

1978—1983年，我国农业政策明确规定禁止农村土地流转。1982年中共中央《全国农村工作会议纪要》规定，"社员承包的土地，不准买卖，不准出租，不准转让，不准荒废，否则，集体有权收回"。1982年《宪法》规定，"任何组织或者个人不得侵占、买卖、出租或者以其他形式非法转让土地"。

2. 逐步放开时期

1984—2006年，农村土地流转经历了有限制流转—允许流转—部分强制—全面放开的转变。（1）有限制流转。1984年土地流转政策发生了较大变化，《一九八四年农村工作的通知》提出，"鼓励土地逐步向种田能手集中。社员在承包期内，因无力耕种或转营他业而要求不包或少包土地的，可以将土地交给集体统一安排，也可以经集体同意，由社员自找对象协商转包，但自由地、承包地均不准买卖，不准出租，不准转作宅基地和其他非农业用地"。这表明国家首次默许了土地流转，但是流转是有前提的，也是要经集体同意的，即是有限制的流转。（2）允许流转。1988年土地流转政策方向发生了根本性变化，同年修改后的《宪法》规定"土地的使用权可以依照法律的规定转让"，修改的《土地管理法》的决定也指出，"任何单位和个人不得侵占、买卖或者以其他形式非法转让土地。土地使用权可以依法转让"。（3）部分强制。为完成上级政府任务指标，部分地区出现了强制农户流转土地的现象，最具代表性的是"两田制"和"反租倒包"形式。为扭转这种不正常现象，1993—2003年，国家政策文件多次强调土地流转要坚持"依法、自愿、有偿"的原则。（4）全面放开。2003年《农村土地承包法》和《农业法》施行，明确了"通过家庭承包取得的土地承包经营权可以依法采取转包、出租、互换、转让或者其他方式流转"的法律规定，对土地流转进行了原则性约束，也为地方土地流转实践提供了明确的法律基础，农村土地流转进入了全面放开阶段。2005年3月，原农业部颁布实施《农村土地承包经营权流转管理办法》，对流转方式、流转合同的签订以及农地流转管理给出了详细、明确的规定，逐步引导农村土地流转进入规范化与标准化发展时期。

3. 加速促进时期

2007—2014年，我国农村土地流转发展较快。2007年3月公布《物权法》，规定了农村集体所有权、土地承包经营权、宅基地使用权等农民的一系列权利，明确土地承包经营权为用益物权。2008 年党的十七届三中全会提出"赋予农民更加充分而有保障的土地承包经营权，现有土地承包关系要保持稳定并长久不变"，给农民吃上了一颗定心丸，极大地促进了农村土地流转（孔祥智，2010）。2009 年，中央为鼓励土地流转通过了《农村土地承包经营纠纷调解仲裁法》，明确规定了调解仲裁的方式、程序，为及时化解农村土地承包经营纠纷、维护当事人合法权益提供了法律依据，加速推进了农村土地的流转。2012—2014 年，我国农村土地流转面积占家庭经营总面积的比重每年保持 4 个百分点以上，相比 20 世纪 90 年代末土地流转面积仅占家庭承包经营总面积 1%，已有了很大的改观。

4. 回归适度时期

由于加速农村土地流转成效显著，部分地区出现了片面追求规模扩大的现象。基于此，2014 年全面深化改革领导小组第五次会议通过的《引导农村土地承包经营权有序流转 发展农业适度规模经营的意见》提出，"引导土地经营权有序流转，坚持家庭经营的基础性地位，积极培育新型经营主体，发展多种形式的适度规模经营，巩固和完善农村基本经营制度。改革的方向要明，步子要稳，既要加大政策扶持力度，加强典型示范引导，鼓励创新农业经营体制机制，又要因地制宜、循序渐进，不能搞大跃进，不能搞强迫命令，不能搞行政瞎指挥，使农业适度规模经营发展与城镇化进程和农村劳动力转移规模相适应，与农业科技进步和生产手段改进程度相适应，与农业社会化服务水平提高相适应，让农民成为土地流转和规模经营的积极参与者和真正受益者，避免走弯路"。2016 年"中央一号文件"再次提出，要发展多种形式的适度规模经营。2017 年"中央一号文件"进一步把服务带动型适度规模经营也提高到了与土地流转型适度规模经营同等重要的地位。此后，党的十九大报告、2018 年和 2019 年"中央一号文件"以及《关于促进小农户和现代农业发展有机衔接的意见》等多个高级别政策文件均对如何推进土地流转型、服务带动型等多种形式的适度规模经营做出了部署。

表 5-1 我国农村土地流转的主要政策

文件名称	主要内容
1982 年中共中央《全国农村工作会议纪要》（中发〔1982〕1 号）	社员承包的土地，不准买卖，不准出租，不准转让，不准荒废，否则，集体有权收回
1982 年《宪法》	任何组织或者个人不得侵占、买卖、出租或者以其他形式非法转让土地
1984 年《一九八四年农村工作的通知》（中发〔1984〕1 号）	鼓励土地逐步向种田能手集中。社员在承包期内，因无力耕种或转营他业而要求不包或少包土地的，可以将土地交给集体统一安排，也可以经集体同意，由社员自找对象协商转包，但自由地、承包地均不准买卖，不准出租，不准转作宅基地和其他非农业用地
1988 年《宪法》	土地的使用权可以依照法律的规定转让
1988 年《土地管理法》	任何单位和个人不得侵占、买卖或者以其他形式非法转让土地。土地使用权可以依法转让
1994 年《一九九四年农业和农村工作的意见》（中发〔1994〕4 号）	重点抓好延长耕地承包期和土地使用权有偿转让等政策的贯彻落实
1995 年《做好 1995 年农业和农村工作的意见》（中发〔1995〕6 号）	要逐步完善土地使用权的流转制度
1996 年《"九五"时期和今年农村工作的主要任务和政策措施》（中发〔1996〕2 号）	随着劳动力向非农产业转移，要建立土地使用权流转机制，在具备条件的地方发展多种形式的适度规模经营
1997 年《进一步稳定和完善农村土地承包关系的通知》（中办发〔1997〕6 号）	少数经济发达地区，农民自愿将部分"责任田"的使用权有偿转让或交给集体实行适度规模经营，这属于土地使用权正常流转的范围，应当允许
2002 年《做好 2002 年农业和农村工作的意见》（中发〔2002〕2 号）	加强对农村土地流转的引导和管理，严禁强行收回农户承包地搞土地集中
2003 年《农村土地承包法》和《农业法》	明确了通过家庭承包取得的土地承包经营权可以依法采取转包、出租、互换、转让或者其他方式流转的法律规定
2005 年《农村土地承包经营权流转管理办法》（2005 年农业部令第 47 号）	对流转方式、流转合同的签订以及农地流转管理给出了详细、明确的规定
2007 年《物权法》	规定了农村集体所有权、土地承包经营权、宅基地使用权等农民的一系列权利，明确土地承包经营权为用益物权
2008 年党的十七届三中全会公报	赋予农民更加充分而有保障的土地承包经营权，现有土地承包关系要保持稳定并长久不变

续表

文件名称	主要内容
2009 年《农村土地承包经营纠纷调解仲裁法》	明确规定了调解仲裁的方式、程序，为及时化解农村土地承包经营纠纷、维护当事人合法权益提供了法律依据
2014 年《引导农村土地承包经营权有序流转 发展农业适度规模经营的意见》	引导土地经营权有序流转，坚持家庭经营的基础性地位，积极培育新型经营主体，发展多种形式的适度规模经营；改革的方向要明，步子要稳；不能搞大跃进，不能强迫命令，不能搞行政瞎指挥，使农业适度规模经营发展与城镇化进程和农村劳动力转移规模相适应，与农业科技进步和生产手段改进程度相适应
2016 年"中央一号文件"《中共中央国务院关于落实发展新理念 加快农业现代化 实现全面小康目标的若干意见》	坚持以农户家庭经营为基础，支持新型农业经营主体和新型农业服务主体成为建设现代农业的骨干力量，充分发挥多种形式适度规模经营在农业机械和科技成果应用、绿色发展、市场开拓等方面的引领功能
2017 年"中央一号文件"《中共中央国务院关于深入推进农业供给侧结构性改革 加快培育农业农村发展新动能的若干意见》	积极发展适度规模经营。大力培育新型农业经营主体和服务主体，通过经营权流转、股份合作、代耕代种、土地托管等多种方式，加快发展土地流转型、服务带动型等多种形式规模经营
2017 年党的十九大报告	构建现代农业产业体系、生产体系、经营体系，完善农业支持保护制度，发展多种形式适度规模经营，培育新型农业经营主体，健全农业社会化服务体系，实现小农户和现代农业发展有机衔接
2019 年《关于促进小农户和现代农业发展有机衔接的意见》	坚持小农户家庭经营为基础与多种形式适度规模经营为引领相协调，坚持农业生产经营规模宜大则大、宜小则小，充分发挥小农户在乡村振兴中的作用，按照服务小农户、提高小农户、富裕小农户的要求，加快构建扶持小农户发展的政策体系

二 农村土地流转的模式与成效

从具体流转形式来看，土地流转包括转包、转让、互换、出租、入股、置换、重组、兼并、股田等在内的模式，不同形式流转模式对粮食安全、农民收入、农地经营权抵押性能等产生的作用方向、影响程度不同（谷树忠等，2009；姜松等，2013；罗兴、马九杰，2017）。为便于比较分析，有学者按流转主体不同对土地流转模式进行划分。董国礼等（2009）基于产权代理视角，将土地流转模式划分为以农户为流转主体的私人代理模式、以集体经济组织为流转主体的政府代理模式和以市场土地中介为流转主体的市场代理模式，分别对应单层委托代理关系、双层委托代理关系和循环委托代理关系。其中，私人代理模式以人情关系为中介，采取转包以及无偿代耕代种为主的土地流转模式，流转关系不稳定，土地流转绩效较低；政府代理模式在征得农民同意基础上，通过统一集中土地资源降低个人代理成本，但存在产生寻租行为的风险；市场代理模式能够将土地经营权作为稀缺资源进行市场交换，但大多数地区农村土地市场价格机制仍有待建立健全。

伍振军等（2011）基于对流转市场完善程度与政府扶持方向两个维度的考虑，借鉴孔祥智等（2010）的土地流转过程分析方法，将我国土地承包经营权流转概括为四种主要模式：一是以浙江省为代表的流转市场基本完善，政府扶持市场参与主体的"M模式"。二是以四川省、重庆市等地为代表的流转市场初步建立，政府扶持需求主体的"M–模式"。三是以安徽省、黑龙江省等地为代表的流转市场尚未建立，政府扶持流转中介的"S+模式"。四是欠发达、偏远地区的流转市场和政府职能缺失，自发流转的"S模式"。已有学者就土地流转过程中政府主导与市场导向的关系展开广泛地讨论。中国农村土地流转在很大程度上是一个政府主导的过程（《中国土地问题》课题组，2010）。钱忠好、冀县卿（2016）基于江苏、广西、湖北和黑龙江4省（区）2006—2013年调研数据发现，上级政府组织农地流转的比例稳步上升，其中村组集体组织农地流转的比例转入户组为37.41%，转出户组为39.64%，但政府干预、村级管制强化同时既会降低流转概率，也会导致转入户与转出户资源配置效率与收入水平存在结构性受损（郜亮亮等，2014；张建等，2016）。总体来看，当前土地流转模式存在强行政色彩、弱市场因素等共性问题，流转市场发育程度不足，不仅导致土地流转去"内卷化"目标未能实现，甚至使得自身陷入"内卷化"困境（匡远配、陆钰凤，2018），有学者曾因此呼吁设立"农村土地流转服务中心"（罗玉辉等，2016）。

在各地对于农村土地流转模式的探索努力下，中国农村土地流转取得了一系列显著成效，对农地经营行为、农业生产效率、农户收入水平等产生重要影响。一是对农地经营行为的影响。在农地经营规模集中方面，何欣等（2016）通过两轮农户追踪调查数据发现，农户户均土地经营面积增加，从 8.3 亩上升到 12.9 亩。在农地经营稳定性方面，兰勇等（2019）以家庭农场为例，发现不同土地流转模式下土地经营权的稳定性有所不同，股份合作模式要优于反租倒包模式与出租模式。在农地经营结构方面，张宗毅、杜志雄（2015）运用全国 1740 个种植业家庭农场数据发现，随着土地经营规模的扩大，非粮作物种植比例显著下降。二是对农业生产效率的影响。大多数文献认为，农村土地流转能够促进农业生产效率的提升（陈训波等，2011；陈海磊等，2014），并且转入户生产效率的提升相比转出户更为显著（戚焦耳等，2015）。在要素生产效率方面，钱龙、洪名勇（2016）认为农地流转只能对转入户土地生产率产生显著正向影响，未能对农户（包括转入户和转出户）劳动生产率产生显著影响。冒佩华等（2015）则提出农业生产效率水平提升与非农生产效率水平提升分别是转入户与转出户劳动生产率水平提升的重要推力。盖庆恩等（2017）则指出土地要素的有效配置（即通过农地流转的方式）能够实现中国农业部门全要素生产率的提升。三是对农户收入水平的影响。大多数研究表明，农村土地流转能够显著提升农户（包括转入户和转出户）收入水平（冒佩华、徐骥，2015；钱忠好、王兴稳，2016），但对经营性收入增加不显著，农业经营效率作用未能得到充分发挥（刘远风，2016）。需要注意的是，由于农地流转对增收效应存在异质性，不同群体（包括转入户与转出户、高收入与低收入）农户收入不平等呈现出扩大趋势（高欣等，2016；史常亮等，2017），加剧村庄内部收入不平等（肖龙铎、张兵，2017）。

三　农村土地流转的停滞与徘徊

经过一段高增长后，近年来我国农村土地流转基本处于停滞状态。如图 5-1 所示，2015 年以来农村土地流转面积增速明显放缓，占全国家庭承包耕地面积比重数据增长也逐步趋缓。根据实地调研，甚至许多新型经营主体转而退还流转的土地。结合第三次全国农业普查数据，截至 2016 年底，在 20743 万农业经营户中，只有 398 万规模农业经营户，仅占 0.19%，说明土地流转主要在亲友之间进行，并没有实现规模经营的目标。为什么农村土地流转会陷入徘徊不前呢？总体来看，有如下几方面的因素。

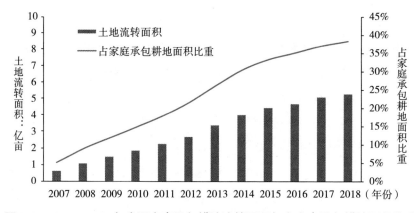

图5-1　2007—2018年我国家庭承包耕地流转面积与占家庭承包耕地面积比重

资料来源：根据笔者整理。其中，2018年占家庭承包耕地面积比重数据，由2018年土地流转面积数据比对2017年全国家庭承包耕地面积。

　　首先，根本原因是土地制度改革滞后于经济发展需要。如何保障土地流转后形成的经营权是制度创新的核心。2014 年"中央一号文件"顺应这一要求，提出了"三权分置"思路，2016 年中共中央办公厅、国务院办公厅发布《关于完善农村土地所有权承包权经营权分置办法的意见》，创造性地提出了"土地经营权人"的概念，并规定其"对流转土地依法享有在一定期限内占有、耕作并取得相应收益的权利"。经 2018 年 12 月 29 日第十三届全国人民代表大会常务委员会第七次会议修正的《农村土地承包法》为了切实保护承包人的利益，没有采纳把土地经营权界定为用益物权的观点，但同时对土地经营权人的权益给予了比较充分的保护，最重要的是第四十一条，即："土地经营权流转期限为五年以上的，当事人可以向登记机构申请土地经营权登记。未经登记，不得对抗善意第三人。"实际上进行了物权化处理。但是，现实中超过 5 年的土地流转项目很多，但基本都是在年初或播种前支付租金，否则农民就会收回土地。这样就产生了一个新问题：按年头支付租金的长期协议受法律保护吗？如果出现纠纷，法律保护谁的利益？是土地经营权人的，还是承包人的？可惜的是，新版《农村土地承包法》的这项制度设计在现实中具有很大的局限性。即使近年来密集出台了多部政策、法律，土地经营权人的权益保障依然没有落到实处。经流转土地而形成的家庭农场、农业企业等新型经营主体的发展前景预期很难明朗化，导致了我国土地流转出现了停滞与徘徊。①

其次，流转土地、规模经营效益严重下滑。正如第四章所述，伴随我国农村土地流转成本上升、农业劳动成本增长、国内主要农产品价格"弱增长"等因素叠加影响，流转土地规模经营的生产方式效益逐渐下滑。这是导致当前我国农村土地流转缓慢的又一项重要原因。以下引用一则人民网—河南频道的新闻报道，展现当前流转土地、规模经营的收益情形。

随着近年玉米价格的持续走低，让不少像老陈这样的种植大户陷入了困境。延津县的主要作物是小麦和玉米，玉米价格的下跌，让种粮收益本就不高的农户忧心忡忡。尤其对大规模经营的农户来说，粮食一斤少卖几毛钱，总体收入就得减少好几万。2016 年就是典型的"丰产不增效"。老陈介绍，2016 年虽然有天灾影响，但管理得当，自己的产量并未减少，但价格卖不上去，整体来说不赚啥钱。"搞产业就是看效益，不赚钱，没效益，农民哪儿来的积极性。"老陈说。困扰老陈的，除了粮价的下跌，还有资金问题。在延津县，土地流转资金根据土地的好坏和流转主体的不同而有所区分：农户间小面积流转，土质好一些的，每亩一年的流转费用是 500—800 元，土质差一些的是 300—500 元，有些甚至只是在过年时给几袋粮食。但是在农户与龙头企业、合作社或种粮大户流转时，每亩租金则高达 800—1200 元。"土地流转费按每亩 1200 元，1500 亩地就要将近 200 万元，必须一次性给老百姓付清。"老陈说，地租成本居高不下，玉米价格又下跌，土地流转是不好

---

① 详见孔祥智《"三权分置"的重点是强化经营权》，《中国特色社会主义研究》2017 年第 3 期，第 22–28 页。

干了。僧固乡另一位种粮大户坦言，现在最忧心的就是土地流转资金问题。付地租要一次性拿出几十万元，自身资金不足，银行也不给贷款，只能借高利贷，但利息太高的话就会承受不了。除了土地流转成本，还有全年种植需要的种子、肥料、机械这些充满不确定性因素的生产成本，再加上有时出现的天灾造成的损失，农民种地到底赚不赚钱？有基层干部反映，前几年经常有人来僧固乡租地，但这两年，来的人明显少了，甚至没有人再来了。

——选自 2017 年 3 月 15 日人民网－河南频道《土地流转速度放缓？来自河南一产粮大县的调查》，http://henan.people.com.cn/n2/2017/0315/c351638-29859359.html。

第二节　仁发合作社"统"与"分"的嬗变逻辑

在黑龙江省合作经营领域内，有着这样一句流传较广的话：黑龙江合作社看克山，克山合作社看仁发。这里的"仁发"指黑龙江省克山县仁发农机合作社（以下简称"仁发合作社"）。合作社于 2009 年成立，经过短暂的几年发展，实现了从经营亏损到效益突增、从默默无闻到全国典型的华丽转身。仁发合作社是流转土地、规模经营的一种典型模式，合作社成长路径中也蕴含了"统"与"分"密切结合的内涵。

一　引言

不可否认的是，流转土地、规模经营对实现农业现代化具有重要的意义。问题的关键是，怎么探索出流转土地、规模经营的有效发展路径，尤其是在国内生产成本上升与全球农产品价格下跌的双重挑战下，形成商业模式可持续、盈利能力好、抗风险能力强的发展模式尤为重要。以粮食生产为例，据《全国农产品成本收益统计资料》的数据显示，2011 年至 2018 年，稻谷、小麦、玉米三种主要粮食每亩平均总成本由791.16 元上升到 1093.77 元，名义增长达到 38.2%，同期我国中晚稻、小麦、玉米现货平均价格分别由 2011 年初 1.16 元/斤、1.06 元/斤、1.06

元/斤变动至2018年末的1.23元/斤、1.24元/斤、0.97元/斤[1]，涨幅分别为6.0%、17.0%、-8.5%，远低于同期生产成本的攀升。生产成本与经营收益的"一升一降"，导致农业经营利润快速下降，全国不少地区已出现了规模经营"开倒车"的现象（王建等，2016；秦风明、李宏斌，2015；高强，2017），许多流转土地的农业经营主体退租毁约。仁发合作社所在的黑龙江省克山县也出现了类似现象，因玉米价格低迷以及地租成本居高不下，大量的农机合作社减少了种植规模，单方面与农户撕毁土地流转合约。

值得关注的是，仁发合作社流转土地、规模经营的效益，与国内流转土地、规模经营普遍亏损的情形形成了明显的反差。2016—2017年东北玉米价格近乎腰斩，仁发合作社不仅扛过了寒冷的"冬天"，而且2016年、2017年总盈余分别高达3626万元、2856万元，同时还延伸了产业链，走向了更高层次的发展路径。为什么仁发合作社流转土地、规模经营效益如此较好？为什么有如此强的抗市场价格波动风险呢？这种反差的现象值得研究与深思，这对流转土地、实现规模经营具有重要现实意义，对完善农业经营体制、促进农业现代化同样具有重要的研究价值。

根据North（1990）的分析框架，制度安排决定经济绩效。为此，本节仍将以新制度经济学分析框架为基础，以合作社的制度设计的"统"与"分"的关系为主线，剖析经营绩效的制度来源，解析仁发合作社流转土地、规模化经营强劲生命力的制度原因。研究结论显示，"统"与"分"的分析主线亦能对仁发合作社的成长进行解释，并且统分关系适度结合是仁发合作社制度设计的典型特征，也是仁发合作社经营绩效的重要来源。

二 资料收集与案例介绍

（一）资料来源

笔者所在的研究团队，即中国人民大学课题组长期跟踪研究仁发

---

[1] 数据来自Wind数据库农产品现货价格。

合作社，截至 2020 年已有 8 年之久。自 2013 年以来，研究团队先后 7 次赴克山县对仁发合作社开展实地考察调研，分别是 2013 年 8 月、2013 年 9 月、2015 年 3 月、2016 年 3 月、2017 年 8 月、2018 年 7 月和 2019 年 6 月。调研对象涵盖了理事长、合作社其他管理人员、合作社社员等，通过 7 次深度访谈，研究团队详细了解了仁发合作社的成立过程、股权结构、治理机制、主要业务、盈余分配、经营绩效等情况。每次调研课题组都形成约 2 万字的调研报告，依托这些资料，课题组对合作社盈余分配、演化路径、商业模式、清洁生产等方面，形成了大量的研究成果（周振、孔祥智，2015；刘同山、孔祥智，2015；闵继胜、孔祥智，2017；张琛、孔祥智，2018；孔祥智，2018；穆娜娜、孔祥智，2019；穆娜娜等，2019）。

除访谈资料与研究团队研究成果外，研究团队每年都能收集黑龙江省、克山县两级农业部门对仁发合作社做出的总结材料。这些材料较为详尽地介绍了仁发合作社发展历程与成效，为本节研究提供了较好的素材支撑。

（二）案例介绍

仁发合作社位于黑龙江省齐齐哈尔市东北部的克山县，它的成立背景是：2009 年，黑龙江省出台了支持农机合作社发展的系列政策，规定凡是注册资金能够达到 1000 万元左右的农机合作社，政府将补贴 60% 左右的农机具购置费用。在政策鼓励下，2009 年 10 月，克山县河南乡仁发村村支书李某带领其他 6 户村民注册成立了"克山仁发农机合作社"。李某出资 550 万元，其他 6 户分别出资 50 万元，合计 850 万元，加上国家财政补贴 1234 万元，合作社总投资额达 2084 万元。合作社利用这些资金在 2009 年购买了 30 多台现代化的精量点播机、联合收割机、大马力拖拉机等大型农业机械。2010 年初，仁发合作社正式运营，起初的主营业务包括农机化服务与转入土地经营；后来仁发合作社的经营业务向农产品加工、产品销售等领域拓展。合作社的经营规模从 2010 年的农机作业服务 1100 亩增长到 2018 年入股流入耕地 5.6 万亩，盈利情况从 2010 年的亏损 187 万元变化为盈余 3216 万元。

表 5-2   仁发合作社成员的股金占比情况

序号	发起人	入社股金（万元）	占比（%）
1	李凤玉（理事长）	550	64.7
2	张德军	50	5.9
3	杨斌	50	5.9
4	王宝君	50	5.9
5	王新春	50	5.9
6	郑海军	50	5.9
7	车跃忠	50	5.9
合计		850	100

资料来源：根据调研资料整理。

表 5-3   2009—2018 年仁发合作社的基本发展情况

年份	成员数量（户）	入社流入耕地面积（亩）	总盈余（万元）	入社耕地分红（元／亩）
2009	7	0	0	0
2010	7	1100(租赁、非入股)	−187	240（租金）
2011	314	15000	1342	715
2012	1222	30128	2759	732
2013	2436	50159	5329	786
2014	2638	54000	4890	679
2015	1014	56000	4196	584
2016	1014	56000	3626	505
2017	1014	56000	2856	398
2018	1014	56000	3216	425

资料来源：根据调研资料整理。

三　统分结合嬗变的四个阶段

仁发合作社在较短时期内，获得了较好的发展成效。合作社发展历程初步可划分为四个阶段，这四个阶段也是合作社"统"与"分"关系调整变化的时期。

（一）第一阶段："统"的规模不足与经营亏损

2010 年，仁发合作社经营内容包括两部分：一是提供农机化服务。合作社提供的农机化服务能减少家庭农业生产中的劳动力投入，因此，当地农户乐意购买农机化服务。不过，由于当地农机化服务市场竞争激烈，并且农户的土地较为分散，大机械连片耕作的优势很难得到发挥，因此，2010 年，仁发合作社的农机化服务收入还不足 100 万元。二是在流转土地上种植马铃薯。2010 年，合作社以 240 元 / 亩的价格转入土地 1100 亩，由合作社统一经营。但是，由于土地流转价格较低，农户转出的土地多为贫瘠地块。并且，由于土地无法连片种植，大型农业机械的优势也没能得到发挥。因此，经营一年后，仁发合作社在种植马铃薯上就亏损了几十万元。

2010 年末，仁发合作社的净利润为 13 万元，但在考虑机械折旧后，合作社全年亏损了近 200 万元。忙碌了一年，7 户成员没有获得任何回报。从机会成本的角度来看，他们的亏损则更大。这是因为将 850 万元的资金无论投资其他哪个行业，总能获得平均利润；即使是将这些资金存入银行，一年的利息收入也有几十万元。合作社初期惨淡经营的局面使这 7 户成员有了较强的悲观情绪，有些成员甚至对合作社的发展前景失去了信心。

换言之，处于初创期的仁发合作社，无论是农机作业服务规模，还是流转土地经营规模，都比较小，即"统"的规模不足，收获不到"统"可能带来的规模经济。

（二）第二阶段：土地入股、"统"增加与经营向好

1. 调整盈余分配方式促"统"的增加

2011 年春，仁发合作社遇到了一次发展的契机。为了考察国家投入大笔财政配套资金促进农机合作社发展的情况，黑龙江省农委王主任来到仁发合作社，对其第一年的失败教训做出了总结并给出了建议：第一，农机化服务并不适合仁发这样的大型农业机械合作社。大型农业机械合作社从事农机化服务有两点不足：一是所服务的一家一户的

土地面积较小，很难连片，几乎发挥不出大型农机具的优势；二是克山县农机服务市场发展迅速，农机服务供给已趋于饱和，合作社如果业务范围局限在农机化服务上就很难获利。第二，合作社经营的转入土地的面积太小，大型农机具须配套大面积的土地经营，才能发挥优势。合作社应扩大土地的转入规模，将主营业务从"农机化服务"转变到转入土地的农业经营上。第三，扩大土地流转规模应从改善合作社的盈余分配方式入手。仁发合作社第一年经营亏损的根本原因是土地转入价格太低，没能调动农户带地入社的积极性。合作社应让所有成员都参与盈余分配，以此吸引更多农户带地入社，扩大土地经营规模，进而发挥大型农机具的优势。并且，国家给合作社的财政配套资金是给合作社所有成员的，仁发合作社理应让所有成员都分享到财政资金给合作社经营带来的盈余。

遵照王主任的建议，仁发合作社决定从改进盈余分配方式入手进行改革。经过与农户几轮协商，仁发合作社最终确定了新的盈余分配方式。其内容是：第一，从 2011 年起，7 户原始出资人每年向普通成员支付 350 元/亩的土地"保底价"，比 2010 年 240 元/亩的土地转入价格高出 110 元；第二，合作社年末若有盈余，每亩土地折价 350 元作为股份参与盈余分配（即土地要素同时获得保底收益与盈余分配收益）；第三，成员不分入社先后，都平等地享有国家补贴资金的分红权利，国家投入的 1234 万元补贴资金所产生的盈余，每年结算时按成员户数平均分配；第四，入社自愿、退社自由，成员在退社时可以获得其成员账户上的全部股金（公积金除外），包括各种盈余结转。

从仁发合作社第二阶段的经营绩效与分配情况看（见表 5-4），2011年，仁发合作社的土地种植收入达到 2045.2 万元，农机服务收入达到718.5 万元，总收入近 3000 万元，扣除农机具折旧、厂库折旧、机械维修、人员工资、管理费用和土地经营投入等费用 1421.5 万元，年盈利达 1342.2 万元。2011 年末，仁发合作社兑现了年初的分配承诺，首先支付了 525 万元的土地租金（每亩支付 350 元），剩余的 817.2 万元作为股金红利按比例分配。其中，参与分配的股金包括以下三部分：7 户原始出资人的股金、土地折资（350 元/亩）以及国家财政补贴资金（平均量化到 314 户成员）①。合作社普通成员的亩均收益增至 710 元，比 2010 年单纯得到 240 元土地转出费用提高了 470 元。在这样的盈余分配方式下，理事长李某在 2011 年的分配中分得了 175.2 万元，投资回报率高达 31.3%；其余 6 位发起户每户分得红利 17 万元，投资回报率为 33%。

表 5-4　　　2011—2013 年仁发合作社的经营绩效与盈余分配情况

类别	指标	2011 年	2012 年	2013 年
经营绩效	成员总数（户）	314.0	1222.0	2436.0
	转入土地面积（万亩）	1.5	3.0	5.0
	收入（万元）	2763.7	—	10500.0
	其中：土地经营收入（万元）	2045.2	—	10500.0
	农机化服务收入（万元）	718.5	0	0
	生产成本与其他费用（万元）	1421.5	—	5172.0
	盈余额（万元）	1342.2	2758.0	5328.0
盈余分配方式	土地"保底金"（每亩 350 元，万元）	525.0	1054.0	0
	管理人员工资（万元）	0	0	159.8
	股金分红（万元）	817.2	1704.0	2067.3
	其中：出资人分红（万元）	269.8	371.1	—
	土地折资分红（万元）	162.8	466.0	0
	国家补贴分红（万元）	384.7	688.5	—
	公积金分红（万元）	0	178.4	—
	土地分红（万元）	0	0	3100.9
	公积金（股金分红的 50% 作为公积金，万元）	408.6	852.5	1033.6

注：数据由笔者根据访谈资料整理得到。

此外，为了增加资本积累从而促进合作社进一步发展，2011 年底，仁发合作社将股金分红的一半作为合作社的公积金。其操作过程是：在成员分得红利几天后，合作社再将其中的一半——收上来。在操作中，所有成员都返还了一半的红利。仁发合作社将公积金按照出资情况（包

---

① 2011 年，仁发合作社暂无公积金，因而，公积金不参与当年盈余的分配；2011 年提取的公积金参与下一年的盈余分配。

括资金、土地折资以及平均量化到成员的国家财政补贴）量化到个人，并建立了成员账户。合作社先将红利返给成员后再提取公积金的这一做法具有两方面的意义：第一，有利于增强成员对合作社的组织归属感，使成员形成"合作社是我们大家的"意识。事实上，调查中有不少成员直接表达"我们这个合作社怎么怎么样"，与笔者调查其他合作社时听到的"他们的合作社怎么怎么样"表述完全不同；第二，有利于建立成员所有的合作社产权结构，其实质如同成员以50%的红利入股合作社。

仁发合作社2012年的盈余分配方式与2011年大体相同，只是参与盈余分配的资金中多了2011年提取的公积金一项，具体分配情况如表5-4所示。

2."统"的具体表象与作用效果

通过调整合作社的盈余分配方式，合作社经营规模上升较快，农业生产各环节均显现出了"统"产生的效益，即获得了由"统"带来的规模经济。

第一，促进了合作社经营规模与生产能力的匹配。"农机吃不饱"、"统"得不足，是合作社初创期经营亏损的重要原因，在合作社改革分配方式后，合作社经营规模发生了较大变化。仁发合作社将重新制定的盈余分配方式在村内广为宣传，很快得到了农户的积极响应。在不到一周的时间里，就有307户农户（占全村农户的40%）带地入社，将承包地全部流转给仁发合作社，仁发合作社所经营的土地规模迅速增加到1.5万亩。由于规模提升，合作社经营效益同时提升，规模经营收入达到2763.7万元。仁发合作社2011年的发展成效吸引了不少未入社的农户。2012年初，合作社成员数量达到1222户，相比2011年增加了近3倍，所经营的土地面积增长到3万亩；2013年及以后，合作社经营规模扩大到5万亩。简言之，通过土地流转入股，使得耕地实现了规模化、连片作业，大农机的"吃不饱"问题得到有效缓解，农机空跑成本也大幅降低，大型农机具的优势也得到了发挥，每亩土地的机械化耕作成本比农户单独经营时的这一费用低了约100元。

第二，农资统一采购产生成本节约效益。由于生产规模提升，合作社能够大规模购买农资。通过统一大批量采购农资，不仅能够降低成本，同时也确保了农资的品质（穆娜娜、孔祥智，2019）。在成本节约方面，仁发合作社入社耕地的亩均农资费用要比普通农户节省100元左右。原因在于，仁发合作社的农资采购量通常较大，各大农资生产厂家都争相与其开展合作，在与供货厂家进行谈判时，合作社拥有较大的话语权；所有农资由厂家直送、一级批发，不产生中间费用。其中，化肥比一般的市场采购节省300—500元/吨，农药节省40—50元/亩，农机具用油节省500—600元/吨，种子便宜约20%。如2015年玉米种子的市场价是24.5元/斤，而合作社的采购价仅为17.5元/斤。此外，仁发合作社还可以赊销50%的农资费用。更为重要的是，仁发合作社的供货厂家为施可丰、田丰、龙峰等知名的大型农资企业，从源头上确保了农资品质。

第三，生产规模与生产技术同步提升。一家一户小规模生产，采纳新的生产技术既没有经济实力，也缺乏获取途径。由于仁发合作社生产规模较大，按照亩均测算技术采纳成本微乎其微，相比小农户更有效益；同时，由于生产规模较大，也是技术服务方优质客户源，比小农户更容易获取先进生产技术。2011—2012年，仁发合作社与农技推广站农技推广人员合作实施了"科技包保"[①]，择优选种以保证产量，如，通过应用"大垄技术"，玉米种植密度由每亩4000株提高到4500株，每亩比农户分散种植增产100多斤，亩均增收400多元。此外，仁发合作社购买了北京中绿华夏公司的农产品检测服务，合作社向麦肯公司技术员学习了先进的马铃薯种植与病虫害防治技术，如，合作社玉米种植采用110厘米"大垄双行技术"，马铃薯种植则采用85厘米"大垄单行密植技术"，并辅以测土配方施肥、深耕深松等技术，较普通农户而言，玉米亩均增产240斤、马铃薯亩均增产3000斤，农作物总体增产10%—15%（穆娜娜、孔祥智，2019）。

---

① 所谓"科技包保"是指政府农业技术推广站的农技人员与种粮大户或专业合作社签署科技服务、种苗采用协议；如果该技术或品种能够将粮食产量提高一定百分比，农技人员则获得一定的资金奖励；如果不能达到议定的增产效果，农技人员则要自掏腰包补偿种粮大户或专业合作社的损失。

第四，粮食烘干与价值提升。2014 年，在国家相关政策与项目资金扶持下，仁发合作社自建了粮食烘干仓储设施。众所周知，建设粮食烘干仓储设施投入大，是一般小农户难以想象的大工程，这本身就体现了规模经营的重要性。由于仁发农机合作社经营规模较大，"统"的程度较高，从亩均成本看，建设粮食烘干仓储设施成本并不高，也是国家农业政策实施的较好载体。换言之，这也体现了"统"的优势。粮食烘干仓储设施建设后，合作社实现了利润的明显增加。以 2014 年为例，烘干之前的玉米销售单价为 0.80 元 / 斤，烘干后为 1. 09 元 / 斤；1 吨潮粮，烘干后可得 1680 斤干粮，除去烘干成本 80 元 / 吨潮粮，1 吨潮粮增收 151.20 元，相当于 1 斤湿玉米多收入近 0.08 元（穆娜娜、孔祥智，2019）。

第五，产品统一销售与价格提升。仁发合作社的案例再次显示出，规模经营在产品销售上具有较好的市场谈判能力。马铃薯销售方面，2011—2012 年，仁发合作社与麦肯公司签订了 2000 亩大垄马铃薯订单，2013 年仁发合作社继续与麦肯公司合作，签订 1 万亩马铃薯订单，结算时由于合作社超额完成了订单，于是在原定 0.79 元 / 斤的订单价格基础上，麦肯公司每斤加价 0.125 元，使合作社增收 780 万元；2015 年在县政府的支持下，仁发合作社还与北大荒薯业签订了 5500 亩全粉专用薯订单，加上政府补贴，每斤马铃薯比市场销售增收 0.15 元（穆娜娜、孔祥智，2019）。玉米销售方面，相比小农户生产，合作社玉米销售价格高出市场价格 0.015 元 / 公斤（张琛、孔祥智，2018）。

（三）第三阶段："统"有余、"分"不足及其调整

经过短暂的几年发展，2013 年仁发合作社流转土地、经营规模已达到了 5 万亩。无论是生产规模，还是生产组织调度，"统"的程度较高，而"分"的成分相对较小，这也导致合作社生产经营出现了部分"小问题"。在此阶段，合作社调整了部分管理机制与经营策略。

1. 分配方式调整与风险分散

2011—2012 年，仁发合作社通过改革盈余分配方式激励了农户土地入股，破解了合作社"统"的不足发展困境。但是，合作社的盈余分配方式仍存在以下两方面不足：第一，成员之间"利益共享、风险

共担"的合作机制并没有完全建立起来。这一点很重要，这样的分配机制能对合作社"统"的成本起到节约作用，关于这方面的论述，将在本节第四部分进行讨论。2011 年，仁发合作社的经营风险全部由原始出资的 7 户成员承担，但是，他们并没有因此获得额外收入。由于存在土地"保底价"，不管合作社有没有盈利，原始出资的 7 户成员到年终都要向其他成员支付 350 元／亩的土地转出费用，这其实并没有体现出合作社的公平原则。第二，管理人员和农机手[①] 等人的劳动贡献未能在合作社的盈余分配中得到体现。合作社的产出除了得益于土地、资本这两个要素外，管理人员以及农机手的劳动也做出了重要贡献：合作社的农业生产经营活动全部由为数不多的管理人员与农机手承担，他们的劳动直接影响着合作社的产出。但是，他们的贡献在 2012 年以前的盈余分配中一直没有得到体现。调查中，不少农机手抱怨，他们在合作社劳动却得不到相应的工资，因此，工作积极性不高。这种现象即"统"得过多，"吃大锅饭"带来的激励不足的问题。

2013 年初，仁发合作社召集成员代表开会，通过决议改革了试行两年的盈余分配方式，着重对第二阶段盈余分配方式中存在的问题进行调整：首先，考虑到管理人员的付出，仁发合作社改变了过去管理人员不领取工资的做法，从年度总盈余中提取 3% 作为理事长及其他管理人员的年度工资，其中，理事长的工资占 20%，其他管理人员的工资占 80%；其次，为了逐步建立"风险共担、利益共享"的紧密合作机制，仁发合作社取消了土地"保底价"，土地要素仅参与盈余分红。不过，为了充分考虑农户的不同需求，仁发合作社还建立了"春要保底、秋不分红"的过渡措施：不愿意承担经营风险的农户可以在春季与合作社签订土地仅享有"保底价"的合同，但是，在秋季收获结算后，土地就不能再参与合作社的分红。最终，几乎所有成员都选择了土地仅参与秋季分红的分配方案。值得一提的是，取消土地"保底价"实质上建立了"分"的机制，将合作经营风险从合作社管理层单方面承担转变为合作社全部成员共同承担，这种机制设计具有天然的抗风险

---

① 部分农机手与合作社管理人员的身份是重合的。

能力。理由很简单，若合作社亏损 1000 万元，对合作社 7 位原始股东而言平均每人近 150 万元，摊在任何人身上都不堪重负；若由全部成员承担，人均亏损不到 1 万元，承担压力非常小。

调整后的盈余分配方式，包括如下内容（见图 5-2）：第一，从总收入中提取 10% 的资金用于合作社的厂库机具折旧，总收入的 90% 与总支出之差为合作社的总盈余；第二，从总盈余中提取 3% 的资金用于支付合作社管理人员的劳动报酬，总盈余的 97% 用于土地和股金的分红；第三，土地、股金参与盈余分配时，土地获得 60% 的盈余，股金获得 40% 的盈余。股金包括两个方面：一是国家财政补贴资金与地方专项资金，这部分资金平均量化到成员账户；二是成员入股资金与成员账户里的公积金。第四，仅从股金分红中提取 50% 作为合作社的年度公积金。

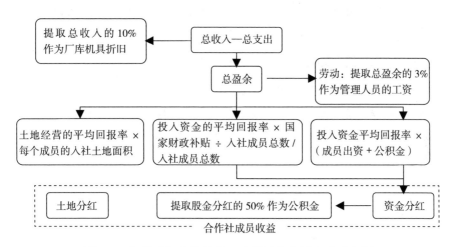

图5-2 仁发农机合作社第三阶段盈余分配方式示意图

注：土地经营的平均回报率=97%的总盈余×60%÷入社土地总面积，投入资金的平均回报率=97%的总盈余×40%÷（国家财政补贴+成员出资+上年公积金）。

2013 年，仁发合作社的成员数量进一步增加到 2436 户，所经营的土地面积达 50159 亩，总收入达 1.05 亿元，盈余额达 5328 万元，比 2012 年增长 93.2%。其盈余分配具体情况见表 5-4。值得注意的是，仁发合作社 2013 年所经营的土地规模相比于 2012 年增长了不到 1 倍，但是，其盈余却比 2012 年增加了 1 倍有余。这表明，仁发合作社 2013 年的经营绩效明显高于 2012 年。这一方面体现了合作社土地经营的规模效应，另一方面也与给予了劳动要素相应的激励从而增强了管理者和农机手的工作积极性有关①，即体现了破除"吃大锅饭"的效果。

2. 生产管理细分调整

由于我国人均耕地面积较少，农业生产力水平还较低，农业适度规模经营问题始终贯穿我国农业政策的历史变迁。通俗地讲，一户最适宜的经营面积是多少；或者，合作社最适宜的经营面积是多少？伴随经营规模的扩张，仁发合作社也遇到了"统"得过大带来的经营协调问题：调研了解到，虽然农机手的劳动也享有剩余索取权，但是合作社的经营管理高度集中在管理层，农机手往往是被动接受合作社任务安排，尤其是在田间管理上，即使到了除草时节，若没有合作社的任务指派，农机手一般也不会主动劳作，合作社面临着较高的协调成本。为解决这样的问题，合作社在生产管理上建立了"分"的机制：一是将土地划分为若干块，分给22人承包，并对22人建立了"保底＋分红"的责任考核机制，即超过一定产量要求部分给予承包户分红；二是实施农机具作业单车核算承包方式，实现农机手与管理者相互监督，避免以往农机手与管理者串通以及农机手不爱护农业机械的情况。通过这两种机制的设计，解决了合作社经营协调的问题，据合作社理事长初步核算，仅此一项变动，2016年合作社经营成本相比2015年减少了近600万元。

3. 控制经营规模

合作社适宜的经营规模是多少？在与合作社理事长多次的对话交流中，理事长对此有清晰的认识：我们合作社规模不能再增加了，保持现在5万多亩的面积，规模再大，就不好管理了。事实上，这折射出了当前新型农业经营主体对"统"的认识，即"统"并不是越大越好、越多越好。

（四）第四阶段：迈向更高层次的"统"

2013年仁发合作社经营利润达到了最高值，随后便开始呈逐年下

---

① 在仁发合作社经营的三个阶段中，其实际管理者或农机手数量都不超过10人，在盈余分配上对这些人的劳动进行激励，对产出的影响是至关重要的。

降的趋势。当然，合作社经营利润既受近年来克山县自然灾害多发导致粮食减产，也受 2016 年玉米临时收储政策取消的影响，但合作社依靠铺摊子、扩规模的数量发展已到极限。2015 年后，合作社开始转变经营策略，不再靠扩规模做大盘子，而是向农业产业链延伸，获取更高层次"统"的潜在收益。

第一，向产品加工领域延伸。2015 年合作社组建成立黑龙江仁发农业发展有限公司，公司注册资本 5000 万元，定位为谷物和马铃薯种植、仓储、加工、销售以及现代化农业机械销售。同年，黑龙江仁发农业发展有限公司与荷兰夸特纳斯集团开展深度合作，开展马铃薯全产业链加工项目，该项目包括马铃薯种薯繁育、工业薯种植、工业薯加工、薯制品销售等。2016 年，仁发合作社在黑龙江仁发农业发展有限公司基础上牵头成立了 4 个子公司，分别是主营甜糯玉米加工的仁发食品有限公司，主营马铃薯加工的华彩薯业，主营产业扶贫的仁人和食品加工有限公司和一家物流公司。截至 2019 年，黑龙江仁发农业发展有限公司已建成并且运营的生产线有糯玉米加工（2 条）、甜玉米加工（5 条）以及青刀豆、豌豆加工等。其中，甜玉米和糯玉米的种植加工一年可创造纯收益 2500 万—3000 万元。

第二，品牌化发展。仁发合作社也积极打造农产品品牌，建立线上销售网络渠道。例如，2013 年以来，仁发合作社就先后注册了"龙哥""龙妹""仁发""仁发绿色庄园"等商标。2015 年，仁发合作社进入互联网电商领域，建立"仁发特卖"网络营销平台，与知名电商合作，推进绿色有机产品线上销售；同年，仁发合作社生产的 1000 亩有机高蛋白豆浆豆，通过电商直销上海某超市，售价达到 13 元 / 斤，比普通大豆高出近 10 倍，亩均纯收益 1200 元以上（穆娜娜、孔祥智，2019）。

四 "统"与"分"关系调整与合作社成长的逻辑

"统"与"分"关系的调整贯穿合作社成长始终，是决定合作社发展的关键因素。在不同阶段，"统"与"分"的关系形态差异较大，作用效果差别也较大。

首先，第一阶段合作社"统"的规模不足，规模经济效应发挥有效，因而亏损严重。体现了"统"的重要性，尤其是在合作社大规模投资农业机械情境下。

其次，第二阶段合作社通过改革盈余分配方式促进了"统"的规模提升与规模经济效益的实现。仁发合作社的经验，对统分结合关系的调整很具有启发意义。具体而言表现在两个方面：（1）"统"的规模的重要性。这里的"统"主要指生产规模，对新型农业经营主体而言，由于其固定资产投入量相比小农户较大，必须具备一定的生产规模、匹配生产能力，生产经营才能盈利。（2）促进"统"与"分"结合的路径。如何促进"统"与"分"的有效结合，进而提升农业生产效率，是农业规模经营关键内容。仁发合作社经验显示，盈余分配方式能够有效地实现此目标。特别是，赋予合作社成员剩余索取权，有助于提升"统"的规模。这个经验可以概括为：优化合作社的盈余分配方式，赋予土地要素"保底价"与剩余索取权，使农户对土地要素的预期收益得到了实现，激励农户"带地入社"，从而提高了合作社的产出；随着合作社产出的增加，成员预期收益的实现进一步激励农户增加土地要素投入，进而再次提高了合作社的产出。如此一来，合作社进入了"要素投入增加→产出增加→要素投入再次增加带来产出进一步增加"的良性循环之中（周振、孔祥智，2015）。从合作社成长逻辑看，因盈余分配方式的优化，合作社统一经营规模扩张，获得了"统"产生的规模效益。

再次，第三阶段合作社优化设计了"分"的机制、节约了规模经营的成本。通过"统"扩大经营规模，获得规模收益，是当前多数新型农业经营主体流转土地、做大发展盘子的常见策略。但是，如何降低统一经营带来的成本？事实上，并不是所有的新型农业经营主体都具备降低统一经营成本的能力。仁发合作社通过四种方式，对"统"的成本的降低，既对合作社成长起到了关键作用，也对流转土地、规模经营这类农业经营体制创新具有重要示范意义。（1）建立股份合作机制。仁发合作社通过土地入股与盈余分配方式设计，直接规避掉了大量的土地成本。土地租金在流转土地、规模经营的成本中占"大头"，许多新型农业经营主体流转农户土地需要在年前事先支付农户大量的土地租金，给新型农业经营主体带来了较重的资金支付压力，这也是许多新型农业经营主体运营缺乏资金的一项重要原因。在第二阶段，仁发合作社与社员建立了完全的"风险共担、利益共享"的股份合作机制，将许多新型农业经营主体生产经营前必须支付的"土地租金成本"转变为了经营核算后的"土地红利收益"，如此仁发合作社不必要再支付土地租金成本，统一规模经营的成本远低于同等规模的其他经营主体，因此合作社的经营模式更具有可持续性。值得一提的是，在2016年玉米临储政策调整时，东北需要流转土地、规模经营的新型农业经营主体因粮食价格下跌、地租成本高企而亏损或倒闭，但仁发合作社在当年依然创造了3626万元的盈余，其生产模式的抗风险能力可见一斑。

（2）生产管理细分调整。本书第二章多次提到，农业生产具有管理半径的问题，管理半径过大，可能存在粗放生产与协调问题。仁发合作社将连片经营土地划分为若干块，分包给22人，并对22人建立"保底＋分红"的责任考核机制，体现了合作社主动调整管理半径的经营策略，这种"分"的机制至少起到了两个作用：一是解决生产半径过大问题；二是发挥生产主体的积极性问题。特别需要说明的是，合作社将连片经营土地细分管理时，并没有走向"分"得过细的"极端情形"，实践经验显示凭借合作社的大型机械，分给22人承包是合适的，这体现了"统"与"分"的适度结合。"统"的是合作社组织调配与生产服务，"分"的是由22人负责具体生产片区，体现了机动性与灵活性，既解决了合作社垂直协调、生产经营"统"得过多的问题，又解决了一家一户生产"分"得过细的弊端。事实上，如同仁发农机合作社这种统分结合经营方式的实践还有很多。比如许多农业组织首先流转大量农户的土地，聚集了集中连片经营的优势，再采取分片区的方式细分给数个或少量家庭经营管理，农业组织组织生产并提供生产性服务。从效果看，如，2016年合作社经营成本相比2015年减少了近600万元，足以证明"分"对合作社统一规模经营成本的节约。（3）控制生产规模。经济学中边际成本递增规律告诉我们，当产量增加到一定程度之后，若要继续增加产量，那么增加单位产量所增加的成本将越来越大。因此，在一定生产技术与组织模式前提下，生产存在最优规模的问题。仁发合作社严格控制生产规模，杜绝走规模盲目扩张的老路子，蕴含了合作社在规模经营中对成本节约的内在哲理。

最后，第四阶段延长产业链获取更高层次"统"的收益。如果说前三个阶段合作社是在生产环节实现了规模经营收益，那么第四阶段合作社开启了在加工环节获得规模经营效益的新征程。笔者认为，这体现了"统"的层次提升对合作社成长的作用。

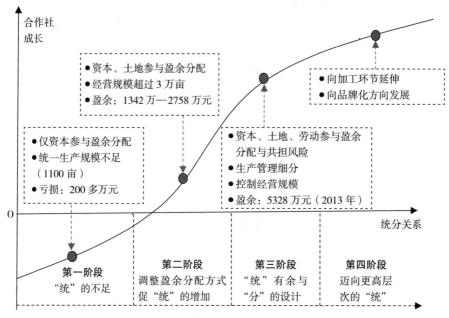

图5-3　"统"与"分"关系调整与合作社成长示意图

五　结论与启示

本节以仁发合作社为例，介绍了农户流转土地与农业组织规模化经营的生产方式，重点分析了仁发合作社在多数新型农业经营主体流转土地经营困难时，仍然能保持较好发展态势的原因。研究结论表明：第一，仁发合作社的成长是"统"与"分"关系不断调整的历程，再次表明统分结合在农业经营中的重要性。第二，仁发合作社的成长经验表明，农业经营方式创新，既需要解决"统"的不足的问题，更需要解决"统"的过多、"分"的不足的问题，其中，"统"是农业经营规模收益的来源，"分"是降低规模经营成本的重要方式。第三，规模经营中"分"的机制很容易被忽视，仁发合作社"分"的机制设计，是其能在国内地租成本高企、粮食价格走弱情形，仍能实现较好经营的关键因素。

本节的研究结论具有如下启示。第一，仁发合作社的经营方式是对统分结合、双层经营的农业基本经营体制的完善与创新。仁发合作社将分散经营的小农户组织起来，自建了农业生产的全程服务体系，将传统由村集体经济组织"行政"内涵的"统"拓展为合作社实施的"市场化"的"统"，并有效地将小农经营纳入到现代农业发展中，完善了"统"的功能；同时，通过土地入股，反租给22人分片经营，创新了"分"的形式。这种统分结合的方式对于稳定和完善农业基本经营体制具有示范价值。第二，在农业经营方式创新、适度规模经营中，引导新型农业经营主体把握好"统"与"分"的关系，具有重要的意义，理应成为农业政策实施的方向。第三，盈余分配方式对调整"统"与"分"的关系具有重要功效。仁发合作社的案例指出，建立利益共享、风险共担的分配机制，既能解决"统"的不足，又能解决"分"的不足，对调整"统"与"分"的关系具有很强的实用性，建议在规模经营中引导新型农业经营主体与小农户构建利益共享、风险共担的利益联结机制，化解适度规模经营中"统"的集中，产生的成本增加的问题。第四，分配方式亦影响着适度规模经营。适度规模经营，除了取决于生产技术，也与生产关系如分配方式高度相关，合适的分配方式不仅能促进经营规模扩张，而且还能决定适度规模经营的可持续性。

第三节　统分结合的调整与农业共营制创新

本节以四川省崇州市的农业共营制创新为例，分析流转土地、规模经营中统分结合的创新及其对规模经营的效果。四川省崇州市的规模经营，从最初的流转土地、经营惨淡，到创新农业共营制、经营"逆袭"，对完善农业经营体制蕴含了丰富的理论内涵与实践经验。

一　引言

以家庭承包经营为基础、统分结合的双层经营体制，是我国农村经济体制改革创新的主要成果，对我国农业农村发展起到了重要作用。但是，伴随我国工业化城镇化建设，我国农业发展面临着严峻的挑战。主要表现在：土地细碎化，农业家庭经营规模经济性趋于弱化；农户兼业化，农户家庭从事农业劳动的时间从 2003 年的 44.06% 下降到 2016 年的 29.81%，而非农工作时间由 2003 年的 55.94% 增加到 2016 年的 70.19%（张琛等，2019）；劳动力弱质化，留守在农村务农的劳动力呈现出老龄化、女性化特征；农业副业化，多数农户不再以农业为生，农业经营性收入对农民收入增长贡献减弱。若今后我国农业劳动力素质、农户生产能力以及农业经营规模等，不能满足现代农业发展的底线需求，那么，与之相关的农业现代设施装备、科技应用、产品质量、务农收益、从农热情等，就有可能越来越难以为继，最终将危及国家粮食安全乃至整个农业现代化建设（程国强等，2014）。

"谁来种田""种怎样的田"和"怎样种田"是我国农业发展面临的重要问题。其中，在我国各地的实践探索中，人们不断在寻找和创新农业转型发展的途径和形式，比如鼓励农地经营权流转并向生产大户集中、建立农民专业合作组织、龙头企业联结农户、订单农业等。事实上，我国农业政策一方面推进土地流转与集中，发展适度规模经营，提升农业生产效率，另一方面促进农民走向合作，以组织创新降低农业生产交易成本。但是，这几种探索的实践效果较为有限，部分学者对此提出了质疑（罗必良，2015）：农地流转具有小农自我复制的特点，农地经营权的流转已经成为一个基本趋势，但并未形成土地集中与规模经济的运行机制；合作社天然存在"集体行动的困境"致使其组织制度成本极其高昂，发达国家的农业合作社主要是为了应对市场问题和政治层面的团体利益问题，并不是为了应对农场层面的生产问题；"公司＋农户"无论是"订单式"还是"承租式"合作，均包含着高昂的交易费用以及治理成本。四川省崇州市的农业共营制创新，较好地克服了上述探索的缺陷，有学者指出崇州市所探索的"农业共营制"有可能是破解我国农业经营方式转型的重要突破口，昭示着农业经营体制机制创新的重要方向（罗必良，2015）。为此，本节将剖析这种经营方式创新，探讨其蕴含的"统"与"分"的内涵，揭示其对农业经营体制创新的重大意义。

二 案例背景

崇州市地处四川成都平原西部，"四山一水五分田"的地理格局，决定了其优异的农业发展禀赋，自古便有着"天府粮仓"的美誉。伴随我国工业化城镇化进程加快，农业兼业化、劳动力弱质化等问题愈加严重。2012 年数据显示，崇州市 67 万常住人口中，乡村人口占70.3%，其中农村劳动力 37.0 万人，但外出劳动力高达 73.4%；2003—2013 年崇州市乡村从业人员由 22.0 万人锐减到 9.8 万人，农村劳动力外流导致不少地区出现了耕地抛荒现象（胡新艳等，2015）。崇州市农业发展直面"谁来经营""谁来种地""谁来服务"三个难题。

为破解农业面临的"三个难题"，崇州市一度鼓励农地经营权向大户、农业龙头企业等新型农业经营主体流转集中。2008 年崇州市政府农发局牵头引进了龙头企业鹰马龙公司，促成公司与农户的合作。公司共租赁隆兴镇杨柳村等土地计 3000 余亩，发展阳桃和豆角等规模种植，租赁期为第二轮承包年限的剩余年限，租金为每年每亩 600 斤大米。为扶持企业经营，由县（市）财政给予企业 2 年的土地租金补贴。但受气候灾害、企业管理不善以及与农民利益关系处理不当等多重因素影响，企业经营出现严重亏损，并于 2009 年底单方面毁约而退出农地经营。公司退出农地经营后，农民却"不要地，要 600 斤大米"，并将流转失败的责任推给政府，要求政府承担责任，理由是企业是政府引进来的，企业毁约走人，农民认为就应该找政府。当年黎坝村 15 组组长陈永建诉苦道："村里人都外出打工去了，留在家里的老的老，小的小，庄稼咋个种嘛？"

胡新艳等（2015）分析了崇州市"公司＋农户"合作困局的原因：在土地承租的过程中，事后的机会主义经常成为纠纷的根源，在"公司＋农户"的合作模式中，企业和农户只是土地的承租、出租关系，不存在剩余索取的共享机制，因此双方都会理性地相机抉择，造成合约不稳定。尤其是，当企业遭遇经营困难，普遍会出现企业毁约、农户讨租的纠纷格局。

为了突破困局，防止公司与农户的农地流转纠纷恶化，影响农业生产和农村发展的稳定，2010年5月，崇州市隆兴镇黎坝村15组30户农民以101.27亩承包土地经营权入股，成立土地股份合作社，聘请原来就职于农技推广站技术员担任职业经理人，负责合作社的农田管理，当年探索实践取得成功。从2011年起，土地股份合作社在全市迅速推广，并带动了农业职业经理人的迅猛发展，与此同时，引导适应规模化种植的专业化服务体系的建立。通过实践探索，崇州市逐步形成了"农业共营制"的新型农业经营体系，即以农户为主体自愿自主组建土地股份合作社推进农业规模化经营，以培养农业职业经理人队伍推进农业专业化生产，以强化现代农业服务体系推进农业专业化服务。

三 崇州市农业共营制运行机制与主要效果

（一）运行机制

崇州市的农业共营制生产形态构建了合作社、职业经理人、服务体系"三位一体"的生产模式，也有的研究将其运行机制简要概括为"1+1+1"（胡新艳等，2015）。

第一，组建土地股份合作经营，破解农业谁来经营难题。规模经营如何推进？是引进工商资本还是培育种植大户？崇州市选择了不一样的道路——农户以土地承包经营权折资入股，工商注册率先在全国成立土地承包经营权股份合作社，推进土地股份合作经营，解决农业"谁来经营"问题。在产权结构上，按照"入社自愿、退社自由，利益共享、风险共担"原则，引导农户以土地承包经营权折资入股，工商注册成立土地股份合作社。在管理机制上，合作社建立了"理事会＋农业职业经理人＋监事会"的机制，其中，理事会代表社员决策种什么，公开招聘农业职业经理人，农业职业经理人统一组织生产管理，负责怎样种、如何种，实行科学种田。在盈余分配上，为了切实保障入社农民利益，合作社采取按经营纯收入1∶2∶7（即10%作为公积金、20%作为农业职业经理人佣金、70%作为社员土地入股分红）的分配方式，辅以超产分成或二次分红等方式，保障入社社员收益。杨柳土地股份合作社成立，开启了崇州市农业共营制探索的第一步。2010年5月，隆兴镇黎坝村15组的30户农民自愿以确权颁证后的101.27亩土地承包地经营权入股，发起成立了杨柳土地股份合作社，成为第一个"吃螃蟹"的人。截至2017年4月，崇州市全市发展土地股份合作社246个，入社面积31.06万亩、入社农户9.09万户，均占全市总耕地面积、总农户的59%，适度规模经营率达到70%以上。

第二，选聘职业经理人种田，破解农村谁来种地难题。"职业经理人种田"是崇州市农业共营制的重要创新。借鉴现代企业管理制度，土地股份合作社形成了"理事会＋农业职业经理人＋监事会"运行机制。理事会代表社员决策"种什么"，公开招聘农业职业经理人。农业职业经理人统一组织生产管理，负责"怎样种""如何种"，实行科学种田。在职业经理人来源上，崇州市建立了职业经理人从大学毕业生、返乡农民工、农机农技能手等群体选聘与培育的机制。通过建立专家学者、农技推广人员互为补充的教学师资队伍，整合培训资源，建立了依托培训中心与"面对面"指导、"手把手"示范相结合的农业职业经理人培训机制，并对符合条件的培训人员颁发《农业职业经理人证书》，建立了农业职业经理人才库，解决了"谁来种地"与"科学种田"的问题。建立农业职业经理人初级、中级、高级"三级贯通"的晋升评定制度、管理制度、考核制度等，对符合条件的颁发证书，实行准入及退出动态管理，构建"农业职业经理人＋职业农民"专业化生产经营管理团队。制定出台农业职业经理人享受粮食规模种植补贴、城镇职工养老保险补贴、信用贷款贴息扶持等办法，配套建立了产业、社保、金融等扶持政策体系。特别需要强调的是，农业职业经理人可不是想干就能干上的，必须拿到职业资格证书，还要到合作社竞聘上岗。崇州市规定，年龄要在 45 岁以下，初中以上学历，有从事农业生产经营强烈的愿望的，经过 120 个学时的理论学习和实际操作，学分达 300 分以上才能拿到农业职业经理人的资格证书，职业经理人还可以通过不断进修，从初级向中级、高级晋升。截至 2017 年 4 月，崇州市已培育新型职业农民 7348 人。

第三，推进农业服务社会化，破解生产谁来服务难题。采取政府引导、市场参与、多元合作方式，构建农业科技、品牌、金融和社会化相结合的农业综合服务体系。一是构建农业科技服务体系。依托"一校两院"，组建农业专家团队和科技推广团队 225 人，建成四川农业大学"两化"农业科技服务总部崇州市基地。二是构建农业综合服务体系。开展政府购买公益性服务试点，提升基层公益性农业综合服务能力；引入社会资金参与，搭建 O2O "一站式"社会化服务超市，2017 年建成农业服务超市 10 个、粮食烘储加工中心 17 个，农业机械化综合水平达 78.3%；发展粮食烘储仓储、加工营销，建成农村综合服务总部基地，实现农业生产"一条龙"服务。三是构建农业品牌服务体系。培育"崇耕"公共品牌 + 企业自主品牌，搭建"土而奇"公共电商 + 垂直电商平台，农业经营主体加盟农村电商 120 多家，优质粮油、肉蛋、蔬果等 20 多个农产品实现线上销售，促进农业产业链延伸和价值链延伸。四是构建农村金融服务体系。搭建"互联网 + 农村金融""农贷通"平台，探索形成农村产权抵押融资 "1+3+7"模式，累计贷款 23 亿元，畅通金融资本注入农业全产业链发展通道。

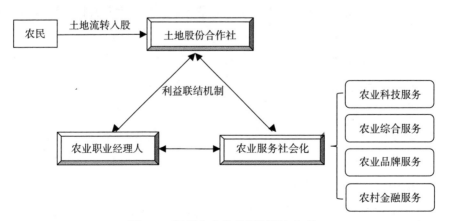

图5-4　崇州市农业共营制组织架构

（二）主要成效

崇州市构建土地股份合作社＋农业职业经理人＋农业综合服务"三位一体""农业共营制"新型农业经营体系，有效破解农业"谁来经营"、农村"谁来种地"、生产"谁来服务"难题，转变农业发展方式，发展粮食适度规模经营，推动农业转型升级取得成效。

首先，巩固了粮食生产地位。全市土地规模经营率71%，粮食规模经营率达75%；2017年水稻单产达552公斤，粮食生产能力达28万吨，分别比2012年增加19公斤、5200吨，连续五年被省政府表彰为"粮食生产先进县"。

其次，建立健全了现代农业经营体系。成长了一批农民专业合作社，截至2017年4月，组建土地股份合作社246个，入社面积31.6万亩、入社农户9.2万户，均占全市耕地面积、总农户的61%。培育了一批新型职业农民，2017年培育新型职业农民7329人，其中职业经理人1883人，农业职业经理人人均年收入10万元以上，让农民成为有吸引力的职业，成为全国新型职业农民培育工程示范县。打造了一批农业社会化服务载体，建成农业服务超市10个、粮食烘储加工中心20个，培育各类专业化服务组织78个，成为全国首批主要农作物基本实现全程机械化示范县。

再次，绿色发展普遍推广。土地股份合作社的组建带动了以稻田综合种养为核心的立体循环农业发展，并形成了稻田综合种养的技术标准规范，推广稻田综合种养面积近5万亩，成功总结出"一水两用、一田双收、水土共治、粮渔共赢"的立体循环农业发展模式，培育出"稻虾藕遇"天府好米品牌和"天君健"功能性大米品牌，获批"中国好粮油"示范县。

最后，农民收入水平得到提升。入社农户从小规模分散经营中解脱出来，除参与分红外，既可在合作社打工挣钱，也可以安心外出务工增加收入，还可在产业链中实现增值收益。2013—2017年，全市农村居民人均可支配收入年增长17.6%，达到19542元。

崇州市农业共营制不断得以推广应用，农业职业经理人培养写入

2018 年"中央一号文件"，农业共营制写入 2017 年四川省委一号文件，2017 年成都市政府出台了《关于推广"农业共营制"加快农业用地适度规模经营的实施意见》，2017 年全国林业共营制改革现场会也在崇州市召开。

四 农业共营制的"统"与"分"关系逻辑

崇州市农业共营制是农业经营体制的重要创新形式，蕴含了丰富的"统"与"分"的逻辑。要理解崇州市农业共营制运行绩效的来源，要从"统"与"分"的关系中回答两个问题：第一，统分关系具体形态是什么？第二，农业生产为什么能分离出如此多的环节，对提高流转土地、规模经营的作用在哪里？

（一）多重统分关系

从统分结合的视角来看，农业共营制具有如下两个鲜明的特征。

第一，多重统分结合贯穿于农户、合作社、职业经理人、服务主体互动形成的共营体制内。总体看，存在着四对"统"与"分"相结合的关系。一是农户与合作社之间，"分"体现在土地承包权农户分散所有，"统"表现为土地经营权向合作社集中，为规模经营创造了条件。二是合作社与职业经理人之间，合作社是"统"的主体，合作社确定职业经理人，确定种植品种；由于合作社将经营权赋予数个职业经理人，职业经理人成为"分"的实现载体，为实现科学种田开辟了路径。三是职业经理人与农户之间，"分"仍然体现在农户对土地承包权的分散所有上；不同的是，相比一家一户分散经营，职业经理人成为规模经营、集中经营的重要主体，在这里扮演着"统"的角色。四是职业经理人与农业社会化服务主体之间，从服务覆盖面来看，服务主体因服务的规模化、区域的广阔性，是这层关系中"统"的主体，相较而言，职业经理人成为购买服务的分散主体。

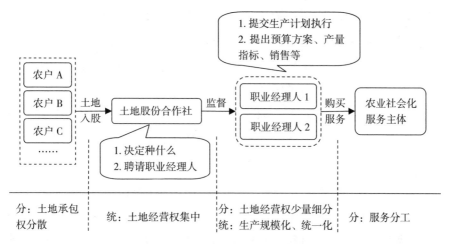

图5-5　农业共营制运行机制示意图

第二，职业经理人的人力资本发挥着重要的纽带作用。在四重统分结合的关系中，职业经理人一头连着合作社，一头关联着农业社会化服务主体，同时也间接联系着农户，是多重关系的重要纽带。纽带作用的关键在于职业经理人的企业家精神和才能，即人力资本，这是联结农户、合作社、服务主体的关键要素。在农业共营制之前，崇州市公司＋农户的经营模式因经营不善，出现了公司"跑路"，因此对科学种田、知识种田的渴望，对人力资本的迫切需要，成为新一轮统分结合生产关系的基础。这也是维系合作社与农户组织关系稳定的基石，沟通合作社与职业经理人的基础，联系职业经理人与服务主体的核心要素。

（二）农业分工与合约治理

如果说许多流转土地、规模经营导致的"跑路烂尾""毁约弃耕"的原因是，规模经营成本太高，如第四章所言，"统"的成本太高，即"统"的过多，"分"的不足；那么，崇州市农业共营制的重大创新是，在"统"的基础上，利用农业分工机制，设计了多项"分"，既提升了规模经营效率，又降低了规模经营成本。

首先，土地入股，节约了规模经营土地租金成本。高额的土地租金成本是许多流转土地、规模经营的关键性限制因素，既增加了经营的成本负担，也降低了经营的抗风险能力。许多规模经营主体因无力支付高额地租成本而倒闭，关于这一点本书已多次反复讨论过。在崇州市的农业共营制中，集中土地的规模化经营，没有采取传统的流转土地支付租金的方式，而是建立了股份合作社，将土地租金转化为了土地分红。这种"分"的机制在当下地租成本高企的生产背景下，具有广泛的现实意义：一方面，因无须支付土地租金成本，降低了合作社运行成本；另一方面，合作社与农户构建了风险共担、利益共享的紧密型利益联结机制。

其次，农业生产决策与经营管理分离，提高规模经营效率。正如本书反复提及的，农业生产既需要"统"、又需要"分"，规模经营与农业精细化照料是一组对立且统一的矛盾体。如何在规模经营下还能顾及农业精细化照料的需要，是决定规模经营的重要变量。崇州市的创新是建立了农业职业经理人机制，将流转集中的土地划分给数个职业经理人管理，与仁发合作社将连片土地分包给22人承包，具有异曲同工之妙。同时，崇州市注重对农业职业经理人的培训，加强他们对"种什么样的地""种什么""怎样种"的认识，培育了一批农业企业家，为农业生产有效配置资源要素创造了条件。农业职业经理人专业从事农业管理，负责"怎样种""如何种"，包括制订生产计划，提出具体实施意见、生产成本预算、产量指标等，并按计划组织耕、种、收、销的全程安排和统筹管理等，既满足了农业生产精细化照料的需要，又能发挥专业化优势，改变了"老、弱、妇"粗放式种田的生产方式，促进了"能者种地"的生产局面形成，有助于提升规模经营效率，这体现了"分"的机制对"统"的促进作用。

再次，农业生产环节分工外包，既降低了规模化经营成本、又促进了科学种田。农业规模化生产过程中，由于季节性用工需要，需要大量雇工，衍生出专业劳务服务需求；同时，在劳动成本上升背景下，合作社派生出机械替代劳动的需求，但是由于农业生产环节多，农业机械投资具有很强的专用性，实现全程机械化，合作社必须面临大规模投资各环节农业机械化的高额投入成本。如何解决这个问题，需要有专业化的机械服务分工，因此对农业服务市场的培育至关重要。崇州市抓住了培育农业社会化服务的又一个"牛鼻子"，建立了农业科技服务、农业综合服务、农业品牌服务、农村金融服务等四大服务体系，为农业生产提供了科技、机械服务、融资等全流程、多环节的服务。特别是，农业服务超市的平台的建立，为农业生产提供全程"保姆式"服务，包括农业技术咨询、农业劳务、全程农业机械化、农资配式、专业育秧（苗）、病虫防治、田间运输、粮食烘干代储服务，既解决了合作社生产需要对农业机械、烘干设备等大量投入的问题，又通过生产各环节的专业化细分，发挥了科学种田的效果。罗必良（2014）的研究指出，随着分工的发展，合作社的生产组织方式变得更加开放，生产整体呈现"内部化"向"外部化"、"非市场化"向"市场化"的递进演变，最大限度利用第三方的"机械化、标准化、技术化、集约化"的现代生产手段，成为新技术的"早期采用者"，有利于解决农业科技服务"最后一公里"和科技成果转化"最后一道坎"问题，促使农业生产向"科学种田"转变，实现增产增收效果。

最后，合约治理，维系稳定的"统"与"分"关系。本书第四章以及本章第二节多次提及，"统"与"分"的关系是内生变量，受许多因素影响，其中合约关系抑或分配方式是重要影响因素。从崇州市农业共营制的农户、合作社、职业经理人与农业服务体系四类主体看，农业共营制在各主体之间建立了恰当的契约关系与分配方式，成为维系农业共营制"统"与"分"的制度条件。在农户与合作社的关系中，合作社采取按经营纯收入 1∶2∶7 的分配方式，辅以超产分成或二次分红等方式，保障入社社员收益，为吸引农户流转土地、促进统一规模经营创造了起始条件。在合作社与职业经理人的关系中，合作社聘任农业职业经理人，合作社保有决策权，职业经理人拥有管理权，生产经营实行成本公开、产量公开和账目公开的信息共享机制，双方确定农作物的产量指标、生产费用和奖赔合同，划定农业职业经理人的保底产量，对超产部分按合作社、职业经理人、入社农户约定比例进行分配，实行超奖减赔，这种方式能较好发挥农业职业经理人的积极性，激励职业经理人开展专业化管理与生产精细化照料，提升经营效率。在合作社与服务体系的关系中，采用的是市场交易合约，为组织间的市场分工模式。由于崇州市注重培育农业社会化服务，建立了农业超市为平台的社会化服务体系，农业生产性服务市场发育较充分，可购买的服务类型多，交易成本低，适合选择市场合约下的组织间（社会化）分工模式（Williamson，1991）。

五 结论与启示

崇州市农业共营制是农户流转土地、农业组织规模化经营的一种重要创新形式。从"统"与"分"的关系看，农业共营制取得较好成效具有如下几方面的原因。第一，采取土地入股的方式，节约了规模经营成本，体现了"分"对规模经营成本降低的作用。第二，建立了农业职业经理人机制，将连片经营的土地划分给数个职业经理人管理，既满足了农业生产精细化照料的需要，又能发挥专业化优势，体现了"分"的机制对"统"的促进作用。第三，农业生产环节分工外包，既降低了规模化经营成本、又促进了科学种田。第四，通过各主体之间建立了恰当的契约关系与分配方式，维系了"统"与"分"关系的稳定。综上所述，农业共营制解决了传统流转土地、规模经营"统"的过多的弊端，通过设计"分"的机制，促进了规模经营效率的提升与成本的节约。

本节的研究结论具有如下启示。第一，崇州市农业共营制是对统分结合、双层经营的农业基本经营体制的完善与创新。在农业共营制中，依托股份合作社将分散经营的小农户组织起来，以多样化、多层次的社会化服务体系服务于合作社，将传统由村集体经济组织"行政"内涵的"统"拓展为多形式、多主体的社会化服务内涵的"统"，并有效地将小农经营纳入到现代农业发展中，完善了"统"的功能；同时，通过土地入股，建立职业经理人管理机制，外包生产服务，创新了"分"的形式。这种统分结合的方式对于稳定和完善农业基本经营体制具有重要的示范价值。第二，农业职业经理人机制对实现"能者作田"具有很好的示范意义。农业职业经理人是培育新型农业经营主体，解决未来"谁来种地"的有效方式，崇州市的经验充分证明了这点，理应成为农业政策支持的方向。第三，培育农业社会化服务。在崇州市的案例中，我们再次看到了农业社会化服务对规模经营甚至农业经营体制创新的重要作用，这表明要持续扶持农业社会化服务，促进农业分工发展。

第四节　本章小结

农户流转土地与农业组织规模化经营是当前我国农业走向适度规模经营，完善农业基本经营体制的重要方式。本章通过对两个案例的深入剖析，揭示了此类经营方式对农业经营体制创新与完善的意义。

一　主要结论

本章分析了当前我国农村土地流转遭遇的困境，并结合两个典型案例，解析了如何通过"统"与"分"关系的调整，促进流转土地、规模经营的可持续发展，主要形成了如下研究结论。

第一，仁发合作社与崇州市农业共营制的实践探索对完善与创新统分结合、双层经营的农业基本经营体制具有重要意义。如何界定"统"与"分"的功能边界是完善统分结合的体制机制的重要内容。在仁发合作社中，合作社将分散经营的小农户组织起来，自建了农业生产的全程服务体系，将传统由村集体经济组织"行政"内涵的"统"拓展为合作社实施的"市场化"的"统"，并有效地将小农经营纳入到现代农业发展中，完善了"统"的功能；同时，通过土地入股，反租给22人分片经营，创新了"分"的形式。在崇州市农业共营制中，依托股份合作社将分散经营的小农户组织起来，以多样化、多层次的社会化服务体系促进了小农户与现代农业发展有机衔接，将传统由村集体经济组织"行政"内涵的"统"拓展为多形式、多主体的社会化服务内涵的"统"，解决了长期以来农业生产"统"的缺失，完善了"统"的功能；同时，通过土地入股，建立职业经理人管理机制，外包生产服务，相应建立了"分"的形式。

第二，"统"与"分"有效结合是促进流转土地、规模经营走出徘徊的重要方式。本书第二章指出，农户流转土地、农业组织规模化经营"统"的程度最高，这也是许多流转土地、规模经营在当下地租成本高企背景下经营效率差、毁约弃耕的重要原因。从理论看，由于农业生产既需要"统"，也需要"分"，因此理论上的解决办法是建立"分"的机制，降低规模经营的成本；从仁发合作社与崇州市农业共营制的实践看，亦是要解决"统"的过多的弊端，建立"分"的机制。仁发合作社通过三项"分"的机制设计，较好地解决了"统"的成本过大的问题：一是建立股份合作机制，通过土地入股与盈余分配方式设计，直接规避掉了大量的土地成本，尤其是在2016年玉米临储政策调整时，东北需要流转土地、规模经营的新型农业经营主体因粮食价格下跌、地租成本高企而亏损或倒闭，但仁发合作社在当年依然创造了3626万元的盈余，其生产模式的抗风险能力可见一斑；二是生产管理细分调整，仁发合作社将连片经营土地划分为若干块，分包给22人承包，并对22人建立"保底＋分红"的责任考核机制，体现了合作社主动调整管理半径的经营策略，这种"分"的机制至少起到了解决生产半径过大的问题与发挥好了生产主体的积极性；三是控制生产规模，杜绝走规模盲目扩张的老路子，蕴含了合作社在规模经营中对成本节约的内在哲理。崇州市农业共营制也建立了三项"分"的机制：一是土地入股建立股份合作机制，起到了与仁发合作社同样的效果；二是建立了农业职业经理人机制，将流转集中的土地划分给数个职业经理人管理，起到了"能者种田"的效果；三是农业生产环节分工外包，降低了合作社农业生产各环节机械购置的成本。

二 政策启示

流转土地是实现规模经营的重要途径，也是完善农业经营体制的重要方式。当前土地流转、规模经营遭遇的困境，并不代表土地流转已走到了末路，这说明的是在当下地租成本高企、农产品价格弱增长的情况下，要及时调整"统"与"分"的方式，通过机制创新，降低流转土地、规模经营的成本，仁发合作社与崇州市农业共营制的案例较好地说明了这一点。对此，本章形成如下政策启示。

第一，要鼓励与引导建立土地股份合作关系。在土地流转、规模经营中，降低地租成本是当下最为关键的内容。仁发合作社与崇州市农业共营制度的经验指出，建立股份合作关系是破解高地租的关键。建议对土地流转、规模经营的支持政策向土地股份合作制的方向倾斜。不过，考虑到我国农民风险规避的特征，在具体引导工作中，建议先尝试仁发合作社最初的方式，按照自愿的原则，即按照先"保底价＋分红"的方式，引导农民与新型农业经营主体构建较初级的股份合作关系，待形成路径与实际效果后，逐步推广完全股份制的做法。

第二，要重视对农业职业经理人的培育。企业家是提供"决断性判断"的某项事业的实施者（Casson，1982），农业职业经理人"有知识、有文化、懂科技、会经营"，具有在市场上竞价出售"企业家精神和才能"的比较优势。崇州市农业共营制的实践较好地说明了培育农业职业经理人，发挥"能者种田"的重要性。因此，注重培育农业职业经理人要成为促进农业适度规模经营的重要扶持方向，建议将阳光培训、农业职业教育的政策资源向农业职业经理人倾斜，做好农业职业经理人的认证工作，建立农业职业经理人人才队伍市场。

第三，注重对农业社会化服务的发展。伴随劳动成本上升，机械替代劳动是大势所趋。若规模经营主体在农业生产每个环节都投资购置农业机械，必然面临高额的固定资产投入成本，叠加农业机械使用上的资产专用性特征，规模经营主体面临较高的生产投入门槛与重资产运营的压力，这不利于流转土地、规模经营的发展。崇州市农业共营制的经验表明，要培育农业社会化服务市场，通过农业生产服务外包的方式，即建立"分"的机制，能够规避规模经营主体投资机械的成本，这体现了"分"的优势。因此，农业政策要培育好农业社会化服务，农机购置补贴政策要重点向农业社会化服务主体倾斜，设施农用地指标与农村建设用地指标也要适当向农业社会化服务主体配置，扶持这些主体购置农业生产机械，帮助他们建设好粮食烘干、育秧育苗等服务设施。农村金融政策要加大对农业社会化服务主体的扶持力度，建立健全农业生产设施抵押贷款机制。

本章参考文献

Casson M.C., *The Entrepreneur: An Economic Theory*, Oxfofd: Mariin Robertson.

North D. C., *Institutions, Institutional Change and Economic Performance*, Cambridge University Press, 1990.

Williamson O. E., "Comparative Economic Organization: The Analysis of Discrete Structural Alternatives", *Administrative Science Quarterly*, Vol. 36, No.2, 1991.

北京天则经济研究所《中国土地问题》课题组，张曙光：《土地流转与农业现代化》，《管理世界》2010 年第 7 期。

陈海磊、史清华、顾海英：《农户土地流转是有效率的吗？——以山西为例》，《中国农村经济》2014 年第 7 期。

陈训波、武康平、贺炎林：《农地流转对农户生产率的影响——基于 DEA 方法的实证分析》，《农业技术经济》2011 年第 8 期。

程国强、罗必良、郭晓明：《农业共营制：我国农业经营体系的新突破》，《农村工作通讯》2014 年第 12 期。

董国礼、李里、任纪萍：《产权代理分析下的土地流转模式及经济绩效》，《社会学研究》2009 年第 1 期。

盖庆恩、朱喜、程名望、史清华：《土地资源配置不当与劳动生产率》，《经济研究》2017 年第 5 期。

高强：《理性看待种粮大户"毁约弃耕"现象》，《农村经营管理》2017 年第 4 期。

高欣、张安录、杨欣、李超：《湖南省 5 市农地流转对农户增收及收入分配的影响》，《中国土地科学》2016 年第 9 期。

郜亮亮、黄季焜、冀县卿：《村级流转管制对农地流转的影响及其变迁》，《中国农村经济》2014 年第 12 期。

谷树忠、王兴杰、鲁金萍、王亦宁、张新华：《农村土地流转模式及其效应与创新》，《中国农业资源与区划》2009 年第 1 期。

何欣、蒋涛、郭良燕、甘犁：《中国农地流转市场的发展与农户流转农地行为研究——基于 2013—2015 年 29 省的农户调查数据》，《管理世界》2016 年第 6 期。

胡新艳、罗必良、谢琳：《农业分工深化的实现机制：地权细分与合约治理》，《广东财经大学学报》2015 年第 1 期。

霍雨佳、张良悦、程传兴：《中国农村土地流转政策演变与未来展望》，《农业展望》2015 年第 11 期。

姜松、王钊、曹峥林：《不同土地流转模式经济效应及位序——来自重庆市的经验证据》，《中国土地科学》2013 年第 8 期。

孔祥智、伍振军、张云华：《我国土地承包经营权流转的特征、模式及经验——浙、皖、川三省调研报告》，《江海学刊》2010 年第 2 期。

孔祥智：《"三权分置"的重点是强化经营权》，《中国特色社会主义研究》2017 年第 3 期。

孔祥智：《"长久不变"和土地流转》，《吉林大学社会科学学报》2010 年第 1 期。

匡远配、陆钰凤：《我国农地流转"内卷化"陷阱及其出路》，《农业经济问题》2018 年第 9 期。

兰勇、蒋黾、何佳灿：《三种流转模式下家庭农场土地经营权的稳定性比较研究》，《农业技术经济》2019 年第 12 期。

刘同山、孔祥智：《精英行为、制度创新与农民合作社成长——黑龙江省克山县仁发农机合作社个案》，《商业研究》2014 年第 5 期。

刘远风：《农户土地流转的收入效应分析》，《西北农林科技大学学报》（社会科学版）2016 年第 3 期。

罗必良：《农业共营制：新型农业经营体系的探索与启示》，《社会科学家》2015 年第 5 期。

罗必良：《中国农业经营制度：理论框架、变迁逻辑及案例解读》，中国农业出版社 2014 年版。

罗兴、马九杰：《不同土地流转模式下的农地经营权抵押属性比较》，

《农业经济问题》2017 年第 2 期。

罗玉辉、林龙飞、侯亚景:《集体所有制下中国农村土地流转模式的新设想》,《中国农村观察》2016 年第 4 期。

冒佩华、徐骥、贺小丹、周亚虹:《农地经营权流转与农民劳动生产率提高:理论与实证》,《经济研究》2015 年第 11 期。

冒佩华、徐骥:《农地制度、土地经营权流转与农民收入增长》,《管理世界》2015 年第 5 期。

闵继胜、孔祥智:《新型农业经营主体的模式创新与农业清洁生产——基于黑龙江仁发农机专业合作社的案例分析》,《江海学刊》2017 年第 4 期。

穆娜娜、孔祥智:《合作社农业社会化服务功能的演变逻辑——基于仁发合作社的案例分析》,《财贸研究》2019 年第 8 期。

穆娜娜、钟真、孔祥智:《交易成本与农业社会化服务模式的选择——基于两家合作社的比较研究》,《江西农业大学学报》(社会科学版)2019 年第 3 期。

戚焦耳、郭贯成、陈永生:《农地流转对农业生产效率的影响研究——基于 DEA-Tobit 模型的分析》,《资源科学》2015 年第 9 期。

钱龙、洪名勇:《非农就业、土地流转与农业生产效率变化——基于 CFPS 的实证分析》,《中国农村经济》2016 年第 12 期。

钱忠好、冀县卿:《中国农地流转现状及其政策改进——基于江苏、广西、湖北、黑龙江四省(区)调查数据的分析》,《管理世界》2016 年第 2 期。

钱忠好、王兴稳:《农地流转何以促进农户收入增加——基于苏、桂、鄂、黑四省(区)农户调查数据的实证分析》,《中国农村经济》2016 年第 10 期。

秦凤明、李宏斌:《警惕土地流转后"毁约弃耕"》《中国国土资源报》2015 年 5 月 27 日。

史常亮、栾江、朱俊峰、陈一鸣:《土地流转对农户收入增长及收入差距的影响——基于 8 省农户调查数据的实证分析》,《经济评论》2017 年第 5 期。

王建、陈刚、马意翀：《农业新型经营主体何以"毁约退地"》，《农村经营管理》2016年第11期。

伍振军、张云华、孔祥智：《交易费用、政府行为和模式比较：中国土地承包经营权流转实证研究》，《中国软科学》2011年第4期。

肖龙铎、张兵：《土地流转与农户内部收入差距扩大——基于江苏39个村725户农户的调查分析》，《财经论丛》2017年第9期。

张琛、孔祥智：《农民专业合作社成长演化机制分析——基于组织生态学视角》，《中国农村观察》2018年第3期。

张琛、彭超、孔祥智：《农户分化的演化逻辑、历史演变与未来展望》，《改革》2019年第2期。

张建、诸培新、王敏：《政府干预农地流转：农户收入及资源配置效率》，《中国人口·资源与环境》2016年第6期。

张宗毅、杜志雄：《土地流转一定会导致"非粮化"吗？——基于全国1740个种植业家庭农场监测数据的实证分析》，《经济学动态》2015年第9期。

周振、孔祥智：《盈余分配方式对农民合作社经营绩效的影响——以黑龙江省克山县仁发农机合作社为例》，《中国农村观察》2015年第5期。

第六章

结论与启示

2018 年 9 月 21 日，习近平总书记在中共中央政治局第八次集体学习时强调，"实施乡村振兴战略，首先要按规律办事。在我们这样一个拥有 13 亿多人口的大国，实现乡村振兴是前无古人、后无来者的伟大创举，没有现成的、可照抄照搬的经验。要突出抓好农民合作社和家庭农场两类农业经营主体发展，赋予双层经营体制新的内涵，不断提高农业经营效率。"创新与完善农业经营体制的重要性已毋庸置疑。本书介绍了我国统分结合、双层经营体制的三类创新形式，从"统"与"分"的角度揭示了这些创新形式的运行机制与成长逻辑。本章将对全书的研究结论进行概括总结。

第一节　主要结论

根据本书第二章对三类探索创新的形式、机制的分析，结合我国农业经营体制的历史变迁，以及第三章至第五章对三类探索创新的案例研究，有关我国农业经营体制的创新形式，本书形成如下三个研究结论。

一　新探索未脱离既定的农业基本经营体制框架

本书介绍的三类探索创新形式，基本涵盖了当前我国农业经营形式的主要形式。这些新的探索形式均是在我国既有的农业基本经营体制框架下衍生出来的，没有否定我国农业基本经营体制，是对农业基本经营体制的创新与完善。其基本特点是：土地生产资料的集体所有制没有变，承包权稳定，盘活的是经营权，通过产权细分、生产服务外包，并匹配相应的合约治理机制如盈余分配方式等，将家庭经营纳入了农业分工体系，促进了小农户和现代农业发展有机衔接。从经营效果看，起到了规模经济与范围经济的双重效果：在规模经济方面，通过土地要素流转实现集中经营的规模经济，或通过规模化服务产生规模经济；在范围经济方面，通过农业生产各环节的专业化分工，既促进了农业社会化服务发展，又通过多类型的专业化分工提高了农业生产效率。

二 "统"的不足是三类新探索产生的重要原因

传统农村集体经济组织"统"的功能弱化以及农业生产对"统"的呼唤是三类新探索产生的重要原因。受农业生产的自然属性决定，农业经营既需要"统"、也需要"分"，但是随着我国经济体制从计划经济向市场经济转型，传统履行农业生产"统"的职能的农村集体经济组织的功能逐渐弱化，越来越不能满足农户对农业生产"统"的需要了，时代急需新的主体、新的形式弥补农业生产中"统"的缺位，这为三类经营形式的出现创造了条件。

农户分散经营与农业组织规模化服务形式解决了农户分散经营下农资购买、产品销售等生产性服务供给不足的问题。例如，在"公司＋农户"的案例中，温氏集团对农户的"统"，既缘于帮助农户解决肉鸡饲养的物资购买、技术指导、产品销售等问题，也为公司探寻以委托农户养殖、实现低成本扩大养殖规模的新路子；石家庄华森生物科技有限公司对农户的"统"，起因是解决农户肉鸡饲养物资购买、技术指导、产品销售等问题，也为公司兽药等农资批量销售建立机制化渠道。在合作经营的案例中，河北省灵寿县青同镇农民专业合作社联合社对合作社、农民的"统"，要解决农民致富门路少、经营规模小、抵御风险能力弱的问题；山东省临朐县志合奶牛专业合作社联合社对合作社、农民的"统"，缘于需要联合起来抵制企业恶性压价与拖延支付尾款。

农户委托经营与农业组织规模化服务形式,满足了农户分散经营农业生产性服务需要。例如,河南省荥阳市新田地农民合作社解决当地农民对小麦、玉米等粮食作物全程生产服务的需要。山东省滕州市的舜耕粮蔬专业合作社也解决了农民对农业生产中农业生产性服务供给不足的痛点问题。

农户流转土地与农业组织规模化经营形式,尤其是农业组织规模化分工经营形式,解决了土地承包权分散下农业生产规模不足与规模效率低下的问题。例如,黑龙江省克山县仁发农机合作社"统"的经营形式解决了小农户生产规模不足的问题,促进了农业适度规模经营的发展。崇州市农业共营制解决了农业发展面临的"谁来经营""谁来种地""谁来服务"三个难题。

表 6-1   "统"的不足与三类探索创新的缘起

类别	案例	"统"的创新原因	概念化
农户分散经营与农业组织规模化服务	温氏集团	1. 解决农户肉鸡饲养物资购买、技术指导、产品销售等问题。 2. 委托农户养殖,实现轻资产扩大经营规模。	农业组织发挥"统"的作用,弥补农业经营"统"的缺位。
	石家庄华森生物科技有限公司	1. 解决农户肉鸡饲养物资购买、技术指导、产品销售等问题。 2. 为公司兽药等农资批量销售建立机制化渠道。	
	河北省灵寿县青同镇农民专业合作社联合社	1. 农民致富门路少、经营规模小、抵御风险能力弱;农民合作经济组织经营分散,管理不规范,组织化程度低,缺乏稳定的销售渠道,缺少自主品牌,资金实力不足,与龙头企业的竞争中处于劣势。 2. 当地龙头企业有成立联合社,以低成本获取稳定产品来源的内在需求。	
	山东省临朐县志合奶牛专业合作社联合社	需要联合起来抵制企业恶性压价与拖延支付尾款。	
农户委托经营与农业组织规模化服务	河南省荥阳市新田地农民合作社	农村劳动力大量流出,解决了农民对小麦、玉米等粮食作物全程生产服务的需要。	
	山东省滕州市的舜耕粮蔬专业合作社	也是解决农村劳动力大量外出,农民对农业生产服务的需要。	

续表

类别	案例	"统"的创新原因	概念化
农户流转土地与农业组织规模化经营	黑龙江省克山县仁发农机合作社	小农户生产规模不足,适度规模经营发展不足的问题。	
	崇州市农业共营制	崇州市农村劳动力大量流出,迫切需要解决农业发展面临的"谁来经营""谁来种地""谁来服务"三个难题。	

从效果看,这三类新探索依托不同类型农业组织,以不同"统"的形式,有效地促进了小农户和现代农业发展的有机衔接,如农户分散经营与农业组织规模化服务解决了小农户与市场对接问题以及生产服务需求,其他两种类型解决了小农户生产下农业经营规模不足的问题。如果说前两类探索创新通过统一的生产服务实现了小农户产品供给与现代农业的有机衔接,那么后一类探索创新则是通过统一的组织形态实现了小农户要素供给与现代农业的有机衔接。

三 "统"与"分"有效结合是新探索可持续的关键

如何促进这三类新探索可持续发展与实现较好的经营绩效?这对相关政策的制定与实施至关重要。当然,相关影响因素较多,其中"统"与"分"的有效结合是重要的因素,也是本书反复提及的重要命题。长期以来,农业生产经营围绕"统"与"分"持续做钟摆式运动,不是"统"得过多,就是"分"得太细,事实上,既要发挥"统"的作用,发挥生产的规模效应,又要通过"分"的机制降低成本。

例如,在农户分散经营与农业组织规模化服务类型中,温氏集团与石家庄华森生物科技有限公司的"公司+农户"经营方式,一方面,通过公司组织层面履行"统"的功能,解决了我国农村集体经济组织衰败后"统"的不足的问题,缓解了长期困扰分散小农产品卖难的问题,展示了企业组织在"统"的作用上的功效;另一方面,通过农户分散生产,解决企业生产面临的投入大、风险高等问题,即"分"亦为成本分担、风险分散。"公司+农户"是"统"与"分"的辩证关系的充分体现，温氏集团与石家庄华森生物科技有限公司的案例均因适度的"统"与"分"关系，实现了二者的双赢。

在农户委托经营与农业组织规模化服务类型中，农业规模化服务虽然解决了农业生产长期以来"统"的不足的问题，但是并不代表"统"的越多越好，增强经营方式的盈利性与可持续性也需要适度的统分结合。例如，新田地合作社在经营机制设计中，通过选种、耕、种、植保、收、流通以及销售等生产过程的统一化组织管理，收获了规模收益；同时，在"统"的框架内设计出了数个"分"的机制，如土地经营权、种植决策仍由农户分散支配，建立分散的生产要素车间以及农业机械服务外包机制，这些"分"的机制设计分别为合作社节约土地成本、服务协调成本与农业机械投资成本，为合作社降低了规模化经营成本。舜耕合作社亦是如此，"统"也是合作社获取规模化收益的来源，但是通过多项"分"的机制规避了合作社多项专用性资产投资，如合作社将部分农业生产服务环节外包给西岗为农服务中心与西岗供销社联合社，解决了合作社在多个生产环节均要投入固定资产的问题，如解决了合作社投资烘干设备可能带来的大量投资问题。

在农户流转土地与农业组织规模化经营类型中，"统"与"分"有效结合是促进流转土地、规模经营走出徘徊的重要方式。农户流转土地、农业组织规模化经营"统"的程度最高，是当下流转土地、规模经营效率差、毁约弃耕的重要原因。从仁发合作社与崇州市农业共营制的实践看，解决"统"的过多的弊端并建立"分"的机制具有很强的必要性。如仁发合作社通过建立股份合作社、生产管理细分、控制生产规模的三项"分"的机制设计，较好地解决了"统"的成本过大的问题。崇州市农业共营制也建立了三项"分"的机制：一是土地入股建立股份合作机制，起到了与仁发合作社同样的效果；二是建立了农业职业经理人机制，将流转集中的土地划分给数个职业经理人管理，起到了"能者种田"的效果；三是农业生产环节分工外包，降低了合作社农业生产各环节机械购置的成本。

第二节　几点启示

本书的研究结论对创新与完善我国双层经营、统分结合的农业经营体制，促进小农户和现代农业发展有机衔接，实践乡村振兴战略，推进农业农村现代化具有重要政策启示价值。

一　培育"统"的主体要扶持新型农业经营主体发展

统分结合中"统"的主体不一定非农村集体经济组织不可。较长时期内，在"统"的职能上，农村集体经济组织被寄予厚望。但是，伴随我国经济体制转型，农村集体经济组织履行农业生产"统"的职能逐渐弱化，越来越不能满足农户对农业生产"统"的需要。本书研究的三类统分结合新探索中，新型农业经营主体等市场化主体正在逐渐承担农业生产中"统"的职责。例如，在"公司＋农户"机制中，公司承担了农资统一购买、产品统一销售的功能，这是市场机制对双层经营体制的完善，"公司＋农户"经营方式理应得到政策鼓励，要尽快清除对工商资本妖魔化、认为工商资本是洪水猛兽的思想意识，发挥好企业经营的重要作用。在其他类型中，以农民合作社、家庭农场等为代表的新型农业经营主体发挥了重要的"统"的功能，缓解了当前我国农业生产中"分有余、统不足"的问题，因此要加快培育一批示范性家庭农场，发挥好他们对农业生产"统"的功能，持续促进小农户走向合作、联合，扶持农民合作社发展。

二　促进统分有效结合要加快推进农村市场化建设

本书研究的三类统分结合创新形式，是市场力量诱致性变迁的产物，体现的是市场力量对农业经营体制"统"与"分"不协调的自我纠偏功能。因此，促进"统"与"分"的有效结合要加快推进农村市场化建设，充分发挥好市场机制的决定性作用。从农业政策的角度看，既要发挥政府作用，加快破除横亘在农村市场化建设上的体制机制障碍，推进城乡人口、土地、资金等要素双向流动，促进要素高效配置；又要克服政府过度参与造成的"统"得过多与"分"得过细的历史问题重演，在农业经营方式创新与变迁中，政府的作用方向应是顺势而为，以畅通农业经营体制诱致性制度变迁渠道为重点，即着力解决统分结合新形式经营管理中面临的突出的共性问题，营造良好的发展生态环境。

三 发展农业社会化服务是完善农业经营体制的方向

第四章与第五章的研究反复提及，以土地托管为代表的农户委托经营与农业组织规模化服务形式，在当前全球粮价低迷、土地地租成本上升以及规模经营开倒车情境下，既能获得规模化经营收益，又通过"分"降低规模化经营成本，可能是实现农业适度规模化经营与小农户与现代农业有机衔接的较好方式。因此，扶持与发展农业社会化服务要成为农业政策关注与支持的重点。具体而言，一是要在"拓领域"上强化政策。当前，我国农业生产性服务领域还不够广泛。从农业产业链条来看，产中服务相对充分，产前和产后环节相对滞后，尤其是产前市场预警、产后市场销售服务很不适应，农产品不时陷入"多了多、少了少"的周期性波动。从农业生产区域来看，东部地区和东北地区生产性服务相对发达，而中西部丘陵山区则相对落后。要尽快把农业市场信息、农资供应、绿色生产技术、废弃物资源化利用、农机作业及维修、农产品初加工、农产品营销等服务开展起来，覆盖农业生产产前、产中、产后全过程，通过生产性服务业的发展，努力解决好广大农户一家一户办不了、办不好、办起来不合算的事情。二是要在培育多元化农业服务组织上下功夫。"统"是规模化收益增加的来源，"分"是规模化经营成本降低的原因。建立多元化的农业组织，有利于开展专业化的服务，如通过专业化服务外包能降低规模经营服务主体集中大量投入生产设施、设备的成本。因此，要加快发展农业生产性服务业，必须牵住培育服务组织的"牛鼻子"，按照主体多元、形式多样、服务专业、竞争充分的原则，加快培育各种类型的服务组织，鼓励各类服务组织加强联合合作，构建多元主体互动、功能互补、融合发展的现代化农业生产服务格局，为农业生产经营提供更加便利、更加高效的全方位服务。

四 有效的合约治理是完善农业经营方式的有效手段

农业经营方式中统分结合的有效发挥也依赖一定的外部条件。例如，在舜耕合作社案例中，规模化服务旨在解决传统农村集体经济组织"统"的不足的问题，但是"统"的增加，必然面临大量固定资产投入的问题，这容易导致专用性资产投入过多而出现被敲竹杠的问题；舜耕合作社的实践提供了一个很好的解决思路，即农业生产服务供需双方建立了紧密的垂直协作模式，即通过契约和一体化协作，降低了农业社会化服务交易成本，促进服务质量的提高和服务成本的降低，从而达到提高土地生产率的目的。在仁发合作社与崇州市农业共营制案例中，也显示出了合约治理的重要性，如通过建立股份合作关系，既能解决"统"的不足，又能解决"分"的不足，破解了高地租的问题。据此，有如下政策启示。第一，引导小农户与新型农业经营主体构建利益共享、风险共担的利益联结机制。不过，考虑到我国农民风险规避的特征，在具体引导工作中，建议先尝试仁发合作社最初的方式，按照自愿的原则，即按照先"保底价 + 分红"的方式，引导农民与新型农业经营主体构建初级股份合作关系，待形成路径与实际效果后，逐步推广完全股份制的做法。第二，要加强农村法治建设。如何维系合约的稳定性，是运用合约治理工具完善农业经营方式的重要内容。从订单农业的履约率看，当前我国农村法治建设水平还不高，尚未形成浓厚的履约、守约的市场环境。因此，要把推进农村法治建设作为一项长期的重点任务，持之以恒地推进下去。

第三节 进一步讨论

如何更有效地促进农业经营方式创新与完善是值得思考的重要话

题。其中，发挥好市场机制对农业经营统分关系失衡的自我矫正作用是有效方式，即重点是健全农村要素市场运行机制。当前，我国农村市场化建设的短板在要素市场，表现为农村要素市场化程度不高。如，新型农业经营主体普遍面临"用地难"，在设施农用地上，为严格保护耕地，基本农田经营项目很难获得设施农用地指标，一般农田可用于设施农用地的指标也难用于农业项目，导致农业服务组织的许多服务设施没地可建；在建设用地上，当前农村一些宅基地和农房长期闲置空置，又由于缺少整理盘活的支持办法，还无法成为农村产业发展用地来源，新型农业经营主体的初加工、农业机械没有地方存放，影响了他们服务农业生产的能力；在金融融资上，由于没有整体、协同推进将村资产确权颁证—资产处置市场建立—风险防范机制构建，导致农村资产抵押贷款不能落地，新型农业经营主体普遍面临融资难题，靠滚雪球发展、靠其他产业利润补充、靠亲朋好友"接济"。因此，要系统性推进农村要素市场化改革，为农业经营方式创新与完善创造良好的市场环境。

第一，健全用地支持政策。满足用地需求是当前许多新型农业经营主体共同关注的重点内容。一是积极引导农村承包地有序规模流转。健全县乡村三级土地流转服务和管理网络，因地制宜建立农村土地流转服务公司、农村产权交易平台、土地流转服务中心等各类农村土地流转中介组织，为流转双方提供信息发布、政策咨询、价格评估、标准合同、资质审查、金融开发等服务。二是完善与落实设施农用地政策。尽管 2019 年 12 月，自然资源部、农业农村部出台《关于设施农业用地管理有关问题的通知》，提出"种植设施不破坏耕地耕作层的，可以使用永久基本农田，不需补划；破坏耕地耕作层，但由于位置关系难以避让永久基本农田的，允许使用永久基本农田但必须补划"，扩大了设施农业用地来源，但是由于没有出台配套的实施细则，削弱了政策效能的发挥。下一步要加快推进种植设施不破坏耕地耕作层的可以使用永久基本农田的政策。进一步细化设施农用地范围，明确生产设施、配套设施、附属设施三类设施农用地的规划安排、选址要求、使用周期，出台农业配套设施和附属设施的建设标准和用地规范，适应环保监管和农村产业融合发展要求，适当扩大农业配套设施和附属设施的上限规模；建议有条件的地区推广浙江省平湖市经验，集中设施农用地指标并向产业融合发展项目倾斜。三是扩大涉农项目国有建设用地供给。各级政府在年度建设用地计划中要明确单列一定比例专门用于农村新产业新业态发展。对于落实不力的地方政府，在下一年度建设用地指标计划分配中给予扣减处罚。推广成都市经验，对带农作用突出、社会效益显著的农业种养、农产品加工、农业服务业等项目用地，在取得使用权并投产后，按照土地购置价格给予一定比例的补助。四是盘活农村存量建设用地。加快落实农村闲置宅基地、农村集体经营性建设用地可用作乡村产业发展建设用地来源的政策。鼓励各地探索农村宅基地所有权、资格权、使用权"三权分置"办法，允许村集体经济组织采取作价回购、统一租赁或者农户股份合作等多种方式整合本村农民闲置房屋资源，也可以由村集体经济组织牵头组建农民住宅专业合作社。总结推广农村征地、集体经营性建设用地、宅基地等"农村三块地"改革试点的成功经验，选择条件成熟的村开展农村宅基地有偿使用和有偿退出，支持农村分散零星的集体经营性建设用地调整后集中入市。鼓励有条件的地区编制农村土地利用规划，调整优化村庄用地布局，促进农村零星分散集体建设用地集中高效使用。通过农村闲置宅基地整理、土地整治等新增的耕地和节余的建设用地，优先用于农业农村发展。

第二，深化产权抵押融资。加快农村金融系统性、协同性创新，保障新型农业经营主体融资需求。鼓励地方政府开展以农村资产确权为基础、以农业保险创新为配套、以设立风险补偿金为保障、以建立农村产权交易中心为产权处置保障的农村产权抵押贷款机制。鼓励地方政府加快推进农村产权确权颁证，推广成都市农业设施抵押贷款经验，扩大农村抵押担保物范围，重点开展设施农业用地、农村土地承包经营权、农村房屋、林权、大棚养殖圈舍等农业生产设施抵押贷款以及活体动物、果园苗木等生物资产抵押贷款。完善农村产权价值评估体系，以风险基金补偿银行贷款损失，鼓励银行接纳农业生产设施抵押与生物资产抵押。加快建立农村产权交易市场，建议国务院办公厅通过督察奖惩机制，推动地方政府加快建立健全农村产权交易市场。国土部门和农业部门组织武汉农村综合产权交易所、成都农村产权交易所以及相关专家对各地方政府相关部门进行培训，鼓励地方政府考察学习这两大交易所的成熟经验并进行战略合作，按照"互联网＋基础模块标准化＋特色模块地方化"的模式建立各地农村产权交易市场，为今后全国农村产权交易市场互联互通、相互兼容做好准备。条件成熟时，依托各省区的农村产权交易市场，由国土和农业部门牵头建立区域性乃至全国性的农村产权交易市场。